案说知识产权法丛书

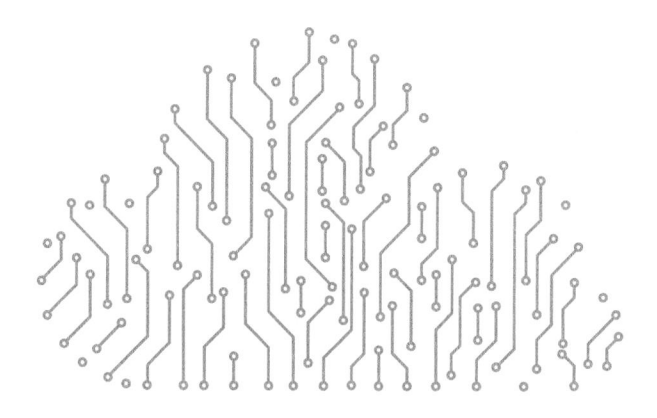

案说
信息网络传播权保护条例

主编／邹忭 孙彦

知识产权出版社
全国百佳图书出版单位
—北京—

《案说知识产权法丛书》编委会

主　任：诸敏刚
副主任：王润贵
编　委：刘春田　黎淑兰　刘军华　张学军
　　　　邵建东　方小敏　邹　忭　孙　彦
　　　　汤腊冬　齐梓伊

编写说明

当今世界，随着经济全球化进程的加快和科学技术的迅猛发展，国家核心竞争力日益表现为对智力资源和智慧成果的培育、配置和调控能力，表现为对知识产权的创造和运用能力，知识产权制度在国家经济社会发展中的地位和作用日益突出。2016年12月5日，中央全面深化改革领导小组第三十次会议审议通过了《关于开展知识产权综合管理改革试点总体方案》。会议强调，开展知识产权综合管理改革试点，要紧扣创新发展需求，发挥专利、商标、版权等知识产权的引领作用，打通知识产权创造、运用、保护、管理、服务全链条，建立高效的知识产权综合管理体制，构建便民、利民的知识产权公共服务体系，探索支撑创新发展的知识产权运行机制，推动形成权界清晰、分工合理、责权一致、运转高效的体制机制。这是中央对深化知识产权领域改革作出的重要战略部署，为探索突破知识产权体制机制障碍、更好地发挥知识产权制度激励创新的保障作用提供了行动指南。2016年12月30日，国务院发布了《"十三五"国家知识产权保护和运用规划》，知识产权规划首次被列入国家重点专项规划。"十三五"时期是我国由知识产权大国向知识产权强国迈进的战略机遇期，《"十三五"国家知识产权保护和运用规划》是落实《国务院关于新形势下加快知识产权强国建设的若干意见》和《国家知识产权战略纲要》的重要抓手和支撑，有助于更好地发挥知识产权制度对于激励创新的基本保障作用，为加快建设知识产权强国提供了有力保障。

我国建立知识产权制度虽然只有30多年的历史，但发展速度较快，在某些领域走过了发达国家百余年的发展历程，在知识产权立法和执法方面取得了举世瞩目的成绩，对我国经济发展发挥了重要作用。加入世界贸易组织后，我国知识产权事业进入了快速发展阶段，迎来了良好的发展机遇。但是，由于我国知识产权制度起步较晚，经验不足，还存在诸多与经济社会发展不相适应的问题，尤其是公民知识产权意识淡薄、企业运用知识产权制度的能力不强等问题还相当突出。因此，在全社会有计划地开展普遍的、生动的知识产权宣传教育，向公众普及知识产权法律知识，既是建设创新型国家和实施国家知识产权战略的迫切需要，也是我国走向世界并在国际竞争中立于不败之地的战略举措。

2017年8月17日，国务院知识产权战略实施工作部际联席会议办公室印发了《"十三五"国家知识产权保护和运用规划重点任务分工方案》的通知，根据《"十三五"国家知识产权保护和运用规划》中涉及的各相关部门职责，对各项重点任务作了分工，将知识产权内容全面纳入国家普法教育和全民科学素养提升工作，加强知识产权相关法律法规、典型案例的宣传。为推动知识产权宣传普及工作的多方位、多层次、深入广泛开展，在国家知识产权局人事司的组织指导下，知识产权出版社出版的《案说知识产权法丛书》，根据最新法律法规、司法解释及相关规定，结合近年来实践中的突出问题，精选具有代表性和典型性的案例，进行深入浅出地分析点评，使知识产权法律知识以更加生动、形象、具体的面貌呈现，更易为社会公众所理解和掌握。相信这套图书的出版，对推进我国知识产权普法工作、弘扬知识产权文化将发挥积极的作用，为建设创新型国家、实施国家知识产权战略创造良好的法律氛围。

本丛书包括以下六个分册：《案说著作权法》主编刘春田，《案说专利法》主编黎淑兰、刘军华，《案说商标法》主编张学军，《案说计算机软件保护条例》《案说信息网络传播权保护条例》主编邹忭、孙彦，《案说反不正当竞争法》主编邵建东、方小敏。

目录
contents

第一条 【立法宗旨和立法依据】 ………………………………………… 001
经典案例 1 "天天在线"网站非法传播电影作品被北京市版权局查处 …… 007
经典案例 2 王蒙诉世纪互联通讯技术有限公司侵犯著作权纠纷案 ……… 008

第二条 【信息网络传播权的保护】 ……………………………………… 012
经典案例 3 北京华谊兄弟影业投资有限公司诉北京光线时代资讯有限
公司侵犯著作权纠纷案 ………………………………………… 016

第三条 【信息网络传播权的限制】 ……………………………………… 018
经典案例 4 黄某某互联网传播虚假恐怖信息被判刑三年 ……………… 020

第四条 【技术措施的保护】 ……………………………………………… 023
经典案例 5 中国学术期刊（光盘版）电子杂志社诉网联天地（北京）
科技有限公司侵犯计算机网络著作权纠纷案 ………………… 027

第五条 【权利管理电子信息的保护】 …………………………………… 031
经典案例 6 张某某诉交通出版社侵犯著作权案 ………………………… 034

第六条 【信息网络传播权的合理使用】 ………………………………… 047
经典案例 7 北京万瑞松林科技有限公司与广州市交互式信息网络有限
公司侵犯著作权纠纷上诉案 …………………………………… 053

第七条 【馆藏数字作品信息网络传播权的合理使用】 ………………… 056
经典案例 8 郑成思诉北京书生数字技术有限公司侵犯著作权案 ……… 059
经典案例 9 陈兴良诉中国数字图书馆有限责任公司著作权侵权
纠纷案 …………………………………………………………… 067

第八条 【教育目的法定许可】 ······ 072
经典案例 10 北京中文在线文化发展有限公司诉重庆科创职业学院侵犯著作权纠纷案 ······ 074

第九条 【扶贫目的法定许可】 ······ 078
经典案例 11 某公司网站上"科技下乡"活动侵犯信息网络传播权 ······ 079

第十条 【实施合理使用和法定许可的法定义务】 ······ 081
经典案例 12 沈某与上海镁网科技有限公司、来科思信息服务（上海）有限公司著作权侵权纠纷案 ······ 087

第十一条 【表演和录音录像制品信息网络传播权的保护】 ······ 092
经典案例 13 黄某诉北京看网信息技术有限公司侵犯表演者权纠纷上诉案 ······ 094

第十二条 【技术措施保护的例外限制】 ······ 097

第十三条 【网络服务提供者提供服务对象信息义务】 ······ 098
经典案例 14 北京激动星影视有限公司投诉"华夏影视"网站侵权案 ······ 104

第十四条 【权利人通知】 ······ 105
经典案例 15 浙江东阳天世文化传播有限公司与北京百度网讯科技有限公司等侵犯著作权纠纷上诉案 ······ 108
经典案例 16 某公司要求删除或者断开链接涉嫌侵权网络内容的通知的范本 ······ 117

第十五条 【网络服务提供者接到权利人通知后的义务】 ······ 119
经典案例 17 上海玄霆娱乐信息科技有限公司诉北京百度网讯科技有限公司等侵犯著作财产权纠纷案 ······ 120
经典案例 18 某搜索引擎网站关于通知与反通知的声明 ······ 134

第十六条 【服务对象的反通知】 ······ 137
经典案例 19 某公司要求恢复被删除或断开链接的网络内容的通知的范本 ······ 138
经典案例 20 北京荣信达影视艺术有限公司与陕西省电信有限公司侵犯著作权纠纷上诉案 ······ 140

第十七条 【网络服务提供者接到服务对象反通知后的义务】……………… 141
经典案例21 百代唱片有限公司诉北京阿里巴巴信息技术有限公司侵犯
著作邻接权纠纷案 ……………………………………………… 144

第十八条 【侵害信息网络传播权的法律责任】…………………………… 153
经典案例22 互联网传播《亵渎》等作品构成侵权 ……………………… 163
经典案例23 北京中文在线文化发展有限公司诉北京商达利科技有限公司
著作权侵权纠纷案 ……………………………………………… 164

第十九条 【特定侵权行为的行政责任和刑事责任】……………………… 168
经典案例24 破坏权利人采取的技术措施承担刑事责任——国内首例因为
网游外挂被追究刑事责任的案例 ……………………………… 171
经典案例25 全国首例网上侵犯音乐著作权刑事案件 …………………… 173

第二十条 【网络自动接入或者自动传输服务的免责规定】……………… 174
经典案例26 中国音乐著作权协会诉广州网易计算机系统有限公司、北京
移动通信有限责任公司侵犯音乐作品著作权纠纷案 ………… 176

第二十一条 【提供加速服务的网络提供者的免责规定】………………… 178
经典案例27 网络加速服务供应商不应承担法律责任 …………………… 181
经典案例28 北京三面向版权代理有限公司等与北京铁血科技有限责任
公司侵害著作权纠纷上诉案 …………………………………… 182

第二十二条 【提供信息存储空间服务的网络服务提供者的免责
规定】…………………………………………………………… 191
经典案例29 杨某诉北京千龙新闻网络传播有限责任公司侵犯著作权案 … 192

第二十三条 【提供搜索或者链接服务的网络服务提供者的免责
规定】…………………………………………………………… 196
经典案例30 浙江泛亚电子商务有限公司诉百度在线网络技术（北京）
有限公司、北京百度网讯科技有限公司侵犯著作权纠纷案 … 197
经典案例31 明知侵权仍链接要承担法律责任——刘某某诉搜狐爱特信
信息技术（北京）有限公司侵犯著作权案 …………………… 201

第二十四条 【权利人错误通知的赔偿责任】…………………………… 204

经典案例32 某出版社误发通知书赔偿网上书店2万元损失 …………… 204

第二十五条 【网络服务提供者配合著作权行政管理部门调查的义务】……… 206

经典案例33 湖北省荆州市版权局查处陆某某、陈某网络侵权盗版团伙案 ………………………………………………………… 207

第二十六条 【相关用语定义】…………………………………………… 209

经典案例34 北京央视公众资讯有限公司诉武汉多普达通讯有限公司手机电视侵权纠纷案 …………………………………… 210

第二十七条 【施行时间】………………………………………………… 216

第一条 【立法宗旨和立法依据】

为保护著作权人、表演者、录音录像制作者（以下统称权利人）的信息网络传播权，鼓励有益于社会主义精神文明、物质文明建设的作品的创作和传播，根据《中华人民共和国著作权法》（以下简称著作权法），制定本条例。

◆ 相关法律规定

《中华人民共和国著作权法》（2010年修正）[①]

第五十九条 计算机软件、信息网络传播权的保护办法由国务院另行规定。

《世界知识产权组织版权条约》（我国于2006年12月29日加入，2007年6月9日生效）

第八条 向公众传播的权利

在不损害《伯尔尼公约》第11条第（1）款第（Ⅱ）目、第11条之二第（1）款第（Ⅰ）和（Ⅱ）目、第11条之三第（1）款第（Ⅱ）目、第14条第（1）款第（Ⅱ）目和第14条之二第（1）款的规定的情况下，文学和艺术作品的作者应享有专有权，以授权将其作品以有线或无线方式向公众传播，包括将其作品向公众提供，使公众中的成员在其个人选定的地点和时间可获得这些作品。

关于第八条的议定声明：不言而喻，仅仅为促成或进行传播提供实物设施不致构成本条约或《伯尔尼公约》意义下的传播。并且，第八条中的任何内容均不得理解为阻止缔约方适用第11条之二第（2）款。

《最高人民法院关于审理侵害信息网络传播权民事纠纷案件适用法律若干问题的规定》（法释〔2012〕20号）

第二条 本规定所称信息网络，包括以计算机、电视机、固定电话机、

[①] 《中华人民共和国著作权法》2010年进行了修正，增加了第26条，"以著作权出质的，由出质人和质权人向国务院著作权行政管理部门办理出质登记"。原《中华人民共和国著作权法》根据本次修改并对条款顺序作调整后重新公布。因此，本书中，相关的司法解释和判决文书引用的著作权法条文序号均是当时的著作权法条文序号，而其他部分的条文序号则是2010年修正后的著作权法条文序号。

移动电话机等电子设备为终端的计算机互联网、广播电视网、固定通信网、移动通信网等信息网络，以及向公众开放的局域网络。

◆ **知识精要**

本条是《信息网络传播权保护条例》的立法宗旨和依据。

信息网络，是指通过无线或有线链路相连接，采用卫星、微波、光纤、同轴电缆、双绞线等具体物理形态，架构在互联网或其他软件平台基础上，用于信息传输的传播系统。根据《最高人民法院关于审理侵害信息网络传播权民事纠纷案件适用法律若干问题的规定》，"信息网络传播权"中的"信息网络"包括以计算机、电视机、固定电话机、移动电话机等电子设备为终端的计算机互联网、广播电视网、固定通信网、移动通信网等信息网络，以及向公众开放的局域网络。

信息网络的核心是计算机网络。计算机网络，是指将地理位置不同的具有独立功能的多台计算机及其外部设备，通过通信线路连接起来，在网络操作系统，网络管理软件及网络通信协议的管理和协调下，实现资源共享和信息传递的计算机系统。简单地说，计算机网络就是通过电缆、电话线或无线通信将两台以上的计算机互连起来的集合。

计算机网络的发展经历了面向终端的单级计算机网络、计算机网络对计算机网络和开放式标准化计算机网络三个阶段。一个网络可以由两台计算机组成，也可以拥有在同一大楼里面的上千台计算机和使用者，我们通常指这样的网络为局域网（LAN，Local Area Network）。由 LAN 再延伸出去更大的范围，比如整个城市甚至整个国家，这样的网络我们称为广域网（WAN，Wide Area Network）。当然如果要再仔细划分的话，还可以有 MAN（Metropolitan Area Network）和 CAN（Citywide Area Network），这些网络都需要有专门的管理人员进行维护。

而我们最常接触的互联网则是由这些无数的局域网和广域网共同组成的。互联网仅是提供了它们之间的连接，但却没有专门的人进行管理（除网络链路维护、运营域名解析的根服务器和制定使用标准外），可以说互联网是最自由和最没网管的地方了。在互联网中，没有国界种族之分，只要连上去，在地球另一边的计算机和您办公桌旁同室的计算机其实没有什么两样。

互联网（Internet，又译因特网、网际网），即广域网、局域网及单机按照一定的通信协议组成的国际计算机网络。1995年10月24日，联合网络委员会（FNC，The Federal Networking Council）通过了一项关于"互联网定义"的决议，联合网络委员会对"互联网"这个词的定义如下：

（1）"互联网"指的是全球性的信息系统；

（2）通过全球性的唯一的地址逻辑地链接在一起，这个地址是建立在"互联网协议"（IP）或今后其他协议基础之上的；

（3）可以通过"传输控制协议"和"互联网协议"（TCP/IP），或者今后其他接替的协议或与"互联网协议"（IP）兼容的协议来进行通信；

（4）可以让公共用户或者私人用户使用高水平的服务，这种服务是建立在上述通信及相关的基础设施之上的。

目前，互联网的主要功能是信息传播、通信联络、信息交流、电子商务、资料检索和查询。

在互联网上，人们可以把各种信息任意输入网中，互相交流传播。互联网不仅能传播文字图表信息，而且可以传播声像资料，因此文字作品、音乐、电影、电视、音像制品的传播在网络的推动下如虎添翼，数字图书馆、远程教育也蓬勃兴起。随着世界各地越来越多的机构和个人上网，特别是各种信息机构、报纸、杂志、电台和电视台等传播机构纷纷上网，全球互联网已成为世界最大的广告系统、信息存储系统、新闻媒体发布平台和娱乐场所。

互联网中设有各种专题论坛，一些相同专业、行业或兴趣相投的用户，可在网上提出专题展开讨论，观点和评论可长期存储在网上，不断供人调阅或补充。目前，网上的论坛、博客不计其数，有的论坛的成员多的已达上百万人，少的也有几千人，专题内容除了大量科研、学术问题外，还有很多的休闲娱乐题材。

由于大量用户不停地向网上输入各种资料（包括文字、图片和声像资料），特别是许多国家的著名数据库和信息资讯系统纷纷上网，互联网已成为目前世界上资料最多、门类最全、规模最大的资料库，也有人称其为全球最大的图书馆、博物馆和展览馆。全球互联网已成为世界许多研究和情报机构的重要信息来源。

近年来，我国互联网迅速发展。2016年1月22日，中国互联网络信息中心（China Internet Network Information Center，简称CNNIC）发布第37次《中国互联网络发展状况统计报告》①。该报告显示，截至2015年12月，中国网民规模达6.88亿，互联网普及率达到50.3%，半数中国人已接入互联网。2015年，新增网民3951万人，增长率为6.1%，较2014年提升1.1个百分点，网民规模增速有所提升。截至2015年12月，中国国家顶级域名".CN"总数为1636万，年增长率为47.6%，占中国域名总数的52.8%。".CN"域名已超过德国国家顶级域名".DE"，成为全球注册保有量第一的国家和地区顶级域名（ccTLD）。同时，为满足活跃的国际互联网交流需求，2015年年度国际出口带宽创新高。截至2015年12月，中国国际出口带宽为5392116Mbps，年增长率为30.9%，这标志着中国国际通信网络能力的显著提升。随着政府和企业大力开展"智慧城市"与"无线城市"建设，公共区域无线网络迅速普及。手机、平板电脑、智能电视带动家庭无线网络使用，网民通过Wi-Fi无线网络接入互联网的比例高达91.8%，较2015年6月增长了8.6个百分点。Wi-Fi无线网络已成为网民在固定场所下接入互联网的首选方式。

网络环境的逐步完善和手机上网的迅速普及，使得移动互联网应用的需求不断被激发。2015年，基础应用、商务交易、网络金融、网络娱乐、公共服务等个人应用发展日益丰富。其中，手机网上支付增长尤为迅速。截至2015年12月，手机网上支付用户规模达到3.58亿，增长率为64.5%，网民使用手机网上支付的比例由2014年年底的39.0%提升至57.7%。

此外，网民数量的激增和旺盛的市场需求推动了互联网领域更广泛的应用发展热潮。2015年，1.10亿网民通过互联网实现在线教育，1.52亿网民使用网络医疗，9664万人使用网络预约出租车，网络预约专车人数已达2165万。互联网的普惠、便捷、共享特性，已经渗透到公共服务领域，也为加快

---

① 《CNNIC发布第37次中国互联网络发展状况统计报告》，http://tech.sina.com.cn/i/2016-01-22/doc-ifxnuvxh5133709.shtml，访问日期：2016年4月30日。

提升公共服务水平、有效促进民生改善与社会和谐提供了有力保障。

中国企业的日常运营越来越离不开互联网。《中国互联网络发展状况统计报告》显示，截至2015年12月，中国企业计算机使用比例、互联网使用比例与固定宽带接入比例，同比分别上升了4.8个、10.3个和8.9个百分点，达到95.2%、89.0%和86.3%。中国网站总数为423万个，较2014年增长了88万，年增长率达到26.3%。同时，中国网页数量首次突破2000亿。中国企业越来越广泛地使用互联网工具开展交流沟通、信息获取与发布、内部管理等方面的工作，为企业"互联网+"应用奠定了良好基础。互联网不再是单一的辅助工具，企业开始将"互联网+"行动计划纳入企业战略规划的重要组成部分，这突出表现在企业对互联网专业人才的重视、开展网上销售和采购业务，以及运用移动端进行企业营销推广等。

《中国互联网络发展状况统计报告》显示，截至2015年12月，34.0%的企业在基层设置了互联网专职岗位，24.4%的企业设置了互联网相关专职团队，13.0%的企业由决策层主导互联网规划工作。受中国网络零售市场快速发展的带动，企业开展网上销售、采购业务的比例均超过30%，销售规模增长迅速。随着网络移动端的广泛使用，移动营销成为企业推广的重要渠道。在开展过移动营销的企业中，微信营销推广使用率达75.3%，成为最受企业欢迎的移动营销推广方式。

随着网络技术的快速发展，通过信息网络传播权利人作品、表演、录音录像制品的情况越来越普遍，网络传播对社会公众的影响越来越大，对权利人的冲击也越来越大。如果不加保护地通过信息网络传播权利人作品势必会损害权利人的权利，挫伤他们创作作品、表演作品和制作录音制品的积极性；此外，过分地保护权利人的权利而限制作品、制品的传播将不利于社会的发展与进步。

如何调整权利人、网络服务提供者和作品使用者之间的关系，已成为互联网发展必须认真加以解决的问题。世界知识产权组织于1996年12月通过了《世界知识产权组织版权条约》（World Intellectual Property Organization Copyright Treaty，简称WCT）和《世界知识产权组织表演与录音制品条约》（World Intellectual Property Organization Performances and Phonograms Treaty，简称 WPPT)，赋予著作权人、表演者和录音制品者享有以有线或者无线方式向公众提供作品，使公众可以在其个人选定的时间和地点获得该作品的权利。我国于 2006 年 12 月 29 日加入上述两个条约，在此之前，我国于 2001 年修订《中华人民共和国著作权法》（以下简称《著作权法》）时将该项权利规定为信息网络传播权，性质上是著作权的一种。根据《著作权法》的授权，参照《世界知识产权组织版权条约》《世界知识产权组织表演与录音制品条约》《与贸易有关的知识产权协定》（Agreement on Trade-Related Aspects of Intellectual Property Rights，简称 TRIPs）等国际公约主要内容的基础上，根据我国国情，国务院制定了本条例。

根据《世界知识产权组织版权条约》的规定，通过信息网络向公众传播的权利是文学和艺术作品的作者应享有的专有权，以授权将其作品以有线或无线方式向公众传播，包括将其作品向公众提供，使公众中的成员在其个人选定的地点和时间可获得这些作品。可见，信息网络传播权是著作权人享有的专有权利，未经著作权人许可，任何人不得行使。

根据《著作权法》第 10 条第 1 款第 12 项的规定，信息网络传播权，即以有线或者无线方式向公众提供作品，使公众可以在其个人选定的时间和地点获得作品的权利。

根据《著作权法》第 38 条第 1 款第 6 项的规定，表演者对其表演享有许可他人通过信息网络向公众传播其表演，并获得报酬的权利。该项权利的保护期为 50 年，截至该表演发生后第 50 年的 12 月 31 日。这里的"表演者"指演员、歌唱家、音乐家、舞蹈家以及表演、歌唱、演说、朗诵、演奏、表现，或以其他方式表演文学或艺术作品或民间文学艺术作品的其他人员。

根据《著作权法》第 42 条的规定，录音录像制作者对其制作的录音录像制品，享有许可他人复制、发行、出租、通过信息网络向公众传播并获得报酬的权利；权利的保护期为 50 年，截止于该制品首次制作完成后第 50 年的 12 月 31 日。

本条例是行政法规，其法律效力仅次于全国人大及其常委会制定的法律，是行政机关执法及法院审判侵犯信息网络传播权案件的依据。由于本条例是根据《著作权法》制定的，因而本条例是基于《著作权法》的基本原则和规定，针对互联网环境下的著作权及邻接权保护的法规。

◆ 经典案例1

"天天在线"网站非法传播电影作品被北京市版权局查处

【案情简介】

美国电影协会向国家版权局投诉称，北京在线九州信息技术服务有限公司未经权利人许可，以营利为目的，通过其所属网站天天在线网www.116.com 向公众提供《神勇奶爸》《超级特工2》及《特洛伊》等影片的在线放映和下载服务。国家版权局依法将此案交由北京市版权局查办。

经北京市版权局调查查明，"天天在线"网系经信息产业部备案的网站（备案号：京ICP证031060）。该网站未经权利人许可，以营利为目的，非法向公众提供《神勇奶爸》《超级特工2》及《特洛伊》等影片的在线放映和下载服务，投诉人投诉的事实成立。北京市版权局依法责令北京在线九州信息技术服务有限公司停止侵权行为，并处以罚款9万元的行政处罚。

【争议焦点】

天天在线网站通过互联网传播《神勇奶爸》等电影作品是否构成侵权？

【案件分析】

根据《著作权法》的规定，电影作品和以类似摄制电影的方法创作的作品受《著作权法》的保护，著作权人依法享有信息网络传播权。未经著作权人许可，不得通过信息网络向公众提供电影作品。否则，应承担法律责任。

《著作权法》第48条规定，未经著作权人许可，复制、发行、表演、放映、广播、汇编、通过信息网络向公众传播其作品的，应当根据情况，承担停止侵害、消除影响、赔礼道歉、赔偿损失等民事责任；同时损害公共利益的，可以由著作权行政管理部门责令停止侵权行为，没收违法所得，没收、销毁侵权复制品，并可处以罚款；情节严重的，著作权行政管理部门还可以没收主要用于制作侵权复制品的材料、工具、设备等；构成犯罪的，依法追究刑事责任。

本案中，北京市版权局依据该条规定对北京在线九州信息技术服务有限公司作出了停止侵权行为，并处以罚款9万元的行政处罚。

【引以为鉴】

我国和美国均为《伯尔尼公约》成员国，依据我国《著作权法》的规定，外国人、无国籍人的作品根据其作者所属国或者经常居住地国同中国签订的协议或者共同参加的国际条约享有的著作权，受本法保护。因此，美国电影作品的著作权人受我国法律保护，未经权利人许可，任何人不得行使信息网络传播权。因此，美国电影协会代表美国电影权利人投诉，理应受到我国执法部门的保护。

◆ 经典案例2

王蒙诉世纪互联通讯技术有限公司侵犯著作权纠纷案

【案情简介】

原告王蒙诉称，我是作品《坚硬的稀粥》的作者。根据法律规定，享有对该作品的著作权。被告未经我许可，在其网站（网址：http://www.bol.com.cn）上传播使用了我的作品，其行为侵犯了我对《坚硬的稀粥》享有的使用权和获得报酬权。请求法院判决被告停止侵权、公开致歉、赔偿经济损失3000元、精神损失5000元，并承担诉讼费、调查费。

原告提交的证据：(1) 1989年《中国作家》第2期，刊登有被告的作品《坚硬的稀粥》一书；(2)（1999）京二证字第0586号公证书；(3)（1999）京二证字第0586号公证书收费单据。

被告世纪互联通讯技术有限公司辩称，我公司是国内最早从事国际互联网上内容提供的服务商。因我国法律对在国际互联网上传播他人作品是否需要取得作品著作权人的同意，怎样向著作权人支付作品使用费用等问题都没有任何规定。在我公司网站所刊载的原告作品，是"灵波小组"从已在国际互联网上传播的信息中下载的，而不是我公司首先将原告作品刊载到国际互联网上的，因此我们不知道在网上刊载的原告作品还需征得原告的同意。原告提起诉讼后，我公司已从网站上及时删除了原告的作品。我们认为，我们刊载原告作品的行为仅属于"使用他人作品未支付报酬"的问题，况且访问我公司的"小说一族"栏目的用户很少，没有任何经济收益。我们在刊载原告作品时，没有侵害原告的著作人身权，因此原告在诉讼中主张精神损失5000元，是不能成立的。至于原告主张的经济损失，其没有提供相应的法律依据。综上所述，我公司刊载原告的作品无侵权故意，出现上述问题是由于法律和实践原因所致。希望法院查明事实，依法作出公正裁决。

被告提交的证据：（1）统计资料；（2）黄金书屋之现代文学目录；（3）现代小说目录；（4）亦凡书库当代小说目录；（5）新语丝小说目录；（6）现代文学城目录；（7）张小泉证言。

经审理查明，《坚硬的稀粥》是原告王蒙创作的文学作品。1989年发表在《中国作家》第2期。1998年4月，被告成立"灵波小组"，并在其网站上建立了"小说一族"栏目，栏目所涉及的文学作品内容是"灵波小组"成员从其他网站上下载后存储在其计算机系统内并通过万维网服务器在国际互联网上传播。联网主机用户只要通过拨号上网方式进入被告的网址：http：∥www.bol.com.cn主页后，点击页面中"小说一族"栏目，进入"书香远飘"页面，在该页面中点击"当代中国"页面后，点击原告的作品《坚硬的稀粥》，即可浏览或下载该作品的内容。在被告网站上所刊载的原告的作品《坚硬的稀粥》有王蒙的署名，作品内容完整。作品《坚硬的稀粥》字数为24 427字。

庭审中，原告、被告的证据经法庭质证，原告的证据（1）能够证明原告是作品《坚硬的稀粥》的著作权人，证据（2）能够证明被告在其网站（网址http：∥www.bol.com.cn）上传播原告的作品《坚硬的稀粥》，证据（3）能够证明原告为作公证所支出的费用；被告的证据（1）能够证明原告的作品《坚硬的稀粥》的实际字数，证据（2）~（6）能够证明在其他网站上亦在传播原告的作品，证据（7）能够证明被告是从其他网站上将原告的作品《坚硬的稀粥》下载到其计算机系统内存储并上传到国际互联网上。

审理法院认为，王蒙是文学作品《坚硬的稀粥》的著作权人。根据《著作权法》的规定，著作权人对其创作的文学、艺术和科学作品在法律规定的期限内，依法享有专有权。这种专有权体现在作品的著作权人对其作品享有支配的权利，其有权使用自己的作品和许可他人以任何方式和形式使用自己的作品。除法律规定外，任何单位和个人未经作品的著作权人许可，公开使用他人的作品，就构成对他人著作权的侵害。科学技术的发展，必然引起作品载体形式、使用方式和传播手段的变化，但这种变化并不影响作者对其作品享有的专有权利。

随着国际互联网和社会信息化的发展，数字化信息在网上的传播，使信息资源得到了充分的利用和共享，对人类的进步和发展起到非常重要的作用。作品的数字化是依靠计算机把一定形式的文字、数值、图像、声音等表现的信息输入计算机系统并转换成二进制数字编码的技术。这种转换行为本身并不具有《著作权法》意义上的独创性。一部作品经过数字化转换，以数字化方式使用，只是作品载体形式和使用手段的变化，并没有产生新的作品。作品的著作权人对其创作的作品仍享有著作权。因此，在国际互联网环境中，原告作为其作品的著作权人，享有《著作权法》规定的对其作品的使用权和获得报酬权。

《著作权法》第 10 条第 5 项所明确的作品使用方式中，并没有穷尽使用作品的其他方式存在的可能。随着科学技术的发展，新的作品载体的出现，作品的使用范围得到了扩张。因此，应当认定作品在国际互联网上传播是使用作品的一种方式。作品的著作权人有权决定其作品是否在国际互联网上进行传播使用。除依法律规定外，非著作权人对著作权人的作品在国际互联网上传播时，应当尊重著作权人享有的对其作品的专有使用权，取得作品著作权人的许可，否则无权对他人作品进行任何方式的传播使用。作品在国际互联网上进行传播，与《著作权法》意义上对作品的出版、发行、公开表演、播放等传播方式虽然有不同之处，但本质上都是为实现作品向社会公众的传播使用，使观众或听众了解到作品的内容。作品传播方式的不同，并不影响著作权人对其作品传播的控制权利。因此，被告作为网络内容提供服务商，其在国际互联网上对原告的作品进行传播，是一种未经著作权人许可的侵权行为。

繁荣文学艺术和促进科学技术的发展，与保护创作者对其创作作品享有的合法权利是密不可分的。对知识产权进行司法保护，目的是知识的创新和传播。因此，既要考虑对知识产权权利人合法权益的保护，又要考虑社会对文学、艺术和科学知识传播的广泛需求，以利于准确衡平各方的权益冲突。就本案而言，虽然在国际互联网的其他网站上亦有涉及本案原告的作品传播，但这与被告的行为是否构成侵权无关，同时，被告作为国际互联网内容提供服务商，其丰富网站内容的目的是吸引用户访问其网站内容的经营行为，在经营活动中是否营利，只是衡量其经营业绩的标准之一，并不影响被告侵权行为的成立。因此，被告未经原告许可，将原告的作品在其计算机系统上进行存储并上传到国际互联网上的行为，侵害了原告对其作品享有的使用权和获得报酬权，被告应停止侵权行为，并在其国际互联网的网站上向原告公开致歉，以消除影响；原告提出精神赔偿要求，因被告在国际互联网上传播原告作品时，并没有侵害原告在其作品中依法享有的著作人身权，没有降低、贬损原告在社会公众心目中的人格地位，所以对原告要求赔偿精神损失的请求，不予支持；关于原告的经济损失赔偿请求，诉讼中，原告未能举证证明其遭受损失的具体事实，被告亦未能提供有关用户浏览或下载原告作品次数的证据。因此，对本案原告的损失赔偿，法院综合被告侵权的主观过错、侵权的持续时间、侵权的程度等进行了考虑。最后法院依据《著作权法》第10条、第45条第6项、第8项之规定，判决：（1）判决生效之日起被告世纪互联通讯技术有限公司停止使用原告王蒙创作的文学作品《坚硬的稀粥》。（2）判决生效之日起十日内被告世纪互联通讯技术有限公司在其网站的主页上刊登声明，向原告王蒙公开致歉，致歉内容须经本院审核。逾期不履行该义务，本院将根据判决书内容自行拟定一份公告刊登在一家全国发行的报刊的电子版主页上，有关费用由被告负担。（3）判决生效之日起十日内被告世纪互联通讯技术有限公司赔偿原告王蒙经济损失人民币1680元及诉讼支出的合理费用166元。（4）驳回原告王蒙要求被告世纪互联通讯技术有限公司赔偿其精神损失5000元的诉讼请求。

【案件分析】

本案审理过程中，被告认为我国法律对在国际互联网上传播他人作品是否需要取得作品著作权人的同意，怎样向著作权人支付作品使用费用等问题都没有任何规定。在被告网站所刊载的原告作品，是"灵波小组"从已在国际互联网上传播的信息中下载的，而不是被告首先将原告作品刊载到国际互联网上的，因此被告不知道在网上刊载的原告作品还需征得原告的同意。原告提起诉讼后，被告已从网站上及时删除了原告的作品。被告认为其刊载原告作品的行为仅属于"使用他人作品未支付报酬"的问题。

本案审理之时，《著作权法》也没有修订，更没有《信息网络传播权保护条例》，因此，在当时还没有信息网络传播权概念的情况下，如何判定网络使用作品的合法性确实是一个比较新的问题。但是审理法院运用最基本的著作权原理进行演绎推理最后作出了判决，在《信息网络传播权保护条例》实施的今天，回过头去看一下该判决，就会发现该判决是非常正确的，与《信息网络传播权保护条例》的基本原则相吻合。

对照《信息网络传播权保护条例》第6条的规定，我们就会发现本案中的被告的行为不属于"合理使用"的情形，也不适用法定许可。因此，被告的行为应该构成侵权，被告应当承担侵权责任。

第二条　【信息网络传播权的保护】

权利人享有的信息网络传播权受著作权法和本条例保护。除法律、行政法规另有规定的外，任何组织或者个人将他人的作品、表演、录音录像制品通过信息网络向公众提供，应当取得权利人许可，并支付报酬。

◆ **相关法律规定**

《中华人民共和国著作权法》

第十条第一款第十二项　信息网络传播权，即以有线或者无线方式向公众提供作品，使公众可以在其个人选定的时间和地点获得作品的权利。

第十条第二款　著作权人可以许可他人行使前款第（五）项至第（十七）项规定的权利，并依照约定或者本法有关规定获得报酬。

第十条第三款　著作权人可以全部或者部分转让本条第一款第（五）项至第（十七）项规定的权利，并依照约定或者本法有关规定获得报酬。

第三十八条　表演者对其表演享有下列权利：

……

（六）许可他人通过信息网络向公众传播其表演，并获得报酬。

被许可人以前款第（三）项至第（六）项规定的方式使用作品，还应当取得著作权人许可，并支付报酬。

第四十二条　录音录像制作者对其制作的录音录像制品，享有许可他人复制、发行、出租、通过信息网络向公众传播并获得报酬的权利；权利的保护期为五十年，截止于该制品首次制作完成后第五十年的12月31日。

被许可人复制、发行、通过信息网络向公众传播录音录像制品，还应当取得著作权人、表演者许可，并支付报酬。

◆ 知识精要

本条规定了"信息网络传播权"受《著作权法》和本条例保护。

信息网络传播权是《著作权法》规定的一项重要的民事权利，属财产权；信息网络传播权属于权利人，未经权利人许可，任何单位和个人不得将权利人的作品、表演、录音制品通过信息网络向公众提供。作为权利人的一项权利，权利人有权授予他人在互联网上传播自己的作品、表演和录音制品并有权获得报酬。

根据本条规定，享有信息网络传播权的主体包括著作权人、表演者和录音录像制作者，三类主体统称权利人。著作权人包括：（1）作者；（2）其他依照《著作权法》享有著作权的公民、法人或者其他组织。作者是指创作作品的自然人或者组织。表演者权和录音录像制作者权属于邻接权。邻接权是指与著作权邻近的权利，通常是指表演者、录音录像制作者和广播电视组织（也称广播组织）对其表演活动、录音录像制品和广播电视节目享有的一种类似著作权的权利。

邻接权的三种权利中与著作权关系最为密切的是表演者的权利。表演者对自己的表演除了拥有财产权利外，还有权保护自己的某些人格利益不受损害。邻接权中的另外两种权利是录音录像制作者的权利和广播电视组织的权利。同表演者的权利的不同之处表现在：录音录像制作者和广播电视组织的权利一般只涉及财产内容，而不涉及人格利益，而且这两种权利除了可通过《著作权法》得到保护之外，还可以通过《反不正当竞争法》得到保护。在《信息网络传播权保护条例》中，涉及了表演者权和录音录像制作者权两种邻接权，不涉及广播电视组织的权利。

著作权、表演者权、录音录像制作权三者权利经常是密切联系但又相互独立的。表演者对其表演享有许可他人通过信息网络向公众传播其表演，并获得报酬的权利。但被许可人将表演者的表演向公众传播时，还应当取得被表演作品的著作权人的许可并支付报酬。录音录像制作者对其制作的录音录像制品，享有许可他人复制、发行、出租、通过信息网络向公众传播并获得报酬的权利；权利的保护期为50年，截至该制品首次制作完成后第50年的12月31日。但被许可人复制、发行、通过信息网络向公众传播录音录像制品时，还应当取得作品的著作权人、表演者许可并支付报酬。可见，表演者、录音录像制作者的权利行使并没有替代著作权人行使著作权，著作权人具有独立的著作权行使权。因此，需要注意的是，当人们在信息网络上传播表演、录音录像制品时，除获得表演者、录音录像制作者的授权外，还应取得著作权人的授权，否则，仍然构成侵权。

信息网络传播权是随着计算机与信息网络发展而诞生的一种新型著作权。它与传统的著作权（如复制、发行）等有明显的不同，其具有以下特征。

1. 媒介的特殊性

传统的作品传播是通过印刷复制、发行实现的，而数字化作品的信息网络传播，是通过有线或者无线方式向公众提供作品、表演或者录音录像制品。数字化作品是随着计算机信息技术的发展将传统的作品数字化或者直接利用计算机等设备创作完成的数字作品。数字化作品具有复制容易、传播容易的特点，目前信息网络已经成为数字化作品传播的主渠道。

本条明确界定了信息网络传播的方式包括"有线或者无线方式"。这种传播方式的界定已经超越传统意义上的互联网，而是包括移动通信网、固定通信网、微波通信网、有线电视网、卫星或其他城域网、广域网、局域网等。例如，人们既可在互联网上浏览作品，还可通过有线电视网络、移动通信网络欣赏作品。如果只把这项权利限于传统互联网则缩小了该项权利的范围。随着互联网、移动通信网络和有线电视网络的三网融合，目前的信息网络应该包括移动通信网络和有线电视网络，因此作品和录音制品在有线电视网络和移动通信网络的传播也会涉及信息网络传播权的保护。

2. 传播的广泛性

信息网络传播权的对象应是范围广泛的社会公众，而不仅指特定的人群。有些专家认为，局域网面对的是特定的人群，因而不具有公开性，不适用本条例调整，其使用过程中发生的纠纷适用《著作权法》及其他法律、法规。

3. 传播的交互性

信息网络具有互动性和交互性，使用者可以自己主动选择作品，可以自己选择欣赏作品的时间和地点。而传统的传播都是单向的传播，公众只能被动接受而不能主动选择传播的内容、时间和地点。

本条同时规定了对"信息网络传播权"行使的限制，即"除法律、行政法规另有规定的外"。例如，本条例第8条规定，为通过信息网络实施九年制义务教育或者国家教育规划，可以不经著作权人许可，使用其已经发表作品的片断或者短小的文字作品、音乐作品或者单幅的美术作品、摄影作品制作课件，由制作课件或者依法取得课件的远程教育机构通过信息网络向注册学生提供，但应当向著作权人支付报酬。

除法律、行政法规另有规定的外，任何组织或者个人将他人的作品、表演、录音录像制品通过信息网络向公众提供，必须履行的两项义务：一是取得权利人许可；二是支付报酬。两项条件需同时满足，缺一不可，否则，就构成侵权，应该承担法律责任。

另外，本条所说的"向公众提供"是指上传和发布，而不包括下载。未经许可擅自上传小说、歌曲、舞蹈作品构成侵犯信息网络传播权。如果用户下载这些作品或制品（注：浏览作品属于"下载"的一种方式，因为网上作品只有下载到计算机内存中才能够在计算机屏幕上进行显示），目前尚不受信息网络传播权的管辖，即所谓"管上不管下"。但是如果用户将下载的盗版软件复制在计算机中则构成侵权，属于未经许可的复制行为。

◆ 经典案例 3

北京华谊兄弟影业投资有限公司
诉北京光线时代资讯有限公司侵犯著作权纠纷案

【案情简介】

原告北京华谊兄弟影业投资有限公司（以下简称华谊兄弟公司）诉称，在中国大陆地区，其对电影《大腕》享有包括信息网络传播权在内的全部著作权权利。原告发现北京光线时代资讯有限公司（以下简称光线时代公司）所属网站未经授权，在国际互联网上非法传播电影《大腕》。为了维护公司合法权益，原告向北京市东城区公证处申请进行了证据保全公证。原告诉称，光线时代公司未经许可，将该影片复制通过网络传播的行为，侵犯了其对影片享有的复制权和信息网络传播权，请求判令光线时代公司立即停止侵害其著作权的行为；赔偿经济损失 70 万元并承担为诉讼而支出的合理费用 31 020 元。

被告光线时代公司辩称，对于在线播放《大腕》的事实我公司认可，但我公司在主观上没有过失，这是我公司通过合作从北京金互动技术开发有限责任公司（以下简称金互动公司）获得的，金互动公司提供了授权书，我公司认为金互动公司对影片享有合法版权，金互动公司向我公司提供了近千部影片。华谊兄弟公司主张的赔偿数额没有事实和法律依据，其提交的合约所涉及的影片并非《大腕》，不能进行类比，而且合约本身所涉及的金额也不合理。我公司于 2004 年 5 月播放的《大腕》，点击率很少，实际在线播放仅获得 1547 元，真正通过《大腕》获得的利益更少。

审理法院认为，原告华谊兄弟公司系电影作品《大腕》在中华人民共和国（除香港、澳门、台湾地区）的著作权人。根据公证及当事人陈述之事实，被告光线时代公司对作品《大腕》实施了如下行为：将业已进行数字转换的电影作品上传至其网站服务器或工作站，供公众通过互联网在线观看或下载观看。分别行使了对作品的网络传播权和复制权，造成权利人尚未行使的网络传播权及网络空间的复制权行使受损，导致权利行使的预期利益或许可利益受损。光线时代公司的行为侵犯了华谊兄弟公司的网络传播权和复制权。

原告为本案支出的公证费及工商查询费均为诉讼的必要支出，原告著作权权利证据具有涉外因素，故其所支付的代理费亦无明显不合理。上述支出均系被告实施的侵权行为引起，应由其一并赔偿。

至于原告所诉之赔礼道歉请求，虑及被告与第三人合作涉及影片多达千部仍未对著作权给予重视的主观过错情节，可以支持。法院判决：(1) 被告光线时代公司立即停止网络传播及授权他人复制电影《大腕》的行为；(2) 被告光线时代公司在其网站刊登向原告华谊兄弟公司致歉的声明（逾期不履行，法院将拟定一份公告刊登于相关媒体，费用由被告光线时代公司负担）；(3) 判决生效之日起十日内，被告光线时代公司赔偿原告华谊兄弟公司 331 020 元。

【争议焦点】

光线时代公司根据金互动公司的授权在网络上播放电影作品《大腕》是否构成侵权？

【案件分析】

华谊兄弟公司是电影作品《大腕》在中华人民共和国（除香港、澳门、台湾地区）的著作权人。根据《著作权法》和本条例，原告享有信息网络传播权，任何组织或者个人将他人的作品通过信息网络向公众提供，应当取得权利人许可，并支付报酬。本案中，金互动公司授权被告通过网络播放《大腕》电影并未取得原告的授权，因此其对被告的授权也属于无效。被告在未经原告许可的情况下，通过网络播放原告的作品，很明显侵犯了原告的信息网络传播权。根据《信息网络传播权保护条例》第 18 条第 1 项，通过信息网络擅自向公众提供他人的作品应根据情况承担停止侵害、消除影响、赔礼道歉、赔偿损失等民事责任。

【引以为鉴】

目前，通过互联网擅自传播他人作品的情况经常发生，许多人没有意识到这样已经侵犯权利人的信息网络传播权，是要承担法律责任的。信息网络是快捷方便的信息交流工具，但与此同时，我们还要注意，不能因为方便而侵害他人的合法权益。

另外，对于从事信息网络传播的单位或者网站来说，对大量作品的著作权的审查和核实是有一定难度的。因此，本条例规定了一定情况下网络传播者可以免责。但是，对于直接提供作品内容、以传播他人作品为获取利润来源的网站，法律应强调网络传播者对于作品权利人以及授权情况的审查与核实的注意义务，因为作为一个合法的经营者，有义务保证其提供的内容有合法来源，以保护作品权利人的合法利益。

> **第三条　【信息网络传播权的限制】**
> 依法禁止提供的作品、表演、录音录像制品，不受本条例保护。
> 权利人行使信息网络传播权，不得违反宪法和法律、行政法规，不得损害公共利益。

◆ 相关法律规定

《中华人民共和国著作权法》

第四条　著作权人行使著作权，不得违反宪法和法律，不得损害公共利益。国家对作品的出版、传播依法进行监督管理。

《互联网信息服务管理办法》（国务院令第292号）

第十五条　互联网信息服务提供者不得制作、复制、发布、传播含有下列内容的信息：

（一）反对宪法所确定的基本原则的；

（二）危害国家安全，泄露国家秘密，颠覆国家政权，破坏国家统一的；

（三）损害国家荣誉和利益的；

（四）煽动民族仇恨、民族歧视，破坏民族团结的；

（五）破坏国家宗教政策，宣扬邪教和封建迷信的；

（六）散布谣言，扰乱社会秩序，破坏社会稳定的；

（七）散布淫秽、色情、赌博、暴力、凶杀、恐怖或者教唆犯罪的；

（八）侮辱或者诽谤他人，侵害他人合法权益的；

（九）含有法律、行政法规禁止的其他内容的。

第十六条　互联网信息服务提供者发现其网站传输的信息明显属于本办

法第十五条所列内容之一的,应当立即停止传输,保存有关记录,并向国家有关机关报告。

◆ **知识精要**

本条例保护的对象应为合法的作品、表演和录音录像制品。违法作品、表演和录音录像制品不受法律保护,不享有法律赋予的相应权利。

依法禁止提供的作品、表演、录音录像制品主要有:反对宪法所确定的基本原则的作品;危害国家安全的作品;破坏民族团结,制造民族分裂、民族仇恨的作品;宣传凶杀、暴力、淫秽、色情和封建迷信的作品。这些作品当然不会"有益于社会主义精神文明、物质文明的创作和传播",有悖于本条例的立法宗旨,因此不应得到保护。

需要指出的是,不受本条例保护的作品并不意味着可以在网上自由传播,这些信息的传播还需要受到其他法律的禁止,如在网络上传播色情、淫秽信息可能受到《刑法》的处罚。另外,权利人在行使信息网络传播权时必须遵守互联网信息服务的有关规定。对于互联网信息服务,我国先后颁布了一系列法律规章来管理互联网的信息传播。目前,涉及互联网管理的主要规章包括《互联网信息服务管理办法》《网络出版服务管理规定》《互联网新闻信息服务管理规定》《互联网药品信息服务管理办法》《互联网等信息网络传播视听节目管理办法》。

《互联网信息服务管理办法》第15条规定,互联网信息服务提供者不得制作、复制、发布、传播含有下列内容的信息:(1)反对宪法所确定的基本原则的;(2)危害国家安全,泄露国家秘密,颠覆国家政权,破坏国家统一的;(3)损害国家荣誉和利益的;(4)煽动民族仇恨、民族歧视,破坏民族团结的;(5)破坏国家宗教政策,宣扬邪教和封建迷信的;(6)散布谣言,扰乱社会秩序,破坏社会稳定的;(7)散布淫秽、色情、赌博、暴力、凶杀、恐怖或者教唆犯罪的;(8)侮辱或者诽谤他人,侵害他人合法权益的;(9)含有法律、行政法规禁止的其他内容的。

根据《网络出版服务管理规定》,网络出版服务,是指通过信息网络向公众提供网络出版物。网络出版物,是指通过信息网络向公众提供的,具有编辑、制作、加工等出版特征的数字化作品。从事网络出版服务，必须依法经过出版行政主管部门批准，取得网络出版服务许可证。

在互联网发布新闻管理方面，国家规定互联网服务机构不能自行采编新闻，只能转载新闻单位已经发布的信息。因此，互联网新闻信息服务实质是互联网新闻出版。互联网新闻信息服务，包括通过互联网登载新闻信息、提供时政类电子公告服务和向公众发送时政类通信信息。互联网新闻信息服务单位分为以下三类：(1) 新闻单位设立的登载超出本单位已刊登播发的新闻信息、提供时政类电子公告服务、向公众发送时政类通信信息的互联网新闻信息服务单位，以下称"第一类互联网新闻信息服务单位"；(2) 非新闻单位设立的转载新闻信息、提供时政类电子公告服务、向公众发送时政类通信信息的互联网新闻信息服务单位，以下称"第二类互联网新闻信息服务单位"；(3) 新闻单位设立的登载本单位已刊登播发的新闻信息的互联网新闻信息服务单位，以下称"第三类互联网新闻信息服务单位"。根据《国务院对确需保留的行政审批项目设定行政许可的决定》和有关行政法规，设立第一类、第二类互联网新闻信息服务单位，应当经国务院新闻办公室审批。设立第三类互联网新闻信息服务单位，应当向国务院新闻办公室或者省、自治区、直辖市人民政府新闻办公室备案。

针对日益泛滥的互联网视听节目的传播，2003年2月10日施行的《互联网等信息网络传播视听节目管理办法》，规范了我国互联网传播视听节目。国家广播电影电视总局对视听节目的信息网络传播业务实行许可管理。通过信息网络向公众传播视听节目必须持有信息网络传播视听节目许可证。

◆ 经典案例4

黄某某互联网传播虚假恐怖信息被判刑三年

【案情简介】

被告人黄某某于2003年4月25日至4月27日，在北京市海淀区家中，借当时北京市"非典型性肺炎"疫情高发期易引起人们心理恐慌之机，在无任何事实依据的情况下，编造题为《绝对可靠消息，上海隐瞒了大量非典病例》《中国已因非典而正式进入了经济危机》《如此保安,借非典趁机赚钱》的文章,使用家中电脑,通过其住宅电话以拨号方式登录互联网,在"搜狐网站"新闻评论网页和"西路网站"的"海阔天空"等论坛中,多次上网传播虚假恐怖消息,谎称我国上海市已因"非典型性肺炎"死亡数百人、全国死亡3000多人,鼓动尽快储备物品,制造恐怖气氛,严重扰乱了社会秩序。2003年5月3日,黄某某被羁押,同日被取保候审,同年5月8日被刑事拘留,5月16日被逮捕。北京市人民检察院第一分院以京检一分刑诉字(2003)第95号起诉书指控被告人黄某某犯编造虚假恐怖信息罪,于2003年5月27日向北京市第一中级人民法院提起公诉。

被告人黄某某在法庭审理中对公诉机关指控的犯罪事实未提出异议。被告人黄某某的辩护人认为,公诉机关指控黄某某编写的《如此保安,借非典趁机赚钱》一文,不应认定为虚假恐怖信息;黄某某被羁押后能够主动、彻底坦白全部犯罪事实,有悔罪表现,请求法院对黄某某判处缓刑。

北京市第一中级人民法院认为,被告人黄某某在我国人民共同抗击"非典型性肺炎"疫情的特殊时期,故意捏造虚假的恐怖信息并故意在互联网上发表、传播,严重扰乱了社会秩序,其行为已构成编造、故意传播虚假恐怖信息罪,依法应予惩处。被告人黄某某的辩护人提出起诉书指控黄某某在网上发表的《如此保安,借非典趁机赚钱》一文,其内容不属恐怖信息的辩护意见,理由成立,法院予以采纳;但请求对黄某某判处缓刑的辩护意见,法院考虑黄某某犯罪的具体情况,不宜对被告人适用缓刑,故不予采纳。北京市人民检察院第一分院指控被告人黄某某犯罪的证据确实,但被告人既有编造虚假恐怖信息的行为,又有上网传播的行为,因此公诉机关指控的罪名不够准确,法院予以纠正。据此,依照《中华人民共和国刑法修正案(三)》第8条、《中华人民共和国刑法》第291条之一、第61条、第64条、《最高人民法院、最高人民检察院关于办理妨害预防、控制突发传染病疫情等灾害的刑事案件具体应用法律若干问题的解释》第10条第1款的规定,判决:(1)被告人黄某某犯编造、故意传播虚假恐怖信息罪,判处有期徒刑三年。(2)在案扣押被告人黄某某供犯罪所用的电脑主机一台,予以没收。

【引以为鉴】

《著作权法》和本条例保护的是正当的行使信息网络传播权的行为，行使信息网络传播权不得违反宪法和法律、行政法规，不得损害公共利益。本案被告人利用信息网络传播虚假信息，在"非典"特殊时期，制造恐怖气氛，严重扰乱了社会秩序，具有严重的社会危害性，触犯了《刑法》，这恐怕也是被告人始料未及的。

本案中，被告人创作的《绝对可靠消息，上海隐瞒了大量非典病例》《中国已因非典而正式进入了经济危机》《如此保安，借非典趁机赚钱》等多篇文章毫无疑问应该属于作品，被告作为上述作品的作者，正常来讲应该享有著作权，享有信息网络传播权，有权通过有线或者无线的方式向公众提供上述作品。但是，根据本条规定，依法禁止提供的作品、表演、录音录像制品，不受本条例保护。由于上述内容违反了《互联网信息服务管理办法》第15条的规定，互联网信息服务提供者不得制作、复制、发布、传播含有"散布谣言，扰乱社会秩序，破坏社会稳定的"的信息。因此，被告人不仅不对上述文章享有信息网络传播权，而且其传播上述文章的行为还构成犯罪。

被告人的行为违反了刑事法律规定，构成编造、故意传播虚假恐怖信息罪，应该受到法律的制裁。《最高人民法院、最高人民检察院关于办理妨害预防、控制突发传染病疫情等灾害的刑事案件具体应用法律若干问题的解释》第10条规定，编造与突发传染病疫情等灾害有关的恐怖信息，或者明知是编造的此类恐怖信息而故意传播，严重扰乱社会秩序的，依照《刑法》第291条之一的规定，以编造、故意传播虚假恐怖信息罪定罪处罚。《中华人民共和国刑法》第291条规定，聚众扰乱车站、码头、民用航空站、商场、公园、影剧院、展览会、运动场或者其他公共场所秩序，聚众堵塞交通或者破坏交通秩序，抗拒、阻碍国家治安管理工作人员依法执行职务，情节严重的，对首要分子，处五年以下有期徒刑、拘役或者管制。法院依据上述规定，对被告人以编造、故意传播虚假恐怖信息罪定罪，判处有期徒刑三年。

第四条　【技术措施的保护】

为了保护信息网络传播权，权利人可以采取技术措施。

任何组织或者个人不得故意避开或者破坏技术措施，不得故意制造、进口或者向公众提供主要用于避开或者破坏技术措施的装置或者部件，不得故意为他人避开或者破坏技术措施提供技术服务。但是，法律、行政法规规定可以避开的除外。

◆ 相关法律规定

《中华人民共和国著作权法》

第四十八条　有下列侵权行为的，应当根据情况，承担停止侵害、消除影响、赔礼道歉、赔偿损失等民事责任；同时损害公共利益的，可以由著作权行政管理部门责令停止侵权行为，没收违法所得，没收、销毁侵权复制品，并可处以罚款；情节严重的，著作权行政管理部门还可以没收主要用于制作侵权复制品的材料、工具、设备等；构成犯罪的，依法追究刑事责任：

……

（六）未经著作权人或者与著作权有关的权利人许可，故意避开或者破坏权利人为其作品、录音录像制品等采取的保护著作权或者与著作权有关的权利的技术措施的，法律、行政法规另有规定的除外；

……

《世界知识产权组织版权条约》（我国于2006年12月29日加入，2007年6月9日生效）

第十一条　关于技术措施的义务

缔约各方应规定适当的法律保护和有效的法律补救办法，制止规避由作者为行使本条约或《伯尔尼公约》所规定的权利而使用的、对就其作品进行未经该有关作者许可或未由法律准许的行为加以约束的有效技术措施。

《世界知识产权组织表演与录音制品条约》（我国于2006年12月29日加入，2007年6月9日生效）

第十八条　关于技术措施的义务

缔约各方应规定适当的法律保护和有效的法律补救办法，制止规避由表演者或录音制品制作者为行使本条约所规定的权利而使用的、对就其表演或录音制品进行未经该有关表演者或录音制品制作者许可或未由法律准许的行为加以约束的有效技术措施。

◆ 知识精要

本条规定了权利人有权采取技术措施保护信息网络传播权，同时规定了相对人的义务。

所谓技术措施，是指用于防止、限制未经权利人许可浏览、欣赏作品、表演、录音录像制品或者通过信息网络向公众提供作品、表演、录音录像制品的有效技术、装置、部件。也就是权利人主动采取技术手段保护和管理自己的权利，防止他人的侵权行为。如防止复制措施、加密措施、限制全文阅读措施、限制使用普通软件阅读、浏览，限制播放、下载等措施。

随着网络上版权及相关侵权问题的日益增多，权利人的利益受到严重威胁。一个重要原因就是技术的进步导致数字化信息具有复制容易、复制成本极低的特点。技术保护措施起源于计算机软件行业，计算机软件企业为了开发一个软件投入了大量的人力、物力，然而当其产品投入市场，盗版就会出现，被大量非法复制和扩散。由于盗版的冲击，软件企业不能获得正常的市场回报。对软件产业来说，盗版已成为一种社会公害，严重冲击了软件产业发展。

对盗版者轻而易举地窃取他人的智力劳动成果的行为，有两种手段来救济：一是法律手段；二是技术手段。法律手段是指由国家立法明确规定盗版是一种违法行为，盗版者应承担法律责任，权利人可以通过民事诉讼、刑事诉讼、行政投诉等途径来追究盗版者的法律责任，打击盗版行为。法律手段属于公力救济，需要按严格的程序，而且是事后救济，受害人往往不能得到及时的保护。技术手段属于自力救济，即采取技术措施防止被侵权，而且是事前救济，能防患于未然。本条规定是对权利人采取主动的自我保护措施的权利，进行私力救济的认可和保障。

技术保护措施是 1996 年世界知识产权组织两个互联网条约《世界知识产权组织版权条约》和《世界知识产权组织表演与录音制品条约》确立的重要

内容，并要求成员在本国法中进行规定。从目前的发展状态看，各个国家修订或发布的有关保护信息网络传播权的法规中都包含了此内容。

目前，权利人采取的技术措施主要有两类：一类是控制访问的技术措施；另一类是控制作品使用的技术措施。相应的规避技术措施也有两类：一类是规避访问控制技术措施；另一类是规避控制作品使用技术措施。规避行为通常表现为：未经权利人许可，对加密的作品进行解密；对技术措施进行破解等。除法律、行政法规有明确规定外，规避技术措施的行为均构成对权利人的侵权。

实践中，权利人采取的常见的技术保护措施有以下几种。

（1）防复制设备，也就是阻止作品被复制的设备。如用于阻止用户复制的"SCMS"系统（serial copy management systems），如微软公司生产的Windows系列操作系统，就含有防复制功能。

（2）控制接触受保护作品的技术保护措施。如要求登记、填写密码，以及防火墙，还可以利用数字信息封存关键词、权利人信息和用户条件等。我们有时在网上查找论文、资料，查询法规、信息，观看、下载电影时，常常被要求注册，大多情况还需交费才能注册成功。这些注册、登录措施就是一种控制接触受保护作品的技术保护措施。

（3）追踪系统，即权利人时刻都了解作品是否被使用、在何地被使用、何人在使用以及是否有人要求使用，并且只有在权利人授权后方可以使用的软件。

（4）电子水印、数字签名或数字指纹技术。就像货币上的防伪标记，支票上的签名和盖章一样，在数字作品上加入电子水印、数字签名或数字指纹，以识别作品及权利人和鉴定作品的真伪。例如，权利人可以在数字化作品中使用电子水印，他人如果在网上擅自实施复制、修改、破坏等侵权行为，权利人可以根据电子水印来识别作品的真伪，甚至找到侵权人，从而追究侵权责任。

（5）标准系统，即按地区划分，设定不同的标准以避免对作品的侵权行为。

（6）电子版权管理系统（electronic copyright management system），即ECMS系统，可以识别作者的身份，通过加密保护作品，同时又可以像电子合同那样与使用者进行交易，收取使用费。

根据《世界知识产权组织版权条约》的规定，受保护的技术措施应当是"有效的"。如果用户对某个作品或制品访问，必须在权利人授权的情况下运行某个访问代码或者程序（包括对该作品或者制品的解密、解码或转换形式）才能进行，该类技术措施被视为"有效的"措施。但是，如果某个装置或产品不具有在其正常运行过程中防止或者阻止侵权行为发生的功能，只能对可能发生的侵权行为起威慑或者警示的作用，则不应作为技术措施加以保护。例如，某个计算机程序在运行界面上出现的要求用户注册的信息，或者要求用户输入所在区域的代码的做法，都不属于受法律保护的技术措施，因为即便用户拒绝满足这些要求，也不影响对有关程序的使用。再如，我们登录一些电子公告系统（BBS），往往要求我们填写一些信息，即使我们不填写也能进入。这些就不是技术保护措施。因此，即便有人故意避开或者破坏这些威慑性或警示性的措施，也不会承担破解技术措施的法律责任。

此外，由于权利人采取的技术措施必须符合法律、行政法规的规定，因而其采取的技术措施必须符合以下要求：（1）权利人采取的技术保护措施只能是防御性的，不能是攻击性的，如植入病毒。技术措施既不能攻击善意的不知情的用户和抱有合法目的软件复制者，也不能攻击知情的用户和抱有非法目的的软件复制者，否则，就是滥用权利。权利人采取技术保护措施不能因此而损害公共的利益。2001年，某软件公司正式发布操作系统软件时声称在该软件中新加了防盗版功能的部件，如果使用盗版，该软件将立即启动产品激活（Microsoft product activation，MPA）功能自我锁死，操作系统被锁死，用户的计算机当然也无法使用。用户必须从微软处获得一个特定密码，才能恢复计算机的运行。

（2）技术措施给侵权行为制造障碍，但是不能超出制止侵权行为所必须的限度。某著名杀毒软件公司曾在其发行的新版防病毒软件中加入了"逻辑锁"程序（又称"逻辑炸弹"）。这一程序的主要作用是识别盗版和正版软件用户。当使用该软件的盗版时，该程序立即启动锁死电脑，使电脑硬盘无法使用。该公司打击盗版的目的本来无可厚非，但是由于其"逻辑锁"程序造成了用户的计算机无法使用，所以构成了故意输入有害数据危害计算机信息系统安全的违法行为，最后受到了有关部门的处罚。

本条对技术措施的保护分成两个层次：第一个层次是直接保护，即禁止任何人故意避开或者破坏技术措施，如破译权利人的密码；第二个层次是间接保护，即禁止任何组织或者个人故意制造、进口或者向公众提供主要用于避开或者破坏技术措施的装置或者部件（如禁止制造、进口、出租、出借破译密码的机器）和禁止任何组织或者个人故意为他人避开或者破坏技术措施提供技术服务（如向他人提供关键技术破译加密措施）。

◆ 经典案例5

中国学术期刊（光盘版）电子杂志社诉网联天地（北京）科技有限公司侵犯计算机网络著作权纠纷案

【案情简介】

原告中国学术期刊（光盘版）电子杂志社（以下简称期刊杂志社）诉称：原告是"CNKI系列全文数据库"编辑出版者，该系列数据库包括《中国期刊全文数据库》《中国优秀博硕士学位论文全文数据库》《中国重要报纸全文数据库》等学术文献数据库。原告通过"中国知网"及镜像、光盘方式向用户提供信息服务。被告网联天地（北京）科技有限公司（以下简称网联天地公司）未经许可通过"中国专利信息网"以链接、提供用户名和密码等方式将原告上述内容有偿许可他人使用，严重侵犯了原告数据库著作权。据此起诉请求法院判令被告停止其侵权行为，赔偿原告经济损失50万元（包括合理支出）。被告网联天地公司没有应诉。

经审理查明：原告提交其在"中国知网"上发布的《中国期刊全文数据库》《中国优秀博硕士学位论文全文数据库》《中国重要报纸全文数据库》等三种学术文献数据库署名均为"CNKI系列数据库编辑出版及版权所有：中国学术期刊（光盘版）电子杂志社"。但2005年7月5日和18日，原告与清华同方知网（北京）技术有限公司共同作为乙方，分别与邯郸职业技术学院（甲方）和陕西长岭电子科技有限责任公司（甲方）签订的CNKI数据库著作权协议却约定："甲方所订'CNKI数据库'的著作权归乙方所有。"在本诉讼期间，清华同方光盘股份有限公司于 2006 年 5 月 16 日，清华同方知网（北京）技术有限公司于 2006 年 5 月 30 日分别出具说明，明确表示"放弃对 CNKI 系列数据库享有的所有权利"。

2005 年 3 月 9 日，原告经北京市国信公证处对网站（http：//www.si-po.com/33322.php）上的相关内容进行证据保全，并形成（2005）京国证民字第 03188 号公证书，公证内容如下：进入 http：//www.si-po.com/33322.php，网页为中国期刊文献检索，点击 CNKI 全文期刊数据库，页面显示为中国专利科技信息网，进入"中国期刊全文数据库"，页面上有如下文字："版权所有：中国学术期刊（光盘版）电子杂志社，清华同方光盘股份有限公司"的字样。进入该库后，可浏览及下载原告的《中国期刊全文数据库》《中国优秀博硕士学位论文全文数据库》《中国重要报纸全文数据库》中的文章。同日，原告还经北京市国信公证处对中国专利科技信息网（http：//www.si-po.com）所载相关内容进行证据保全，并形成（2005）京国证民字第 03189 号公证书，公证内容所示，进入在中国专利科技信息网检索论坛网页后，可按提示直接进入 CNKI 系列全文数据库进行相关文章的浏览和下载。

2005 年 8 月 15 日，原告再次经北京市国信公证处对网站（http：//www.si-po.com）及相关网站上的相关网页内容进行证据保全，并形成（2005）京国证民字第 09056 号公证书，公证的内容如下：进入上述网页可看到网联天地（北京）科技有限公司的字样，点击进入该网站后可见：2003~2004 版权所有，复制必纠，中国专利科技信息网，京 ICP 备 05010358 号的字样，查询 icp 单位全称，在编号为 14 的项下，有如下文字记载："网联天地（北京）科技有限公司，www.1599.cn/，京 ICP 备 05010358 号，审批时间为 2005 年 6 月 2 日。"

在法院审理期间，原告为证明其直接经济损失远远高于索赔额 50 万元的请求，还补充提交了清华同方知网（北京）技术有限公司分别与海南省图书馆筹备组、国家知识产权局专利局、天津科技大学等单位签订的 CNKI 数据库订购合同，上述合同的总价款为 1 901 814 元，并已实际履行。

原告在本案中指控被告的行为系采用技术手段，避开原告在"中国知网" CNKI 数据库设置的用户名和密码，进入该数据库浏览及下载原告享有著作权的《中国期刊全文数据库》《中国优秀博硕士学位论文全文数据库》《中国重要报纸全文数据库》中所载文章。

原告为证明其存在合理诉讼支出，提交了4000元的公证费发票及3万元的律师费发票与委托代理协议。

上述事实有原告提交的国家新闻出版署批准原告出版《中国学术期刊（光盘版）》电子杂志的批复、中国知网网页、（2005）京国证民字第03188、03189、09056号公证书、CNKI数据库订置合同及CNKI数据库著作权协议、公证费发票、律师费发票、委托代理协议及当事人陈述等证据在案佐证。

法院认为：由于清华同方光盘股份有限公司与清华同方知网（北京）技术有限公司分别出具说明，明确表示"放弃对CNKI系列数据库享有的所有权利"，结合"中国知网"《中国期刊全文数据库》《中国优秀博硕士学位论文全文数据库》《中国重要报纸全文数据库》等网页署名，法院认定原告对上述数据库作品享有汇编作品著作权，原告享有上述作品的网络传播权，并依法享有以相同的方式许可他人使用，并由此获得报酬的权利。

根据本案查明的事实可以确认，被告实施了通过自行提供ICP服务的网站采用技术手段，避开原告所设置的技术防范措施，与原告上述"数据库"作品进行链接，将原告上述"数据库"作品有偿许可他人使用等行为。被告明知上述"数据库"作品署名为原告，且原告对此有技术保护措施，仍未经原告许可实施上述行为，已构成通过信息网络擅自向公众提供原告作品，故意避开原告作品的技术保护措施的网络侵权行为，侵犯了原告上述作品的网络传播权。就本案而言，被告作为网络服务经营者，对于网络用户名及其密码的特性应属于明知，在其明知用户名和密码不属于公共资源的情况下，出于营利目的，采用技术手段进行规避，其主观恶意明显，严重损害了原告上述作品合法权益，理应承担停止侵权、赔偿损失的民事责任。

有关损害赔偿，现有证据均不能直接证明被告侵权对原告造成的经济损失究竟有多大，分析被告网页的公证保全证据，法院认为不排除被告交易中存在提供包库类服务的情况，原告提交的相关公司交易合同能够证明存在交易行为，且已实际履行，故法院根据被告在侵权中的主观过错程度及因被告侵权给原告造成的应有市场收益的损害等因素，对侵权赔偿额酌情予以判定。

审理法院根据《信息网络传播权保护条例》第 18 条第 1 项、第 2 项；《著作权法》第 10 条第 12 项、第 47 条第 1 项、第 6 项之规定，判决：(1) 判决生效之日起，被告网联天地公司断开与原告期刊杂志社的《中国期刊全文数据库》《中国优秀博硕士学位论文全文数据库》《中国重要报纸全文数据库》的链接，停止提供"CNKI 系列全文数据库"的服务，移除含有上述数据库的内容。(2) 判决生效之日起 30 日内，被告网联天地公司赔偿原告期刊杂志社经济损失（含诉讼合理支出）25 万元。(3) 驳回原告期刊杂志社其他诉讼请求。

【案件分析】

原告期刊杂志社是"CNKI 系列全文数据库"编辑出版者，该系列数据库包括《中国期刊全文数据库》《中国优秀博硕士学位论文全文数据库》《中国重要报纸全文数据库》等学术文献数据库。期刊杂志社通过"中国知网"及镜像、光盘方式向用户提供信息服务，用户在"中国知网"浏览和下载上述信息时，需要购买期刊杂志社出售的知网会员卡，凭用户名和密码进入数据库浏览下载。期刊杂志社对数据库设置浏览和下载密码的措施属于《信息网络传播权保护条例》规定的权利人可以采取的技术措施，任何组织或者个人不得故意避开或者破坏技术措施。

网联天地公司通过自行提供 ICP 服务的网站采用技术手段，避开期刊杂志社所设置的技术防范措施，与期刊杂志社"数据库"作品进行链接，将"数据库"作品有偿许可他人使用的行为已构成故意避开权利人的技术保护措施，通过信息网络擅自向公众提供权利人的作品的侵权行为，侵犯了期刊杂志社对数据库享有的信息网络传播权。

【引以为鉴】

就本案而言，被告避开原告在"中国知网"CNKI 数据库设置的用户名和密码，被告作为网络服务经营者，对于网络用户名及其密码的特性应属于明知，在其明知用户名和密码不属于公共资源的情况下，出于营利目的，采用技术手段进行规避，其主观恶意明显，严重损害了原告上述作品合法权益，理应承担停止侵权、赔偿损失的民事责任。

本案提醒网络服务经营者，权利人采取的技术保护措施受法律保护，避开或者破坏技术措施传播权利人的作品需要承担法律责任。

第五条　【权利管理电子信息的保护】

未经权利人许可，任何组织或者个人不得进行下列行为：

（一）故意删除或者改变通过信息网络向公众提供的作品、表演、录音录像制品的权利管理电子信息，但由于技术上的原因无法避免删除或者改变的除外；

（二）通过信息网络向公众提供明知或者应知未经权利人许可被删除或者改变权利管理电子信息的作品、表演、录音录像制品。

◆ 相关法律规定

《中华人民共和国著作权法》

第四十八条　有下列侵权行为的，应当根据情况，承担停止侵害、消除影响、赔礼道歉、赔偿损失等民事责任；同时损害公共利益的，可以由著作权行政管理部门责令停止侵权行为，没收违法所得，没收、销毁侵权复制品，并可处以罚款；情节严重的，著作权行政管理部门还可以没收主要用于制作侵权复制品的材料、工具、设备等；构成犯罪的，依法追究刑事责任。

……

（七）未经著作权人或者与著作权有关的权利人许可，故意删除或者改变作品、录音录像制品等的权利管理电子信息的，法律、行政法规另有规定的除外；

……

《世界知识产权组织版权条约》

第十二条　关于权利管理信息的义务

（1）缔约各方应规定适当和有效的法律补救办法，制止任何人明知或就民事补救而言有合理根据知道其行为会诱使、促成、便利或包庇对本条约或《伯尔尼公约》所涵盖的任何权利的侵犯而故意从事以下行为：

（i）未经许可去除或改变任何权利管理的电子信息；

（ii）未经许可发行，为发行目的进口、广播或向公众传播明知已被未经许可去除或改变权利管理电子信息的作品或作品的复制品。

（2）本条中的用语"权利管理信息"系指识别作品、作品的作者、对作品拥有任何权利的所有人的信息，或有关作品使用的条款和条件的信息，和代表此种信息的任何数字或代码，各该项信息均附于作品的每件复制品上或在作品向公众进行传播时出现。

《世界知识产权组织表演与录音制品条约》

第十九条　关于权利管理信息的义务

（1）缔约各方应规定适当和有效的法律补救办法，制止任何人明知或就民事补救而言有合理根据知道其行为会诱使、促成、便利或包庇对本条约所涵盖的任何权利的侵犯而故意从事以下行为：

（i）未经许可去除或改变任何权利管理的电子信息；

（ii）未经许可发行，为发行目的进口、广播、向公众传播或提供明知已被未经许可去除或改变权利管理电子信息的表演、录制的表演或录音制品的复制品。

（2）本条中的用语"权利管理信息"系指识别表演者、表演者的表演、录音制品制作者、录音制品、对表演或录音制品拥有任何权利的所有人的信息，或有关使用表演或录音制品的条款和条件的信息，和代表此种信息的任何数字或代码，各该项信息均附于录制的表演或录音制品的每件复制品上或在录制的表演或录音制品向公众提供时出现。

◆ 知识精要

本条规定了权利管理电子信息的保护。

权利管理电子信息，是指说明作品及其作者、表演及其表演者、录音录像制品及其制作者的信息，作品、表演、录音录像制品权利人的信息和使用条件的信息，以及表示上述信息的数字或者代码。

权利管理信息是权利人向公众宣称其权利主张的标记，可以是文字信息，也可以是代表此种信息的数字或代码形式。与技术措施的秘密性、限制性相比，权利管理信息应具有公开性、明显性。技术措施是限制他人知晓、使用相关信息，而权利管理信息是告知他人有关作品权利的信息。权利管理电子信息都应附于作品、录制的表演或录音制品的每件复制品上或在作品、录制的表演或录音制品向公众提供时出现。

权利管理电子信息在性质上是网络环境下的版权标记和使用许可说明，在内容上与纸质出版物的版权页、录音录像制品的版权声明基本一致，一般载明权利人、许可证号、版权声明、使用条件和限制等。权利管理信息的作用在于明确权利归属；明确作品的使用条件和限制；便于权利人维权，便于使用人合法使用。

侵害权利管理电子信息的行为有两类。一类是未经权利人许可，故意删除或者改变通过信息网络向公众提供的作品、表演、录音录像制品的权利管理电子信息，此类行为属于故意侵权；此类行为的表现方式有两种：一种是删除权利管理电子信息，如将权利管理电子信息的全部内容或者部分内容除去；另一种是改变权利管理电子信息的内容，如将权利管理电子信息的使用条件进行修改，将收费使用改为免费使用等。另一类是通过信息网络向公众提供明知或者应知未经权利人许可被删除或者改变权利管理电子信息的作品、表演、录音录像制品，此种行为属于间接侵权。

权利管理电子信息侵权的构成要件有三方面：

第一方面是未经权利人许可。

该处的权利人是指作品的著作权人、表演者和录音录像制品制作者或他们的代理人。

第二方面是侵权人的主观上存在故意或者过失。

故意是指行为人明知删改权利管理电子信息属于侵权违法行为，却希望或放纵这种后果的产生。过失是指行为人应该知道但因未尽合理注意义务而将未经权利人许可被删除或者改变权利管理电子信息的作品、表演、录音录像制品通过信息网络向公众传播。

需要注意的是，本条对于未经权利人许可删除或者改变权利管理电子信息的行为只规定了在故意情况下承担责任，对于非故意状态的删除、改变的行为没有明确，因此如果行为人在非故意状态而误删或改变了权利管理电子信息，不应按照本条规定追究侵权责任。

第三方面是行为人客观上存在删除或改变权利管理电子信息和向公众通过信息网络传播明知已被未经许可去除或改变权利管理电子信息的作品、表演、录音制品等载体的行为。

如果由于技术上的原因无法避免删除或者改变权利管理电子信息的，行为人即使未经权利人许可删除或者改变通过信息网络向公众提供的作品、表演、录音录像制品的权利管理电子信息，也无须承担责任。例如，某一作品的权利管理电子信息是使用 Flash 技术制作的，而行为人的计算机中根本没有安装 Flash 软件。如果不删除权利管理电子信息，行为人无法浏览或者使用该作品，此种情况下，由于技术上的原因无法避免删除的行为是法律允许的。

◆ 经典案例 6

张某某诉交通出版社侵犯著作权案

【案情简介】

2000 年 2 月 27 日，张某某将其开发的 MJSAPI. U32 软件 1.31 版（以下简称 MJSAPI. U32 软件）发表于自己的网页"磨鉴室软件工作组"上并在该网页的下载约定栏中声明：此软件用于任何商业用途均为收费产品，请与我联系，获得书面许可协议；用于个人使用则为免费产品。在用户注册栏中公布了商业用户的注册费用为人民币 500 元，个人用户为人民币 50 元等。

交通出版社在出版 16 开本《游戏天下》2000 - 4 时，每本附赠三张 CD 光盘，其中一张 CD 光盘，未经张某某许可，下载使用了 MJSAPI. U32 软件。交通出版社在下载使用该软件时删除了与软件附着在一起的版权声明，同时在光盘中隐去该软件和图标。交通出版社出版《游戏天下》2000 - 4 的印数为 8000 册，每本零售价为 28 元。2002 年 6 月 10 日，张某某在合肥市弘知书店购买一本《游戏天下》2000 - 4 后，认为交通出版社的行为侵犯了其软件著作权，遂向合肥市中级人民法院提起诉讼。

一审法院认为，张某某起诉时提交了 MJSAPI. U32 软件的源程序，且该源程序已发表于"磨鉴室软件工作组"网页上,交通出版社并无相反证据否定张某某著作权人的地位,故张某某系MJSAPI.U32软件的著作权人。交通出版社未经张某某许可,以营利为目的,在出版物中使用MJSAPI.U32软件,且删除了张某某的版权声明,亦未支付报酬和署名,其行为构成对张某某计算机软件著作权的侵犯,应承担相应的民事责任。因张某某在发表软件的初始就声明用于任何商业用途均为收费产品,而交通出版社对该软件的使用显然属于商业用途。由于《游戏天下》2000-4系游戏类的电子读物,光盘是实现游戏功能的关键产品,故交通出版社辩称CD光盘是随书附赠的赠品,没有营利的理由不能成立。鉴于本案的侵权出版物系在全国范围内发行,且删除了张某某的版权声明和署名,其行为侵犯了张某某的著作人身权,故对于张某某要求交通出版社在国家级媒体上向其赔礼道歉的诉讼请求予以支持。本案中,因张某某未就其实际损失进行举证,考虑到侵权出版物的印数、单价、发行范围等因素酌情确定赔偿额。据此,依照《计算机软件保护条例》第24条第1款第1~4项、《著作权法》第11条、第48条第2款之规定,判决:(1)交通出版社于本判决生效之日起,立即停止对张某某MJSAPI.U32软件的侵权行为;(2)交通出版社于本判决生效之日起30日内,在《中国计算机报》上刊登向张某某赔礼道歉的声明;(3)交通出版社于本判决生效之日起十日内,赔偿张某某人民币4万元;(4)驳回张某某的其他诉讼请求。

交通出版社不服一审判决,向安徽省高级人民法院提起上诉称:(1)从本案争议软件本身设定的时间锁上看,MJSAPI.U32软件在2000年8月1日前属共享软件。上诉人出版发行的《游戏天下》2000-4图书并随之附赠内含争议软件光盘的时间为2000年4月,该时间尚在争议软件共享期间,应当是免费软件。因此,上诉人对该软件进行流通的行为没有造成最终使用者违反被上诉人时间锁上的声明,不构成对该软件著作权的侵害。(2)《游戏天下》2000-4是电子游戏类的图书而不是电子读物。图书以介绍流行的电子游戏,尤其是各种经典游戏的攻略和秘籍为主要内容,随书附赠的光盘内容与《游戏天下》2000-4书籍内容没有任何联系。一审判决仅将该光盘作为物证或书证,没有将该光盘作为视听资料,对光盘所含软件进行全过程的演示、比对等必须的举证、质证，从而对侵权结果是否实际存在进行事实认定，属程序有误。(3)《游戏天下》2000-4 本身没有任何文字或标志向读者传播被上诉人软件名称或功能的信息。随书附赠的三张光盘均为非卖品，而且光盘表面也没有体现任何争议软件的信息，上诉人主观上并未将光盘作为其获利的因素，仅是作为推广期刊的营销手段。况且，被上诉人也没有就争议软件对光盘的使用具有切实的支持作用进行举证。因此，《游戏天下》2000-4 本身不存在直接将争议软件用作商业用途的可能，本案争议软件亦非作为营销手段为上诉人获取商业利益。(4)从被上诉人提供的证据 4 中的打印页可知，光盘信息框内均载有被上诉人的姓名、网站名称、联系方式和网址，上诉人从未做过任何改变或删除。一审判决认定争议软件未署名，系认定事实错误。(5)本案争议软件光盘的时间是在 2000 年 4 月，依照法律不溯及既往的原则，该行为的定性和责任判断应依据行为时有效的法律、法规。根据修订前的《计算机软件保护条例》的规定，不进行软件著作权登记，则不能在诉讼中依据该条例提出任何权利主张。因此，一审判决依据修订后的《计算机软件保护条例》确定侵权责任，以及修订后的《著作权法》确定作者和赔偿数额，显属适用法律错误。综上，上诉人认为，一审判决无论在事实认定以及程序上，还是在法律适用上都存在严重的错误，请求二审法院依法公正裁判。

张某某答辩称：(1)共享软件并不代表就是免费软件，软件是否免费使用，需有著作权人明确表示。被上诉人明确表示的是"此软件用于任何商业用途均为收费产品，请与我联系，获得书面许可"。而上诉人没有与被上诉人联系，更没有获得被上诉人的书面许可。被上诉人明确表示的免费使用范围是"此软件用于个人使用则为免费产品……但请给我 E-Mail……"也就是说，只有个人使用才为免费产品，限定在个人非商业性质使用的范畴内，并且需要通知被上诉人。而上诉人作为法人，却利用专供个人下载的渠道下载 MJSAPI.U32 软件并用于单位的商业用途，显然不属于"免收使用费"的范围。(2)上诉人称"随书赠送的光盘与书籍没有任何联系，一审仅将光盘作为物证或书证，没有将该光盘作为视听资料，对光盘所含软件进行全过程演示……"与客观事实不符。一审庭审过程中，当庭对光盘进行了演示，上诉人一审代理人及被上诉人参加了全部演示过程，并均在演示笔录上签字表示认可；光盘与书籍构成一套完整产品，两者不可分割。消费者购买游戏类电子读物的目的并不仅仅是了解游戏简介或各种游戏玩法而已，亲自操纵并实际驾驭游戏的整个过程以及运行使用光盘中的资源才是消费者真正的购买目的。如果消费者没有阅读游戏简介或游戏玩法，照样可以实际操纵游戏过程和运行使用光盘中的资源，实现购买目的。而如果没有光盘，消费者会因无法实现购买目的而放弃购买行为。因此，光盘才是上诉人的关键产品。也正因为光盘这一关键产品能够实现消费者购买的真正目的，该套产品才得以顺利销售，上诉人也因此才能实现自己的营利目的。光盘这一关键产品实现了上诉人销售产品并获取商业利益的目的。（3）上诉人认为《游戏天下》2000－4 本身没有任何文字或标志向读者传达被上诉人软件名称或者功能信息与事实不符。上诉人下载的完整软件包含有明示版权说明信息文件和目标程序文件两个文件包（MJSAPI. TXT 和 MJSAPI. U32），其刻意将版权信息文件（MJSAPI. TXT）删除、将目标程序（MJSAPI. U32）文件作隐藏属性处理，只能说明上诉人明知未经许可不能使用 MJSAPI. U32 软件而故意采取逃避责任的技术处理，更加证明了上诉人侵权性质的严重和侵权行为的蓄意。（4）上诉人认为"信息框内均载有被上诉人姓名、网址，上诉人从未作过任何改变或删除。一审判决认定软件未署名，系认定事实错误"不符合客观事实。署名应当是上诉人主观上的主动行为，而《游戏天下》2000－4 CD 光盘本身却没有署名；该光盘内容中，MJSAPI. U32 用于明示版权说明的文件（MJSAPI. TXT）被上诉人蓄意删除，目的是不将该软件署名（版权信息）公布，是上诉人主观上不署名的蓄意行为；上诉人所称信息框是被上诉人自我保护的一种技术处理措施。该信息框程序采用特殊技术手段隐藏在目标程序中，且到 2000 年 8 月 1 日以后才会出现提示，上诉人在 2000 年 4 月下载该软件并制成光盘时，是不知道该保护措施存在的。也就是说，该信息框是被上诉人自我保护的技术措施，在特定的条件下才被激发来实现自我保护，决非上诉人的主动署名行为。因此，上诉人未署名的侵权情节是客观存在的。综上，一审判决认定事实清楚，适用法律正确，请求二审法院驳回上诉，维持原判。

二审诉讼过程中，双方当事人均未提交新的证据。

经审理查明，原审法院认定的事实，经开庭审理质证，双方当事人均无异议，二审法院予以确认。另认定，2003 年 11 月 27 日，一审法院当庭对本案所涉含有 MJSAPI. U32 软件的 CD 光盘与张某某 MJSAPI. U32 软件的源程序进行了演示、比对。交通出版社的委托代理人徐某某观看了争议软件演示、比对的全过程。一审庭审笔录对此节事实均有记载，并有徐某某的签名。交通出版社的宗旨和业务范围是：出版交通科技图书、公路水运与汽车科技图书出版、交通行业教材出版、文件汇编、交通史志与地图出版、相关音像制品与电子出版物出版等。

还查明，本案所涉 CD 光盘为多媒体演示软件，在二审庭审过程中，经演示、比对，其结果是：CD 光盘中的多媒体演示软件使用了张某某开发的 MJSAPI. U32 软件。MJSAPI. U32 软件在 CD 光盘中的具体功能，只有通过卸载 MJSAPI. U32 软件后才能查明。嗣后，合议庭组织法院技术科有关人员对上述 CD 光盘进行测试，具体过程是：将该光盘所含多媒体演示软件全部拷贝到硬盘，删除本案争议的 MJSAPI. U32 软件后，再运行该软件系统会提示错误，点击 Continue 按钮后可继续运行。此时，游戏音乐、游戏工具、游戏补丁等功能可以继续使用。但精美壁纸功能受影响，表现为：鼠标双击图案，即会弹出错误信息。另，打开光盘游戏后，会出现一个交互界面，该界面属于多媒体演示软件，方便了游戏用户的使用。MJSAPI. U32 软件是在 Authorware 基础上开发的，CD 光盘所含多媒体演示软件的开发平台是 Authorware，开发者调用了 MJSAPI. U32 函数库。MJSAPI. U32 软件与光盘中的其他五个函数库共同构成软件运行所必须的环境。若去除 MJSAPI. U32 软件，上述多媒体演示软件运行时会报错，但主要功能仍然可以使用。CD 光盘附带的其他软件和视频、音乐、图片等与 MJSAPI. U32 软件无关。该多媒体演示软件中出现的"软件过期"对话框，其主要用途是告知用户软件使用期限已过，要求用户与作者联系，并非系软件署名。该对话框只有在 2000 年 8 月 1 日后才会出现，CD 光盘所含多媒体演示软件系在同年 8 月 1 日之前开发，因而不会知道有此对话框存在。

又查明，《游戏天下》2000-4 主要是介绍各种游戏，该读本介绍的游戏要大于 CD 光盘中的游戏。《游戏天下》2000-4 封面醒目位置有标志性说明

"赠送"，该读本第 88 页上有介绍光盘的目录、内容及使用方法。

【争议焦点】

根据当事人的诉辩及庭审调查，在二审诉讼中，本案双方当事人在事实和法律适用方面的争议焦点是：（1）本案争议的 MJSAPI.U32 软件是否为共享免费软件；（2）本案所涉《游戏天下》2000-4 读本与 CD 光盘之间以及 CD 光盘与 MJSAPI.U32 软件之间的关系；（3）本案争议 MJSAPI.U32 软件在 CD 光盘多媒体演示软件中，其功能和作用是否不可或缺，原判对此节事实的认定是否存在程序错误；（4）交通出版社使用 MJSAPI.U32 软件是否具有商业性质；（5）交通出版社是否存在故意隐藏 MJSAPI.U32 软件属性及删除版权声明，并未署作者姓名的行为；（6）本案争议的 MJSAPI.U32 软件未进行软件著作权登记，是否影响权利人主张权利；（7）本案交通出版社使用 MJSAPI.U32 软件的行为，能否适用修订后的《计算机软件保护条例》和《著作权法》确定侵权责任；（8）如何确定交通出版社的赔偿额。

【案件分析】

针对上述当事人争议的焦点问题，二审法院认为，张某某起诉时提交了争议 MJSAPI.U32 软件的源程序，且该源程序已发表于"磨鉴室软件工作组"网页上，交通出版社并无相反证据否定张某某著作权人的地位，故张某某系 MJSAPI.U32 软件著作权人，其软件著作权受法律保护。

1. 本案争议的 MJSAPI.U32 软件是否为共享免费软件

交通出版社认为，本案争议的 MJSAPI.U32 软件，在 2000 年 8 月 1 日前属共享软件。其出版发行的《游戏天下》2000-4 图书并随之附赠内含争议软件光盘的时间为 2000 年 4 月，该时间尚在争议软件共享期间，应当是免费软件。张某某认为，其明确表示的免费使用范围仅限定在个人非商业性质使用的范畴内，并不包括法人的商业用途。

法院认为，共享软件与免费软件概念是不同的，共享软件使用时需要注册，否则使用时会受到限制。本案中，MJSAPI.U32 软件是典型的共享软件，但共享软件并非一定是免费软件，软件是否免费使用，必须有著作权人明确的意思表示。从本案争议软件本身设定的时间锁上看，权利人张某某明确表示的免费使用范围是:"此软件用于个人使用则为免费产品……但请给我 E-Mail……"即只有个人非商业性质的使用才为免费产品,并且尚须通知权利人。而交通出版社作为事业法人从网上下载并使用 MJSAPI.U32 软件,显然不属于"免收使用费"的范围。

2. 本案所涉《游戏天下》2000-4 读本与 CD 光盘之间以及 CD 光盘与 MJSAPI.U32 软件之间的关系

交通出版社在上诉状中称,《游戏天下》2000-4 是电子游戏类的图书而不是电子读物。图书以介绍流行的电子游戏,尤其是各种经典游戏的攻略和秘籍为主要内容,随书附赠的光盘内容与《游戏天下》书籍内容没有任何联系。在二审庭审中,交通出版社又认为,《游戏天下》2000-4 是介绍流行的电子游戏期刊,随游戏期刊附赠的三张光盘均为非卖品,光盘内容与《游戏天下》2000-4 没有任何联系。张某某除上述答辩意见外,二审庭审中认为,交通出版社使用了 Authorware 和 MJSAPI.U32 开发了其产品《游戏天下》2000-4。MJSAPI.U32 是一个专门针对 Authorware 开发者而开发的一个 Authorware 功能扩展软件函数库,其中包含数百种 Authorware 不能实现的功能,利用 MJSAPI.U32,开发者可以直接使用这几百种函数在产品开发中实现数百种原先无法实现的功能,为其所开发的产品服务。

二审法院认为,根据交通出版社事业单位法人证书载明的宗旨和业务范围,交通出版社不属法定的期刊出版社单位。从《游戏天下》2000-4 本身封面、封底及内容看,可以认定其性质属介绍游戏类的图书。确切地说,其性质应为介绍各种游戏的读本。由于该读本主要是介绍各种游戏及其玩法,其中仅有部分内容是介绍 CD 光盘中的游戏,也就是说,该读本所介绍的游戏要大于 CD 光盘游戏。况且,该读本第 88 页上有介绍光盘的目录、内容及使用方法。据此可以认定,本案所涉《游戏天下》2000-4 读本与 CD 光盘之间系包含关系。根据法院对 CD 光盘的演示,打开光盘游戏后,会出现一个交互界面。该界面属于多媒体演示软件,方便了游戏用户的使用。MJSAPI.U32 软件是在 Authorware 基础上开发的,CD 光盘所含多媒体演示软件的开发平台是 Authorware,开发者调用了 MJSAPI.U32 函数库。MJSAPI.U32 软件与光盘中的其他五个函数库共同构成软件运行所必须的环境。若去除 MJSAPI.U32 软件,上述多媒体演示软件运行时会报错,但主要功能仍然可以使用。由此可见,本案所涉 MJSAPI. U32 软件系 CD 光盘多媒体演示软件的组成部分。这里,若将 CD 光盘比作一本文字作品的小说集,那么 MJSAPI. U32 软件仅系该小说集中的一篇小说。因此,交通出版社所称 CD 光盘内容与《游戏天下》2000 - 4 读本没有任何联系是不能成立的。

3. 本案争议 MJSAPI. U32 软件在 CD 光盘多媒体演示软件中,其功能和作用是否不可或缺;原判对此节事实的认定是否存在程序错误

交通出版社认为,一审判决仅将该光盘作为物证或书证,没有将该光盘作为视听资料,对光盘所含软件进行全过程的演示、比对等必须的举证、质证,从而对侵权结果是否实际存在进行事实认定,属程序有误。张某某认为,其 MJSAPI. U32 软件是《游戏天下》2000 -4 光盘的必要组成部分,不可或缺。从《游戏天下》2000 -4CD 光盘中去除 MJSAPI. U32 比对运行测试,该光盘流程到调用 MJSAPI 时,即不能继续运行,软件卡在该位置,计算机提示严重系统错误,缺失 MJSAPI. U32 不能实现其功能而导致无法继续正确运行。

二审法院认为,根据本案的事实和证据,一审法院当庭对本案所涉 CD 光盘与张某某的 MJSAPI. U32 软件的源程序进行了演示、比对。交通出版社的委托代理人徐某某观看了争议软件演示、比对的全过程。可见,交通出版社上诉所称的此节事实,一审判决书仅是没有表述,不存在程序违法的问题。二审法院针对交通出版社的上诉理由,为进一步查清本案的事实,在二审庭审中以及庭审结束后,两次组织有关技术人员对本案争议软件进行演示和测试,其结果是:在 CD 光盘所含多媒体演示软件中,本案所涉 MJSAPI. U32 软件的功能和作用,仅与 CD 光盘上的人机交互软件有关,CD 光盘附带的其他软件和视频、音乐、图片等与 MJSAPI. U32 软件无关。若去除 MJSAPI. U32 软件,上述多媒体演示软件运行时会报错,但主要功能仍然可以使用。可见,本案所涉 MJSAPI. U32 软件的功能和作用,在 CD 光盘多媒体演示软件中并非不可或缺的软件。张某某的答辩意见,显然夸大了其 MJSAPI. U32 软件在 CD 光盘多媒体演示软件中的功能和作用。原审判决对此节事实未作客观的分析认定不妥。

4. 交通出版社使用 MJSAPI. U32 软件是否具有商业性质

交通出版社认为,《游戏天下》2000 -4 本身不存在直接将本案争议软件

用作商业用途的可能，其主观上并未将光盘作为其获利的因素，仅是作为推广期刊的营销手段。该争议软件亦非作为营销手段为其获取商业利益。

二审法院认为，根据上述的分析与认定，本案所涉《游戏天下》2000-4读本与CD光盘多媒体演示软件之间系包含关系，本案争议MJSAPI.U32软件又是CD光盘多媒体演示软件的组成部分。《游戏天下》2000-4读本是以介绍流行的电子游戏，尤其是各种经典游戏的攻略和秘籍为主要内容。就一般消费者而言，消费者购买游戏类电子读物的目的并不仅仅是了解游戏简介，更重要的是亲自操纵并实际驾驭游戏的整个过程，以及运行使用光盘中的资源才是消费者真正的购买目的。本案中，交通出版社《游戏天下》2000-4读本若不附赠CD光盘多媒体演示软件，消费者会因无法实现购买目的而放弃购买行为。可见，本案所涉CD光盘多媒体演示软件实质上提升了《游戏天下》2000-4读本的市场竞争力和消费者的购买力，同时也提高了该读本的商业价值。也正因为CD光盘多媒体演示软件能够实现消费者购买的真正目的，交通出版社才以免费赠送CD光盘作为《游戏天下》2000-4读本的促销手段，实现其商业利益。显然，交通出版社使用MJSAPI.U32软件具有商业性质。

5. 交通出版社是否存在故意隐藏MJSAPI.U32软件属性及删除版权声明，并未署作者姓名的行为

交通出版社认为，根据张某某提供的证据4，光盘信息框内均载有张某某的姓名、网站名称、联系方式和网址，交通出版社从未做过任何改变或删除。一审判决认定交通出版社故意隐藏MJSAPI.U32软件属性及删除版权声明，并未署作者姓名，系认定事实错误。张某某认为，MJSAPI的正常文件属性被改为隐藏属性，使得该光盘在正常使用时看不到MJSAPI.U32文件的存在，隐蔽性很强，使用者不能得知该软件使用了MJSAPI.U32进行开发。同时，该光盘破坏了MJSAPI软件的完整性，MJSAPI的必备组成部分MJSAPI.TXT文件，其作用恰恰是用来说明MJSAPI版权之存在及作者署名等相关商业软件自身说明信息，被删除后不复存在。

二审法院认为，从技术角度来说，大多数软件系统都会将重要的系统文件隐藏起来，隐藏系统文件的主要目的是防止用户对这些文件进行误操作，以保障软件系统的可靠运行。本案中，张某某提供的证据4是CD光盘多媒

体演示软件中出现的"软件过期"对话框，是作者为保护自己权益所设的技术陷阱，不为人所知。如未经过作者同意而使用 MJSAPI.U32 软件，在 2000 年 8 月 1 日后运行该软件就会弹出"软件过期"对话框，该对话框的主要用途是告知用户软件使用期限已过，要求用户与作者联系，并非系软件署名。该对话框只有在 2000 年 8 月 1 日后才会出现，本案所涉 CD 光盘多媒体演示软件系在 8 月 1 日之前开发，因而交通出版社不会知道存在此对话框。据此可以认定，交通出版社下载使用 MJSAPI.U32 软件时，并未主动署作者姓名。因交通出版社即使知道存在此对话框，也无法修改，故交通出版社不存在主观故意不署作者姓名。根据本案的事实和证据，交通出版社将争议 MJSAPI.U32 软件目标程序作隐藏属性处理，其目的是防止用户对 CD 光盘多媒体演示软件的系统文件进行误操作，以保障软件系统的可靠运行。因此，交通出版社并非为逃避责任而故意隐藏 MJSAPI.U32 软件目标程序的属性。但交通出版社客观上具有隐藏 MJSAPI.U32 软件属性及删除版权信息文件（MJSAPI.TXT）并未署作者姓名的行为。

6. 本案争议的 MJSAPI.U32 软件未进行软件著作权登记，是否影响权利人主张权利

交通出版社认为，根据修订前的《计算机软件保护条例》的规定，不进行软件著作权登记，则不能在诉讼中依据该条例提出任何权利主张。

二审法院认为，作为受著作权保护的计算机软件作品当然受《著作权法》调整，同时依照《著作权法》的规定，计算机软件的具体法律调整则由《计算机软件保护条例》来实现。又因计算机软件侵权纠纷是一种民事法律关系，所以，《民法通则》[①] 从根本上讲也是适用的。本案中，本案所涉 CD 光盘多媒体演示软件的时间是在 2000 年 4 月，系在《计算机软件保护条例》修订之前，且争议的 MJSAPI.U32 软件也未进行软件著作权登记。这里就涉及对修订前的《计算机软件保护条例》第 24 条第 1 款规定的理解和适用问题。该条款规定："向软件登记管理机构办理软件著作权登记，是根据本条例提出软件权利纠纷行政处理或者诉讼的前提。"对此条款虽有不同认识，

---

① 本案发生时《民法典》尚未出台。

但依照《著作权法》的有关规定，作品的著作权自创作完成产生而不是依登记产生。因此，对"登记是诉讼的前提"的理解，不能局限于条例中的文字规定。应当从软件作品的著作权法律关系，同时结合我国民事诉讼法关于诉权的规定来考虑。不管软件是否经过登记，只要符合《民事诉讼法》第108条规定的条件，当事人均可以向人民法院提起诉讼。修订前的《计算机软件保护条例》并未规定没有登记的软件就不适用本条例，因此，当事人仍然可以依照该条例主张权利。鉴于此，修订后的《计算机软件保护条例》第7条将上述条款修改为"软件著作权人可以向国务院著作权行政管理部门认定软件登记机构办理登记。软件登记机构发放的登记证明文件是登记事项的初步证据"。根据上述分析与认定，张某某已经举证证明了自己是争议MJSAPI.U32软件的权利人。其虽未进行软件著作权登记，但依据修订前或修订后的《计算机软件保护条例》，均不影响其提起诉讼和实体权利主张。

7. 交通出版社使用MJSAPI.U32软件的行为，能否适用修订后的《计算机软件保护条例》和《著作权法》确定侵权责任

交通出版社认为，本案所涉CD光盘多媒体软件的时间是在2000年4月，依照法律不溯及既往的原则，该行为的定性和责任判断应依据行为时有效的法律、法规。一审判决依据修订后的《计算机软件保护条例》和《著作权法》确定侵权责任，显属适用法律错误。

二审法院认为，张某某系本案争议MJSAPI.U32软件的著作权人。交通出版社未经权利人张某某的许可，以营利为目的，擅自下载使用MJSAPI.U32软件，并删除版权声明，且不署作者姓名，又未向张某某支付报酬，其行为构成对权利人张某某软件著作权的侵犯，应承担侵权的民事责任。根据上述分析与认定，无论是修订前还是修订后的《计算机软件保护条例》，均适用本案纠纷。至于本案能否适用修订后的《著作权法》确定侵权责任，根据本案的事实和证据，交通出版社CD光盘多媒体软件的时间是在2000年4月，依照法律不溯及既往的原则，对该行为的定性和责任的判断，应当依照行为时有效的法律、法规。但交通出版社上述行为自发生之日起并持续至今。根据《最高人民法院关于审理著作权民事纠纷案件适用法律若干问题的解释》第31条的规定，涉及2001年10月27日前发生的民事行为的，适用修订前

的《著作权法》；涉及此后发生的民事行为的，适用修订后的《著作权法》；涉及该日期前发生，持续到该日期后的民事行为的，适用修订后的著作权法。因此，本案一审判决适用修订后的《计算机软件保护条例》和《著作权法》确定侵权责任并无不当。

8. 如何确定交通出版社的赔偿额

交通出版社庭审中认为，本案即使侵权成立，在不能适用修订前或修订后《计算机软件保护条例》和《著作权法》的有关条款酌定赔偿数额的前提下，张某某又未能就其损失提供证据，应承担举证不能的责任。况且，张某某自己版权声明中所称的单位注册费用亦仅500元。因此，一审判决依据修订后的《著作权法》确定赔偿数额，属认定事实不清，适用法律错误。

二审法院认为，根据上述分析与认定，本案纠纷不存在不能适用修订前或修订后的《计算机软件保护条例》和《著作权法》有关条款酌定赔偿数额的前提。本案争议 MJSAPI.U32 软件是共享软件，但并非免费软件。从张某某自己的版权声明看，"如用于任何商业用途则为收费产品，商业用户注册费500元，请与我联系，以获得书面许可文件"等。据此能否认为只要付了500元，不与软件权利人联系并获得许可的情况下就可以任意复制、发行侵权产品。回答是否定的。根据上述声明内容，其性质应为权利人向不特定人发出的要约邀请，并非要约。同时又附有条件，即"请与我联系，以获得书面许可文件"。显然，以此标准确定本案的赔偿额，缺乏事实和法律依据。根据上述对本案争议软件功能和作用的分析与认定，MJSAPI.U32 软件并非本案所涉 CD 光盘多媒体软件中的关键产品。因此，若就争议软件在 CD 光盘多媒体软件中的功能和作用而言，原审判决交通出版社赔偿 4 万元略显偏高。鉴于原审法院因权利人未就其实际损失进行举证，同时考虑本案被控侵权产品的数量、单价、发行范围等情节，其酌定赔偿额并不违反修订后的《著作权法》第 48 条第 2 款的规定。因此，二审法院考虑到争议软件给侵权行为人带来的经济利益无法确定，软件作品又不同于一般的文字作品，具有特殊性，结合交通出版社销售《游戏天下》2000-4 读本所获取的非法利益，以及权利人因主张权利而支出的合理费用等综合因素，同时在对软件侵权损害赔偿方法尚无明确规定的情况下，不宜对原审法院自由裁量的结果予以变更。

综上，上诉人交通出版社的上诉理由均不能成立，其上诉请求应予驳回。原审判决认定事实基本清楚，程序合法，适用法律虽欠完整，但判决结果并无不当。二审法院根据《民事诉讼法》第 153 条第 1 款第 1 项的规定，判决：驳回上诉，维持原判。

【引以为鉴】

权利管理电子信息，是指说明作品及其作者、表演及其表演者、录音录像制品及其制作者的信息，作品、表演、录音录像制品权利人的信息和使用条件的信息，以及表示上述信息的数字或者代码。本案中，张某某将其开发的 MJSAPI.U32 软件 1.31 版发表于自己的网页"磨鉴室软件工作组"上并在该网页的下载约定栏中声明："此软件用于任何商业用途均为收费产品，请与我联系，获得书面许可协议；用于个人使用则为免费产品。在用户注册栏中公布了商业用户的注册费用为人民币 500 元，个人用户为人民币 50 元"。上述声明说明了 MJSAPI.U32 软件的使用方式和条件，符合《信息网络传播权保护条例》规定的权利管理电子信息特征。MJSAPI.U32 软件下载后的完整软件包含明示版权说明信息文件和目标程序文件两个文件包（MJSAPI.TXT 和 MJSAPI.U32），版权信息文件（MJSAPI.TXT）的内容也属于权利管理电子信息。

交通出版社在其出版的《游戏天下》附赠的 CD 光盘中，未经张某某许可，下载使用了 MJSAPI.U32 软件。交通出版社在下载使用该软件时删除了与软件附着一起的版权声明，构成侵权。《信息网络传播权保护条例》第 5 条规定，未经权利人许可，任何组织或者个人不得故意删除或者改变通过信息网络向公众提供的作品、表演、录音录像制品的权利管理电子信息。虽然本条例在当时还没有颁布，但依据《著作权法》等其他法律规定，交通出版社的行为同样构成侵权。

权利人张某某将 MJSAPI.U32 软件的权利管理电子信息公开明示在下载网页上，交通出版社在下载时应该能够获知权利人的声明信息。但是其提供的下载软件包中，却将权利管理电子信息与软件程序相对分离，将权利管理电子信息单独存为 MJSAPI.TXT 文件，这样实际上弱化了权利管理电子信息的作用。

在 MJSAPI.U32 软件中存在一个时间锁"软件过期"对话框，这也是权利人为保护自己权益所采取的技术措施。该技术措施与权利管理电子信息相结合，既有利于推广产品，又有利于保护权利人的利益。如果未经权利人许可使用软件，在时间锁开启之前，MJSAPI.U32软件可以正常使用，在特定时间后运行该软件就会弹出"软件过期"对话框，该对话框的主要用途是告知用户软件使用期限已过，要求用户与作者联系。

综上，权利人在通过信息网络传播作品时，应该将技术措施和版权管理电子信息结合起来，这样可以更加有效地保护自己的权利。

第六条　【信息网络传播权的合理使用】

通过信息网络提供他人作品，属于下列情形的，可以不经著作权人许可，不向其支付报酬：

（一）为介绍、评论某一作品或者说明某一问题，在向公众提供的作品中适当引用已经发表的作品；

（二）为报道时事新闻，在向公众提供的作品中不可避免地再现或者引用已经发表的作品；

（三）为学校课堂教学或者科学研究，向少数教学、科研人员提供少量已经发表的作品；

（四）国家机关为执行公务，在合理范围内向公众提供已经发表的作品；

（五）将中国公民、法人或者其他组织已经发表的、以汉语言文字创作的作品翻译成的少数民族语言文字作品，向中国境内少数民族提供；

（六）不以营利为目的，以盲人能够感知的独特方式向盲人提供已经发表的文字作品；

（七）向公众提供在信息网络上已经发表的关于政治、经济问题的时事性文章；

（八）向公众提供在公众集会上发表的讲话。

◆ **相关法律规定**

《中华人民共和国著作权法》

第二十二条 在下列情况下使用作品，可以不经著作权人许可，不向其支付报酬，但应当指明作者姓名、作品名称，并且不得侵犯著作权人依照本法享有的其他权利：

（一）为个人学习、研究或者欣赏，使用他人已经发表的作品；

（二）为介绍、评论某一作品或者说明某一问题，在作品中适当引用他人已经发表的作品；

（三）为报道时事新闻，在报纸、期刊、广播电台、电视台等媒体中不可避免地再现或者引用已经发表的作品；

（四）报纸、期刊、广播电台、电视台等媒体刊登或者播放其他报纸、期刊、广播电台、电视台等媒体已经发表的关于政治、经济、宗教问题的时事性文章，但作者声明不许刊登、播放的除外；

（五）报纸、期刊、广播电台、电视台等媒体刊登或者播放在公众集会上发表的讲话，但作者声明不许刊登、播放的除外；

（六）为学校课堂教学或者科学研究，翻译或者少量复制已经发表的作品，供教学或者科研人员使用，但不得出版发行；

（七）国家机关为执行公务在合理范围内使用已经发表的作品；

（八）图书馆、档案馆、纪念馆、博物馆、美术馆等为陈列或者保存版本的需要，复制本馆收藏的作品；

（九）免费表演已经发表的作品，该表演未向公众收取费用，也未向表演者支付报酬；

（十）对设置或者陈列在室外公共场所的艺术作品进行临摹、绘画、摄影、录像；

（十一）将中国公民、法人或者其他组织已经发表的以汉语言文字创作的作品翻译成少数民族语言文字作品在国内出版发行；

（十二）将已经发表的作品改成盲文出版。

前款规定适用于对出版者、表演者、录音录像制作者、广播电台、电视台的权利的限制。

《信息网络传播权保护条例》

第十条　依照本条例规定不经著作权人许可、通过信息网络向公众提供其作品的，还应当遵守下列规定：

（一）除本条例第六条第一项至第六项、第七条规定的情形外，不得提供作者事先声明不许提供的作品；

（二）指明作品的名称和作者的姓名（名称）；

（三）依照本条例规定支付报酬；

（四）采取技术措施，防止本条例第七条、第八条、第九条规定的服务对象以外的其他人获得著作权人的作品，并防止本条例第七条规定的服务对象的复制行为对著作权人利益造成实质性损害；

（五）不得侵犯著作权人依法享有的其他权利。

◆ 知识精要

本条规定了网络环境下作品的合理使用，是对权利人信息网络传播权的限制。

合理使用是著作权法律中的一个基本准则，是指在特定条件下，并且不损害权利人合法权益的情况下，他人无须征得权利人同意，也不必向其支付报酬而使用他人作品的情形。本条例是属于《著作权法》下属的行政法规，显然也应适用"合理使用"的准则。

本条例是有关保护权利人信息网络传播权的法规，但其立法宗旨不仅仅是保护信息网络传播权，更重要的也是最根本的目的是保护鼓励有益作品的创作和传播，促进社会发展。从另一方面看，任何作品都是在前人的知识的基础上创作出来的，创作本身离不开对前人和他人成果的借鉴。因此，著作权不是绝对的、无限制的。法律需要在权利人利益和公共利益之间构筑一个平衡。著作权的"合理使用"准则就是实现这一平衡的重要制度。

对一般作品的合理使用必须满足以下条件：

（1）合理使用仅限于已发表作品。对于未发表作品，无论出于何种目的，都不得使用，作者的发表权不适合合理使用。

（2）合理使用是一种无偿使用，凡以营利为目的使用受《著作权法》保护的作品均不构成合理使用。

（3）合理使用不得超越法律规定的范围侵犯著作权人的其他权利。合理使用必须严格限定在法律明确规定的范围之内，法律没有规定的，则不能适用"合理使用"。

此外，合理使用他人作品时，应指明作品的名称和作者的姓名（名称），不得侵犯著作权人依法享有的其他权利。

《信息网络传播权保护条例》规定了九种情形的合理使用（本条八项和第7条的规定均属于合理使用情形），除此之外，不能适用"合理使用"。同《著作权法》第22条规定的是12项情形相比，就可发现，有关信息网络传播权的合理使用范围更严格，这是因为网络传播更容易、更广泛、更迅速，如果"合理使用"的范围宽了，将不利于保护权利人的利益。例如，《著作权法》第22条第1项规定，为个人学习、研究或者欣赏，使用他人已经发表的作品属于合理使用，可以不经著作权人许可，不向其支付报酬。在《信息网络传播权保护条例》中，则取消了此种情形的合理使用。因为如果允许个人为学习、研究或者欣赏目的通过网络提供作品，则根本无法保护权利人的利益。目前，网络侵权的主要形式就是非法将他人的作品上传到网站供人下载，其中大多数为个人网站或者个人上传的。因此，《信息网络传播权保护条例》没有将《著作权法》第22条第1项规定的合理使用情形纳入。除《著作权法》第22条第1项外，第9项免费表演已经发表的作品，该表演未向公众收取费用，也未向表演者支付报酬和第10项对设置或者陈列在室外公共场所的艺术作品进行临摹、绘画、摄影、录像的合理使用情形均未规定在《信息网络传播权保护条例》中。

本条例规定的合理使用主要包括下列情形。

1. 为介绍、评论某一作品或者说明某一问题，在向公众提供的作品中适当引用已经发表的作品

这种情形主要是指通过信息网络传播的作品为介绍、评论某一作品或者说明某一问题可以适当引用他人的作品。这与《著作权法》第22条第2项的规定完全一致。

需要注意的是，引用他人作品时要标明作者姓名，作品名称和来源，引

用的目的是介绍、评论某一作品或者说明某一问题。

2. 为报道时事新闻，在向公众提供的作品中不可避免地再现或者引用已经发表的作品

时事新闻是人们了解国家和世界大事的重要途径，它的特性是时效性、纪实性，是客观事实的真实反映，而且往往涉及重大的公共利益，因而在合理使用的范围内。但是必须注意，再现或者引用是为了报道新闻的目的而不可避免，否则仍可能构成侵权。例如，为了报道一部影片获奖，将不可避免地介绍影片的片断。但是，如果打着报道新闻的幌子，将影片内容全部上传到网上，就不属于合理使用了，而构成了侵权。

3. 为学校课堂教学或者科学研究，向少数教学、科研人员提供少量已经发表的作品

教学和科学研究是传播知识、提高科学文化水平的重要途径，《著作权法》历来对这类行为采取宽松的态度。但是这类行为能否适用"合理使用"必须在使用对象、使用地点、使用方式和使用程度和数量等方面严格遵守法律规定，如果大规模地使用，势必给权利人造成较大的影响，影响其收入，损害作者的权益，也超出了合理使用的范围。

4. 国家机关为执行公务，在合理范围内向公众提供已经发表的作品

国家机关大多是为了公众、国家、社会的利益执行公务，因此应允许其合理使用已经发表的作品。这种合理使用的主体是国家，包括立法机关——全国人大及地方人大、行政机关——中央政府和地方各级政府、司法机关——法院和检察院、军事机关。使用目的要严格限制在执行公务，如与执行公务无关，则不应认为是合理使用。执行公务应该是指国家机关在履行其法定职能时从事的管理或执法活动。

5. 将中国公民、法人或者其他组织已经发表的、以汉语言文字创作的作品翻译成的少数民族语言文字作品，向中国境内少数民族提供

这种合理使用的目的是让少数民族学习和利用汉族文字作品，促进少数民族经济文化的发展，显然有利于民族间相互了解、共同繁荣，符合公共利益的要求。注意这种适用也是有许多条件的限制，限制条件主要包括下列各项。

（1）必须是中国公民和法人的作品，如果是外国人创作的被翻译成汉语言并在中国出版的作品不属于此种情形，不属于合理使用。例如，霍金的《时间简史》在中国境内被译成汉语出版。此时如果要将其翻译成维吾尔语向维吾尔族的读者提供，必须取得霍金的许可并向其支付报酬。

（2）翻译不可逆向，仅指将汉语言文字翻译为少数民族文字，而不包括将上述民族语言文字翻译为汉语言文字。

（3）使用对象限制在文字作品，不包括音乐、声像等制品。

（4）提供的对象仅限于中国境内少数民族。例如，将都梁的长篇小说《血色浪漫》翻译成蒙古文字在境内出版后向内蒙古自治区的蒙古族提供属于合理使用范围，如果出口到境外向蒙古国的蒙古族提供则超出了合理使用的范围。

考虑到互联网无国界，对于翻译成少数民族文字的汉语言文字创作的作品传播，应严格界定在国内少数民族范围之内，为限制境外的同语种的民族下载或者非法传播该作品，应采取必要的措施，包括技术措施和权利管理电子信息。

6. 不以营利为目的，以盲人能够感知的独特方式向盲人提供已经发表的文字作品

这是一种体现全社会关怀和支持盲人的公益行为，理应属于合理使用。但应该注意的是，向盲人提供已经发表的文字作品时不能以营利为目的，否则将超越合理使用的范围。不以营利为目的不等于不能收费，必要的成本费用是可以收取的。

7. 向公众提供在信息网络上已经发表的关于政治、经济问题的时事性文章

政治、经济问题的时事性文章大多体现国家的方针政策，有时起到官方文件的作用。对于这些文章的宣传，有利于公众了解领会国家政策，有利于政策的实施，因而应该属于合理使用。但是作者事先声明不得提供的除外。

8. 向公众提供在公众集会上发表的讲话

在公众集会上发表的讲话涉及的都是政治经济文化方面等重大社会问题，具有公开宣传的目的，而不是以营利为目的。在互联网上进行传播扩大了宣

传范围，不违背作者的初衷，符合社会公共利益，因而可以合理使用。但是作者事先声明不得提供的除外。

◆ 经典案例7

北京万瑞松林科技有限公司与
广州市交互式信息网络有限公司侵犯著作权纠纷上诉案

【案情简介】

《二手商铺：量少、价贵依然被看好》刊登于《广州日报》2011年11月8日，文章署名"记者陈芳、蒋悦飞"。广州日报社（甲方）分别与陈芳、蒋悦飞（乙方，员工）签订职务作品著作权协议，约定：乙方分别于2006年7月10日、2003年8月15日入职，从事新闻采编岗位工作，职责内容为采写、编辑作品。职务作品的定义为乙方在职期间为完成甲方工作任务、职责所创作的作品，由甲方组织、主持和策划，乙方代表甲方意志创作，并由甲方承担责任的作品。职务作品的表现形式为包括但不限于文本、图片、图表、录音、录像及其他用电子载体表现其内容的文档、文件等。本协议约定的职务作品的署名权由乙方享有，除署名权以外的所有著作权益由甲方享有，甲方按自身薪酬制度向乙方付酬。乙方同意均由甲方以甲方独立名义对前述作品的相关权益予以维护、管理、许可或禁止他人使用以及对侵害该作品著作权利（包括署名权在内）的行为提出交涉、诉讼、仲裁等合法手段以追偿损失，乙方负有积极配合的义务。在双方聘用合同或劳动合同确立之日至本协议生效之前的期间内，本协议所涉作品的权利归属以及以甲方名义维护职务作品著作权利等有关问题，按照本协议的约定处理。上述约定的效力及于聘用合同或劳动合同关系存续期间及合同关系终止之后，本条的效力不因本协议的终止或无效而终止或无效。上述协议盖有广州日报社公章，以及陈芳、蒋悦飞的签名。交互网络公司还提交了陈芳、蒋悦飞的身份证复印件。

广州日报社出具的授权书载明：广州市交互式信息网络有限公司（以下简称交互网络公司）是我社唯一授权的对《广州日报》新闻及相关信息进行互联网发布的机构，现授权交互网络公司独家享有：（1）信息网络传播权，制作、复制和销售电子出版物等数字化制品的方式使用我社作品；（2）销售或授权第三方使用我社作品以及其他与互联网相关业务的经营的权利；（3）以该公司自己的名义对任何侵犯我社作品上述著作权的行为行使权利，必要时可以该公司自己的名义提起诉讼或仲裁，行使包括上述权利在内的一切权利，授权期自2000年1月1日至2020年12月31日。

2011年11月10日，经交互网络公司申请，广东省广州市广州公证处对在九九房网站上进行证据保全的过程进行了公证，并出具（2011）粤穗广证内经字第126166号公证书，其中显示：进入百度搜索页面，在搜索栏输入"高级搜索"进入高级搜索界面，在"包含以下全部的关键词"栏输入"广州日报"，在"选择搜索结果显示的条数"栏选择"每页显示100条"，在"限定要搜索指定的网站是"栏输入"99fang.com"并点击"百度一下"，即进入百度搜索结果显示网页。点击搜索结果第一项，显示页面标识为"99fang.com九九房－找房第一站广州站"，页面中罗列了数条资讯的标题、发表时间、关键字及部分内容，且均标识有"大洋网－广州日报"，资讯列表左上方显示路径目录为"广州九九房－资讯－广州日报"。点击标题为"二手商铺：量少、价贵依然被看好"的资讯，即显示该条资讯的全部内容，且标注"来自大洋网－广州日报11月8日"。该资讯内容与交互网络公司主张的作品内容一致。

经查询，首页网址为www.99fang.com的网站由北京万瑞松林科技有限公司（以下简称万瑞松林公司）主办。万瑞松林公司认为，在上述证据中，广州日报社、公证处的公章及人员签名均无法核实真实性，但对证据内容予以认可，并承认其网站使用了涉案文章，字数为1180字。交互网络公司向原审法院提交了2000元公证费发票，其中包括了其他文章共1195篇的公证，以及3039元交通费、694元住宿费及319元餐费的票据，均包含了本案在内10案的合理支出。万瑞松林公司认可交通费的真实性，但数额过高，其他费用均不予认可。

上述事实，有交互网络公司向原审法院提交的报纸复印件、授权书、职务作品著作权协议、公证书、票据及原审法院证据交换笔录、开庭笔录等在案佐证。

原审法院认为，法律、行政法规规定或者合同约定著作权由法人或者其他组织享有的职务作品,作者仅享有署名权,著作权的其他权利由法人或者其他组织享有。涉案文章刊载于《广州日报》,署名"记者陈芳、蒋悦飞",结合两位作者与广州日报社签订的职务作品著作权协议以及广州日报社出具的授权书,交互网络公司依法继受取得涉案文章的信息网络传播权,万瑞松林公司辩称涉案文章为不受《著作权法》保护的时事新闻,缺乏事实与法律依据,原审法院不予采信,交互网络公司有权以其自己名义提起本案诉讼。万瑞松林公司未经交互网络公司许可,亦未向其支付报酬,在其经营的网站擅自使用涉案文章,已构成对交互网络公司合法权利的侵犯,应承担相应民事责任。鉴于双方均未就赔偿数额提交相关证据,原审法院综合考虑涉案作品的价值、万瑞松林公司的侵权过错、情节、后果等因素酌定,不再全部支持交互网络公司的诉讼请求。交互网络公司为本案诉讼支付了公证费及差旅费,对于合理部分万瑞松林公司应予以承担。综上,原审法院依照《著作权法》第48条第1项、第49条第2款之规定,判决:(1)判决生效之日起十日内,万瑞松林公司赔偿交互网络公司经济损失及诉讼合理支出共计325元;(2)驳回交互网络公司的其他诉讼请求。

万瑞松林公司不服原审判决,于法定期限内提起上诉称:(1)交互网络公司不具备诉讼主体资格,其并非涉案作品的著作权人,授权书关于交互网络公司的权利约定无效;(2)涉案作品属于新闻,通过信息网络报道时事新闻或时事性文章可以不经许可、不支付报酬;(3)赔偿数额过高,没有合理依据。因此,原审判决认定事实及适用法律错误,万瑞松林公司请求二审法院依法予以撤销,驳回交互网络公司的全部诉讼请求,并由交互网络公司承担本案全部诉讼费用。经审理查明,二审法院对原审法院查明事实予以确认。

【争议焦点】

1. 交互网络公司是否有权以其自己名义提起本案诉讼?

2. 涉案作品是否属于《信息网络传播权保护条例》第6条规定的时事性文章?

【案件分析】

1. 交互网络公司是否有权以其自己名义提起本案诉讼

涉案作品刊载于《广州日报》,结合该署名作者与广州日报社签订的职务作品著作权协议，以及广州日报社出具的授权书，交互网络公司依法继受取得涉案作品的信息网络传播权，故交互网络公司有权以其自己的名义提起本案诉讼。关于上诉人主张职务作品著作权协议和授权书约定的内容无效的理由，缺乏法律依据。

2. 涉案作品是否属于《信息网络传播权保护条例》第6条规定的时事性文章

二审法院认为，时事性文章如时事新闻是指通过报纸、期刊、电台、电视台等传播媒介报道的单纯事实消息，根据内容可以判断，涉案作品并非单纯事实消息。《信息网络传播权保护条例》第6条规定，通过信息网络提供他人作品，属于下列情形的，可以不经著作权人许可，不向其支付报酬：……（7）向公众提供在信息网络上已经发表的关于政治、经济问题的时事性文章。故该条款适用的前提是作品在信息网络上已经发表，在案证据不足以证明涉案作品属于在信息网络上已经发表的关于政治、经济问题的时事性文章的情况。因此，万瑞松林公司未经涉案作品著作权人的许可，通过信息网络向公众传播涉案作品，且没有正当抗辩事由，构成侵犯著作权的行为，应当承担相应的民事责任。

第七条　【馆藏数字作品信息网络传播权的合理使用】

图书馆、档案馆、纪念馆、博物馆、美术馆等可以不经著作权人许可，通过信息网络向本馆馆舍内服务对象提供本馆收藏的合法出版的数字作品和依法为陈列或者保存版本的需要以数字化形式复制的作品，不向其支付报酬，但不得直接或者间接获得经济利益。当事人另有约定的除外。

前款规定的为陈列或者保存版本需要以数字化形式复制的作品，应当是已经损毁或者濒临损毁、丢失或者失窃，或者其存储格式已经过时，并且在市场上无法购买或者只能以明显高于标定的价格购买的作品。

第七条　【馆藏数字作品信息网络传播权的合理使用】 | 057

◆ **相关法律规定**

《中华人民共和国著作权法》

第二十二条　在下列情况下使用作品，可以不经著作权人许可，不向其支付报酬，但应当指明作者姓名、作品名称，并且不得侵犯著作权人依照本法享有的其他权利：

……

（八）图书馆、档案馆、纪念馆、博物馆、美术馆等为陈列或者保存版本的需要，复制本馆收藏的作品；

……

《信息网络传播权保护条例》

第十条　依照本条例规定不经著作权人许可、通过信息网络向公众提供其作品的，还应当遵守下列规定：

（一）除本条例第六条第一项至第六项、第七条规定的情形外，不得提供作者事先声明不许提供的作品；

（二）指明作品的名称和作者的姓名（名称）；

（三）依照本条例规定支付报酬；

（四）采取技术措施，防止本条例第七条、第八条、第九条规定的服务对象以外的其他人获得著作权人的作品，并防止本条例第七条规定的服务对象的复制行为对著作权人利益造成实质性损害；

（五）不得侵犯著作权人依法享有的其他权利。

◆ **知识精要**

本条规定了在信息网络传播环境下，图书馆、档案馆、纪念馆、博物馆、美术馆等对于作品的合理使用。

信息网络环境下，图书馆、档案馆、纪念馆、博物馆、美术馆等对作品的合理使用有三个要件：一是使用地点限制在本馆舍内，不能再通过网络向馆舍外读者、用户提供服务。因此，图书馆、档案馆、纪念馆、博物馆、美术馆等，通过其外部网站向社会公众提供受著作权保护的作品的数字化复制品，使得用户在家里进行浏览下载的情形，就不属于合理使用。当然，对一些已进入公共领域的名著、名画等文艺作品，由于已过保护期限不存在著作权的问题，通过其网站向用户提供这些作品的数字化复制品是可以的。二是被使用的作品是本馆收藏的合法出版的数字作品及为陈列或者保存版本需要以数字化形式复制的作品。三是不得直接或者间接获得经济利益。即不得在提供上述数字化制品时向服务对象赚取利润；不得借向服务对象提供上述复制品之机获取其他经济利润，例如，在浏览网页上发布广告信息，赚取广告收入。

《著作权法》第22条第1款第8项规定，图书馆、档案馆、纪念馆、博物馆、美术馆等为陈列或者保存版本的需要，可以不经著作权人许可，不向其支付报酬，对本馆收藏的作品进行复制。该条规定的复制应理解为不包括数字化复制。数字化复制，是指将受《著作权法》保护的作品以数字代码形式固定的有形载体，包括激光唱盘（CD）、激光视盘（LD）、数码激光视盘（VCD）、高密度光盘（DVD）、软磁盘（FD）、只读光盘（从CD-ROM）、交互式光盘（CD-I）、照片光盘（Photo-CD）、高密度只读光盘（DVD-ROM）、集成电路卡（IC-Card）等。由于作品数字化过程没有创造性的劳动，因此，数字化作品也称"数字化制品"。《信息网络传播权保护条例》第7条对于图书馆等馆藏作品的数字化复制进行了明确。本条规定，为陈列或者保存版本需要以数字化形式复制的作品，应当是已经损毁或者濒临损毁、丢失或者失窃，或者其存储格式已经过时，并且在市场上无法购买或者只能以明显高于标定的价格购买的作品，其目的是尽可能地限制自行数字化复制作品，尽可能地防止合理使用被滥用。除此之外，不允许图书馆等自行对其馆藏的作品进行数字化复制。这种情况下的数字化制品，必须按照本条的规定在馆舍内向服务对象提供，不得超出此范围使用上述数字化制品，否则，将构成侵权。

对于图书馆的信息网络传播问题，曾经有两种不同的意见：一种是本条规定的合理使用；另一种是法定许可，即图书馆应该有通过信息网络向馆外读者提供作品的法定许可，即可以不经著作权人许可但向著作权人支付报酬。法定许可的意见遭到了出版社等单位的坚决反对，因为如果这样，一部作品一经出版，图书馆就可以马上通过信息网络向馆外读者提供，无疑会打击出版社出版新书的积极性，损害出版人的利益；还有人建议在新书出版一定年限后图书馆可以通过信息网络向馆外读者提供，但这样对有些长盛不衰的畅销书不利。考虑到通过合理使用制度，可以在很大程度上解决公众通过图书馆获取作品的问题，因此，本条例没有规定图书馆的法定许可。

本条中的图书馆、档案馆、纪念馆、博物馆、美术馆仅限于为公众提供免费服务的公益性图书馆等，对于那些以营利为目的的商业性博物馆等不适用此条的规定。

图书馆等依照本条例规定不经著作权人许可、通过信息网络向公众提供其作品的，还应当遵守下列规定：（1）指明作品的名称和作者的姓名（名称）；（2）采取技术措施，防止本条规定的服务对象以外的其他人获得著作权人的作品，并防止本条规定的服务对象的复制行为对著作权人利益造成实质性损害；（3）不得侵犯著作权人依法享有的其他权利。

◆ 经典案例8

郑成思诉北京书生数字技术有限公司侵犯著作权案

【案情简介】

1999年1月，中国政法大学出版社出版郑成思主编的《知识产权文丛》（第一卷）第1版，字数342千字，印数4000册，定价24元，其中包括郑成思撰写的《两个新的版权条约初探》及前言。

1999年9月，中国政法大学出版社出版郑成思主编的《知识产权文丛》（第二卷）第1版，字数377千字，印数3000册，定价23元，其中郑成思撰写前言。

2000年1月，中国政法大学出版社出版郑成思主编的《知识产权文丛》（第三卷）第1版，字数437千字，印数3000册，定价29元，其中包括郑成思撰写的《对21世纪知识产权研究的展望（代前言）》。

2000年7月，中国政法大学出版社出版郑成思主编的《知识产权文丛》（第四卷）第1版，字数438千字，印数3000册，定价32元，其中包括郑成思撰写的前言及《世界贸易组织与中国知识产权法》。

1999 年 12 月，法律出版社出版郑成思主编的《知识产权价值评估中的法律问题》第 1 版，字数 252 千字，印数 4000 册，定价 19 元，其中郑成思撰写第一章、第二章第二至五节、第四章。

2000 年 4 月，知识产权出版社出版郑成思、韩秀成主编的《知己知彼打赢知识产权之战——中国"入世"知识产权纵横谈》第 1 版，字数 276 千字，印数 5000 册，定价 22 元，其中郑成思撰写《知识产权"入世"的背景及其在 WTO 中的地位》《TRIPS 规则及我国法规与 TRIPS 协议的差距》。韩秀成出具转让声明，表示将其对《知己知彼打赢知识产权之战——中国"入世"知识产权纵横谈》享有的主编权利转让给郑成思。

2001 年 1 月，昆仑出版社出版郑成思等著的《中国民事与社会权利现状》第 1 版，字数 310 千字，印数 5000 册，定价 20 元，其中郑成思撰写《知识产权保护：起步较迟的中国学者研究之路》。

2001 年 1 月，中国方正出版社出版郑成思著的《WTO 知识产权协议逐条讲解》第 1 版，字数 218 千字，印数 5000 册，定价 13.60 元。

2000 年 4 月 3 日，北京书生科技有限公司通过厦门精通科技实业有限公司注册国际域名"www.21dmedia.com"。2001 年 6 月 15 日，北京书生数字技术有限公司（以下简称书生公司）成立，经营范围为制作电子出版物、互联网信息服务等。书生公司印制的《书生数字图书馆》简介载明其网站为"www.21dmedia.com"及"www.shusheng.net"。

2004 年 4 月 12 日，北京市第二公证处出具第 09065 号公证书。该公证书就 2004 年 3 月 30 日公证员操作计算机进行证据保全的事项记载为：（1）打开 IE 浏览器，在地址栏输入 www.21media.com，进入该网站页面，点击"下载阅读器"，进入下一页面；在该页面点击"书生阅读器 4.1build1088（完整版）"，下载并保存到桌面，文件名显示为"infull"。（2）关闭 IE 浏览器，回到桌面，双击"infull"，在随后弹出的对话框中点击"确定"，"书生阅读器"安装完毕。就 2004 年 3 月 31 日公证员操作计算机进行证据保全的事项记载为：（1）点击 IE 浏览器，在地址栏输入 www.21media.com 进入该网站页面，用户名栏显示"guest"，在密码栏输入"guest"，点击"登录"，进入下一页面。（2）在检索栏的右项输入"郑成思"，检索栏的左项选择"作者"，并点击"检索"，将该网页进行打印，获得实时打印第 1 页，在该页的左上方标明"www.21dmedia.com""书生之家镜像站点 2.1 版"，正上方标有"书生之家数字图书馆"，检索结果共涉及作者均为郑成思的以下 8 本图书：①《知识产权文丛》（第三卷）；②《知识产权文丛》（第一卷）；③《中国民事与社会权利现状》；④《WTO 知识产权协议逐条讲解》；⑤《知识产权文丛》（第四卷）；⑥《知己知彼打赢知识产权之战》；⑦《知识产权价值评估中的法律问题》；⑧《知识产权文丛》（第二卷）。根据该公证书的记载，通过点击图书名称后的"全文"，并进行拷屏操作，可以打印出上述图书的内容。该公证书所附的实时打印页中，只有上述序号为 7、8 图书的封面、目录及封底打印页的上端显示为"烟台市图书馆专用"，其他图书的封面、目录及封底打印页的上端阅读器栏均显示为"北京书生数字技术有限公司专用"。

2004 年 10 月 18 日，北京市第二公证处出具《关于补正"（2004）京二证字第 09065 号公证书"的说明》（以下简称《补正说明》），称因公证人员制作公证书时，打字、排版及编页疏忽，致使上述公证书出现漏字以及对实时打印页的打印过程表述不当，故将"www.21media.com"更正为"www.21dmedia.com"，并对实时打印页的打印步骤进行了更正。

2004 年 8 月 13 日，北京市第二公证处出具第 20931 号公证书，对公证员在计算机上打开 IE 浏览器，通过键入"www.21dmedia.com"进入书生之家网站或键入"www.google.com"搜索"书生之家数字图书馆使用说明"和"书生之家数字图书馆介绍"后下载"书生之家数字图书馆"介绍及使用说明等相关网页的过程予以了公证。该公证书所附的实时打印的网页内容表明公众通过下载、安装"书生阅读器"软件、登录书生之家数字图书馆网站、输入用户名和密码"guest"、通过检索即可在线阅读该网站上登载的作品全文，且书生之家网站所声明的版权所有者为书生公司。

2004 年 10 月 21 日，原审法院组织双方当事人进行了勘验，具体步骤为：打开 IE 浏览器，键入域名 http：//www.shusheng.cn 后回车，进入书生公司的"书生网"，在左侧栏目选中"下载阅读器"，下载后安装该阅读器，点击上侧的"客服中心"，在地址栏中键入域名 http：//www.21dmedia.com 后回车，在书生网站最上方栏目选择中选中"数字图书馆"，再选中其下拉菜单中的"书生之家数字图书馆"后左键点击,在左上方用户名处键入"shusheng",密码处键入"shusheng",点击登录后显示登录成功,在左上方的"检索栏书名"中键入"知识产权办案参考",点击"检索"后显示图书名称:知识产权办案参考(第2辑);作者:中国社会;出版机构:中国方正出版社;可翻看全文,包括该书封面及全部内容。

2004年10月28日,书生公司向北京市第二公证处提出申请,要求其撤销第09065号公证书及其《补正说明》。北京市第二公证处出具(2004)京二文字第33号文件,维持了第09065号公证书及其《补正说明》。2005年2月17日,书生公司向北京市司法局提出行政复议申请,请求撤销北京市第二公证处作出的(2004)京二文字第33号文件。

2004年6月24日,郑成思向北京市海淀区人民法院提起诉讼,请求法院判令书生公司:(1)停止侵权;(2)在指定的报刊及网络上刊登致歉声明;(3)赔偿其经济损失196 475元;(4)负担其支出的公证费1500元及律师费5000元。书生公司在原审中辩称:其从未在自己的网站上刊登郑成思作品,不应承担侵权责任,请求驳回郑成思的全部诉讼请求。

书生公司称除"非典"时期外,其网站从未向社会开放过,但依第09065号公证书的内容及法院现场勘验的事实,在不同时间、不同地点、不特定的人可以通过下载"书生阅读器"软件登录网站接触书生之家网站上的作品,郑成思提交的第20931号公证书的内容也说明了这一点,故对书生公司提交的其未向社会开放的相关证明,不予采信。

书生公司意图举证证明其对作品的使用范围、方式进行了必要的限制,如提出同时只能有三人阅览及只能以拷屏的方式下载和保存等,但从查明的事实看,这些限制并未从实质上降低作品被任意使用的风险,亦未改变其未经著作权人许可而使用他人作品的行为性质。传统意义上的公益性图书馆,因为其物质条件的有限性及使用规则的可靠性导致对著作权影响的有限性,及其投资来源的公共性导致公共利益与私人利益一定程度的一致性,具备了对著作权进行限制的可能性。显然,书生公司无论在企业性质、经营方式、经营目的及对作者利益的影响上均与图书馆不同。故书生公司以其经营方式和限制措施作为否认侵权的理由,法院不予采信。但法院将把此作为侵权情节予以考虑。

互联网为作品传播提供了更广阔、更便利的空间，相应也给作品的使用提供了便利和自由，但这种便利和自由并不意味着没有限制，而仍需遵循法律、尊重他人权利。书生公司在未经郑成思许可的情况下，在互联网上向公众提供郑成思享有著作权的作品，以非法方式造成网络传播作品的事实，违背著作权人的意志，构成对郑成思作品的信息网络传播权的侵犯，应当停止侵权并公开向郑成思致歉，对其侵权行为给权利人造成的损害亦应予以赔偿。由于郑成思未提供其实际损失或侵权人违法所得的相关证据，故具体赔偿额法院将根据书生公司侵权行为的情节等因素依法确定。郑成思因本案支出的公证费及律师费均系书生公司侵权行为所致，数额合理，书生公司应一并赔偿。依据《著作权法》第10条第1款第12项、第47条第1项、第48条的规定，原审法院判决：(1) 自判决生效之日起，书生公司停止使用《知识产权文丛》(第一卷)、《知识产权文丛》(第二卷)、《知识产权文丛》(第三卷)、《知识产权文丛》(第四卷)、《知识产权价值评估中的法律问题》《知己知彼打赢知识产权之战》《中国民事与社会权利现状》《WTO知识产权协议逐条讲解》及上述作品中郑成思所撰写的内容；(2) 判决生效之日起30日内，书生公司在《法制日报》上刊登向郑成思致歉的声明，致歉内容须经法院审核，逾期不履行，法院将在该报上刊登判决书的主要内容，费用由书生公司负担；(3) 本判决生效之日起十日内，书生公司赔偿郑成思经济损失及因本案支出的合理费用56 500元。

书生公司不服一审判决，在法定上诉期内向北京市第一中级人民法院提起上诉称：(1) 公证书的内容是伪造的，不具有证据效力。公证书载明的两次进入的网址均为www.21media.com，事隔半年多后，该公证员却称"因打字、排版疏忽，致使公证书出现漏字"，将网址改为www.21dmedia.com。而www.21dmedia.com网站在公证期间根本不对公众开放图书阅读，用公证书所述操作步骤根本进不了该网站读书。同时，公证书所附作品网页内容进行了人为的裁剪，打印出来的检索页面也不是同一域名，且补正说明亦承认公证书因打字、排版疏忽存在大量错误而予以更正。故该公证书的内容是伪造的。(2) 原审法院的庭前勘验不合法，勘验结果证明我公司没有从事网络传播行为。法院现场勘验结果证明必须有账号、密码才能进入 www.21dmedia.com 网站读书，而我公司没有向社会公众公布有关账号、密码。(3) 我公司的网站不对公众开放读书，没有从事网络传播行为。我公司提供包括公证书在内的大量证据证明我公司的网站是不对公众开放读书的，而原审法院却不予采信。(4) 第20931号公证书与本案无关。(5) 书生之家网站与书生之家数字图书馆是截然不同的。所谓"书生之家数字图书馆"其实是一套用来建设数字图书馆的解决方案。书生公司自己并没有开数字图书馆，书生之家网站（www.21dmedia.com）只是宣传介绍的网站，并不是数字图书馆，原审判决虚构了一个并不存在的"书生之家数字图书馆网站"。(6) 原审判决的赔偿数额没有法律依据。我公司开发的数字图书馆技术平台将在线浏览人数限制为3人，即使构成侵权，也应以此作为赔偿金额，不再适用法官自由裁量权。(7) 原审判决在诉讼费的承担上明显不当。原审法院认定的数额不足诉讼请求的一半，却判我公司承担全部诉讼费，不符合法律规定。综上，我公司认为原审判决认定事实错误，适用法律不当，请求法院依法撤销原审判决，驳回郑成思的诉讼请求。

在二审审理过程中，书生公司为证明第09065号公证书的真实性和公证程序存在问题，还提交了专家鉴定意见书；为证明 Ytlib.sd.cn 网站注册者为烟台图书馆及 shusheng 账号仅供公司内部员工使用，书生公司提交了(2005) 长证内经字第2616号公证书及 shusheng 账号开通邮件。

二审法院认为：郑成思作为涉案图书的署名作者或主编，依法享有涉案作品的著作权，该著作权包括复制权、发行权和信息网络传播权等权利。除法律另有规定外，任何单位或个人未经著作权人许可，复制、发行或通过信息网络向公众传播其作品，依法应承担停止侵害、消除影响、赔礼道歉、赔偿损失等民事责任。

《中华人民共和国行政复议法》（以下简称《行政复议法》）第21条规定，行政复议期间具体行政行为不停止执行，法律另有规定的除外。第09065号公证书系北京市第二公证处作出的具体行政行为，该公证书虽然存在瑕疵，但该瑕疵系公证员在制作公证书时打字排版失误所造成，公证机关已出具《补正说明》对第09065号公证书所涉域名及实时打印页的打印步骤进行了说明及更正。由查明事实可知，《补正说明》更正后的域名与第09065号公证书实时打印第一页左上方载明的域名相同，均为www.21dmedia.com域名。这一事实足以说明北京市第二公证处出具的《补正说明》完全出于对公证保全证据的负责，其将该公证书所表述的错漏字母"d"的域名及对公证书实时打印页的打印步骤所作的调整并未影响该公证书的实质内容及其真实性，故该《补正说明》与公证书均具有同等的法律效力。书生公司就该公证书及《补正说明》的真实性、合法性向北京市司法局提起的行政复议，依法不影响法院依据现有证据对该公证书及《补正说明》的法律效力进行认定。

《最高人民法院关于民事诉讼证据的若干规定》第9条规定，已为有效公证文书所证明的事实，当事人无须举证证明，有相反证据足以推翻的除外。第09065号公证书及《补正说明》的相关内容，表明公众键入www.21dmedia.com域名即进入书生之家网站，下载并安装书生阅读器后，输入"guest"用户名和密码，以作者郑成思名字检索到涉案图书，并可以浏览或以拷屏方式下载图书全文。第20931号公证书的相关内容表明公众在互联网上能够阅读书生之家数字图书馆的使用说明，从而了解进入书生之家数字图书馆的用户名、密码，浏览并拷屏下载图书全文，佐证了第09065号公证书及《补正说明》所载明的上述事实。原审法院组织双方当事人勘验的情况，表明公众在互联网上按照书生之家数字图书馆使用说明操作即可在书生之家网站上浏览该网站上的作品，亦佐证了上述公证事实。书生公司提交的专家鉴定意见书，系其自行邀请专家鉴定，在郑成思不予认可的情况下，其效力不能推翻上述公证事实。书生公司提交的（2005）长证内经字第2616号公证书及shusheng账号开通邮件不能推翻第09065号公证书所证明的书生之家数字图书馆对公众开放的事实。综上，书生公司的现有证据均不足以推翻第09065号公证书及《补正说明》的真实性和合法性，且不足以推翻书生之家数字图书馆对公众开放的公证事实，因此，书生公司关于第09065号公证书的内容是伪造的，不具有证据效力及书生之家网站未向社会开放的抗辩理由，缺乏事实和法律依据，法院不予支持。

虽然www.21dmedia.com并非书生公司注册的域名，但书生公司的简介及书生之家网站的版权声明均表明书生公司系书生之家网站的经营者，其对经营该网站所产生的法律后果理应承担相应的民事责任。第09065号公证书的某些实时打印页的上端标注"烟台图书馆专用"字样，仅能说明公众在书生之家数字图书馆上浏览涉案图书出现了上述标注性文字，并不能推翻书生公司将涉案图书上传于书生之家网站并对外公开传播的法律事实，故书生公司的相关抗辩理由，法院不予支持。

虽然书生公司提供相应证据证明其对作品的使用范围、方式进行了必要的限制，但书生公司系以营利为目的的企业，书生之家数字图书馆亦并非公益性图书馆，书生之家数字图书馆对作品所作的三人以上不能同时在线阅读及只能拷屏下载的限制，并不构成《著作权法》意义上对作品的合理使用，故书生公司关于未侵犯郑成思著作权的抗辩理由，法院不予支持。

书生公司未经郑成思许可，将郑成思享有著作权的涉案图书上传于书生之家网站上供公众浏览，侵犯了郑成思对上述作品享有的信息网络传播权，依法应承担停止侵权、赔礼道歉、赔偿损失的民事责任。原审法院根据涉案作品的性质、字数、书生公司的侵权性质及情节、参考法定稿酬标准而酌定的赔偿金额并无不当。郑成思提出的损失赔偿额虽然未被全部支持，但因其并未滥用诉权，故原审法院判令书生公司承担全部诉讼费用并无不当。最终，二审法院驳回了书生公司的上诉，维持原判。

【争议焦点】

书生之家数字图书馆对作品的使用是否构成合理使用？

【案件分析】

本案中，书生公司提供相应证据证明其对作品的使用范围、方式进行了必要的限制，即书生之家数字图书馆对作品所作的三人以上不能同时在线阅读及只能拷屏下载的限制。书生公司认为其对作品的使用构成合理使用。由于当时还没有出台《信息网络传播权保护条例》，法院从基本的《著作权法》原理出发，认为书生公司系以营利为目的的企业，书生之家数字图书馆亦并非公益性图书馆，并不构成《著作权法》意义上对作品的合理使用。根据现行的《信息网络传播权保护条例》，即使是公益性质的图书馆，也不能通过

第七条 【馆藏数字作品信息网络传播权的合理使用】 | 067

互联网向馆舍以外的用户提供作品。《信息网络传播权保护条例》第7条规定，图书馆、档案馆、纪念馆、博物馆、美术馆等可以不经著作权人许可，通过信息网络向本馆馆舍内服务对象提供本馆收藏的合法出版的数字作品和依法为陈列或者保存版本的需要以数字化形式复制的作品，不向其支付报酬，但不得直接或者间接获得经济利益。因此，书生数字图书馆的行为构成对郑成思作品信息网络传播权的侵犯。

【引以为鉴】

在《信息网络传播权保护条例》颁布以前，包括国家图书馆在内的很多图书馆都对本馆收藏的作品进行了数字化。在进行数字化过程中，图书馆并没有按照《信息网络传播权保护条例》的要求只是对"已经损毁或者濒临损毁、丢失或者失窃，或者其存储格式已经过时，并且在市场上无法购买或者只能以明显高于标定的价格购买的作品"进行数字化，而是对几乎全部的馆藏作品进行了数字化，包括了符合数字化条件的作品和不符合数字化条件的作品。对于图书馆对不符合条件的作品进行数字化，由于当时并没有《信息网络传播权保护条例》的要求，因此，其数字化行为并不违法。但是《信息网络传播权保护条例》颁布以后，图书馆应该严格按照条例的要求使用数字化复制品，不能将数字化复制品通过信息网络向馆舍以外的用户进行提供，也不能将不符合数字化条件的数字化作品向馆舍内的公众提供，否则将构成侵权。

◆ 经典案例9

陈兴良诉中国数字图书馆有限责任公司著作权侵权纠纷案

【案情简介】

因著作权侵权纠纷，陈兴良在北京市海淀区人民法院起诉中国数字图书馆有限责任公司（以下简称数字图书馆）。原告陈兴良诉称：被告数字图书馆未经原告同意，在自己的网站上（网址为http://www.d-library.com.cn）使用原告的三部作品。读者付费后就成为被告网站的会员，可以在该网站上阅读并下载网上作品。被告这一行为，侵犯了原告的信息网络传播权。诉请判令被告立即停止侵权，并赔偿原告的经济损失 40 万元，以及原告为制止被告的侵权行为而支出的合理费用 8000 元。原告提交了四份证据：（1）三部作品的版权页复印件；（2）公证书及读书卡；（3）读书卡收据；（4）发票。

被告辩称：被告基本属于公益型的事业单位。为适应信息时代广大公众的需求，被告在网上建立了"中国数字图书馆"。图书馆的性质是收集各种图书供人阅览参考。原告所称的三部作品都已公开出版发行，被告将其收入数字图书馆中，有利于这三部作品的再次开发利用，不能视为侵权。况且被告一直十分重视对版权的保护，现正在投入资金开发版权保护系统。这套系统开发出来后，一方面能保护著作权人的利益不受侵犯；另一方面能发挥数字图书馆的作用，使图书馆更好地为公众服务。请法院根据"中国数字图书馆"目前的实际情况，结合我国国情，对本案纠纷作出裁判。被告提交了四份证据：（1）文化部关于申请成立"中国数字图书馆有限责任公司"的公函；（2）关于在"数字图书馆有限责任公司"前冠以"中国"字头的请示；（3）关于在数图公司前冠以"中国"字头的批示；（4）国家计委关于审批数图工程的通知。

北京市海淀区人民法院经审理，确认如下案件事实。

（1）《当代中国刑法新视界》1999 年 4 月由中国政法大学出版社出版第 1 版，该书 754 千字，印数 3000 册，定价 45 元；《刑法适用总论》1999 年 6 月由法律出版社出版第 1 版，该书 1170 千字，印数 5000 册，定价 96 元；《正当防卫论》1987 年 6 月由中国人民大学出版社出版第 1 版，该书 206 千字，印数 1 万册，定价 1.7 元。原告陈兴良为这三本书的作者，其提交的证据 1 可证明以上事实。

（2）被告数字图书馆于 2000 年 1 月 17 日成立，企业性质为有限责任公司，经营范围为计算机软件的技术开发、技术转让、电子商务（未取得专项许可的项目除外）、制作发布网络广告等。2002 年 3 月 11 日，该公司进行了工商年检登记。该公司所设的"中国数字图书馆"网站，以收集、整理和发布他人作品为主。数字图书馆提交的证据（1）至（4）以及营业执照可证明以上事实。

（3）"中国数字图书馆"网站的访问方式为：使用联网主机启动 IE 浏览

第七条　【馆藏数字作品信息网络传播权的合理使用】　| 069

器 5.5 版，在地址栏中键入 www.d-library.com.cn，可进入"中国数字图书馆"主页，主页上注明"版权所有：中国数字图书馆有限责任公司"；点击该页面中"下载标准版浏览器"，新网页中显示"中国数图浏览器 Betal.01 版是中国数字图书馆有限责任公司为网上图书馆开发的专用浏览器，读者通过它足不出户即可方便地进入网上图书馆读书借阅，同时以独特的方式对网上著作权进行了保护"；同时提示"读者浏览、借阅图书需办理读书证——利用网上或卡式方式付费，并通过用户注册获得用户名和密码"。原告陈兴良提交证据（2）中的公证书可证明以上事实。

（4）在"中国数字图书馆"网站的主页上，使用"高级检索"系统，检索词语为"陈兴良"，检索途径为"责任者"，检索结果就包括涉及本案的《当代中国刑法新视界》《刑法适用总论》《正当防卫论》三部著作，同时包括这三部著作的有关信息。例如，关于《当代中国刑法新视界》的信息是：题名责任者为"《当代中国刑法新视界》陈兴良著"；出版发行者为"北京，中国政法大学出版社，1999"；载体形态为"897 页，20cm"；主题词为"刑法—研究—中国"等。原告陈兴良提交证据 2 中的公证书可证明以上事实。

（5）2002 年 3 月，案外人张某某以用户名"张呆"，身份证号码 370602××××××××××，感兴趣的图书要目是"法律"等信息，注册成为"中国数字图书馆"的用户，注册号码为 459757，使用期限是 2002 年 3 月 13 日至 2002 年 6 月 11 日。同年 3 月 15 日，张某某使用其注册号码，在"中国数字图书馆"网站阅读了与本案有关的三部著作，并对其中的部分网页进行了现场打印。原告陈兴良提交的证据（2）和（3），可证明以上事实。

（6）因此次诉讼，原告陈兴良支付了律师费 8000 元，此即陈兴良诉称为制止侵权行为支出的合理费用。陈兴良提交的证据（4），可证明以上事实。

北京市海淀区人民法院认为：《中华人民共和国民事诉讼法》（以下简称《民事诉讼法》）第 64 条第 1 款规定："当事人对自己提出的主张，有责任提供证据。"《著作权法》第 48 条规定："侵犯著作权或者与著作权有关的权利的，侵权人应当按照权利人的实际损失给予赔偿；实际损失难以计算的，可以按照侵权人的违法所得给予赔偿。赔偿数额还应当包括权利人为制止侵权行为所支付的合理开支。权利人的实际损失或者侵权人的违法所得不能确定的，由人民法院根据侵权行为的情节，判决给予五十万元以下的赔偿。"原告陈兴良主张被告数字图书馆的侵权行为给其造成40万元的经济损失，并使其支出8000元律师费，要求赔偿。但是，陈兴良没有举证证明自己的实际损失或者侵权人的违法所得相当于诉讼请求赔偿的数额，也没有举证证明支出8000元律师费的合理性。因此，只能依侵权行为的情节确定数字图书馆的赔偿数额，不能全额支持陈兴良诉讼请求赔偿的数额。

据此，北京市海淀区人民法院于2002年6月27日判决：（1）自判决生效之日起，被告数字图书馆停止在其"中国数字图书馆"网站上使用原告陈兴良的作品《当代中国刑法新视界》《刑法适用总论》《正当防卫论》。（2）自判决生效之日起10日内，被告数字图书馆赔偿原告陈兴良经济损失8万元及因诉讼支出的合理费用4800元；（3）驳回原告陈兴良的其他诉讼请求。

【争议焦点】

中国数字图书馆对陈兴良作品的使用是否属于教育目的的合理使用？

【案件分析】

《著作权法》第2条第1款规定："中国公民、法人或者其他组织的作品，不论是否发表，依照本法享有著作权。"该法第11条第1~2款规定："著作权属于作者，本法另有规定的除外。创作作品的公民是作者。"根据《著作权法》第10条第1款第12项的规定，著作权包括"信息网络传播权"，即以有线或者无线的方式向公众提供作品，使公众可以在个人选定的时间、地点从信息网络上获得作品。

著作权是法律赋予作者享有的专有权利，作者有权据此限制他人未经许可使用其作品。这种限制，只有在社会公众接触作品的范围扩大到足以影响作者行使著作权时作者才能行使。原告陈兴良依法享有《当代中国刑法新视界》《刑法适用总论》《正当防卫论》三部作品的著作权，有权许可他人使用自己的作品。在没有相反证据的情况下，目前只能认定陈兴良允许有关出版社以出版发行的方式将这三部作品固定在纸张上提供给公众。被告数字图书馆未经陈兴良许可，将这三部作品列入"中国数字图书馆"网站中，势必对

第七条 【馆藏数字作品信息网络传播权的合理使用】 | 071

陈兴良在网络空间行使这三部作品的著作权产生影响,侵犯陈兴良对自己作品享有的信息网络传播权。

《著作权法》第47条第1项规定,"未经著作权人许可,复制、发行、表演、放映、广播、汇编、通过信息网络向公众传播其作品的",侵权人"应当根据情况,承担停止侵害、消除影响、赔礼道歉、赔偿损失等民事责任"。被告数字图书馆应当依照法律的规定承担侵权的民事责任。

审理法院当时认为,图书馆是收集、整理、收藏图书资料供人阅览参考的机构,其功能在于保存作品并向社会公众提供接触作品的机会。图书馆向社会公众提供作品,对传播知识和促进社会文明进步,具有非常重要的意义。只有特定的社会公众(有阅览资格的读者),在特定的时间以特定的方式(借阅),才能接触到图书馆向社会公众提供的作品。因此,这种接触对作者行使著作权的影响是有限的,不构成侵权。

在本案中,被告数字图书馆作为企业法人,将原告陈兴良的作品上传到国际互联网上。对作品使用的这种方式,扩大了作品传播的时间和空间,扩大了接触作品的人数,超出了作者允许社会公众接触其作品的范围。数字图书馆未经许可在网上使用陈兴良的作品,并且没有采取有效的手段保证陈兴良获得合理的报酬。这种行为妨碍了陈兴良依法对自己的作品行使著作权,构成侵权。

【引以为鉴】

根据《信息网络传播权保护条例》第7条的规定,图书馆等可以不经著作权人许可,通过信息网络向本馆馆舍内服务对象提供本馆收藏的合法出版的数字作品和依法为陈列或者保存版本的需要以数字化形式复制的作品,不向其支付报酬,但不得直接或者间接获得经济利益,但为陈列或者保存版本需要以数字化形式复制的作品,应当是已经损毁或者濒临损毁、丢失或者失窃,或者其存储格式已经过时,并且在市场上无法购买或者只能以明显高于标定的价格购买的作品。本案中,陈兴良的作品不符合可以进行数字化形式复制的作品条件,因此,依据《信息网络传播权保护条例》第7条的规定,即使是公益性的图书馆,也不能将陈兴良的作品数字化后向馆舍内的公众提供。

> **第八条 【教育目的的法定许可】**
> 为通过信息网络实施九年制义务教育或者国家教育规划，可以不经著作权人许可，使用其已经发表作品的片断或者短小的文字作品、音乐作品或者单幅的美术作品、摄影作品制作课件，由制作课件或者依法取得课件的远程教育机构通过信息网络向注册学生提供，但应当向著作权人支付报酬。

◆ **相关法律规定**

《中华人民共和国著作权法》

第二十三条第一款 为实施九年制义务教育和国家教育规划而编写出版教科书，除作者事先声明不许使用的外，可以不经著作权人许可，在教科书中汇编已经发表的作品片段或者短小的文字作品、音乐作品或者单幅的美术作品、摄影作品，但应当按照规定支付报酬，指明作者姓名、作品名称，并且不得侵犯著作权人依照本法享有的其他权利。

◆ **知识精要**

本条规定属于法定许可制度，是为发展教育事业设定的法定许可。

法定许可是指根据法律法规，在规定的范围内，使用他人作品可以不经著作权人的同意，但应当支付报酬。法定许可的对象必须是已发表的作品，使用时要尊重著作权人的意愿，如尊重作者不许使用的声明。法定许可的目的是促进科学文化事业的发展，在符合法定许可的条件下，条例更倾向于使用者，对使用者的义务要求较低。

本条例确定的法定许可，既有利于在网络环境下保障和促进作品迅速而广泛地传播，又有利于促进我国教育事业的发展，还有利于权利人的权益得到保障。如果没有法定许可制度，在找不到著作权人的情况下，传播者得不到授权许可，作品就不能用于九年制教育目的。多年实践证明，法定许可制度作为《著作权法》体系下的一项重要制度，为我国科学文化的发展与传播，发挥了重要作用。

与此同时，法定许可不可滥用，否则将加剧著作权被侵犯的危险。作品是无形资产，可复制、易传播，权利人无法像对有形财产那样控制、约束其作品。作品一旦发表，就有被侵权的危险。特别是对作品的信息网络传播，由于网上传播速度快、范围广、成本低，客观上助长了作品未经许可而被使用的现象，为一些侵权人提供了蒙混过关的借口，著作权人变得非常被动。在作品被广泛传播的情形下，作者许多时候不知道其作品已经被人使用，无法索取报酬。因此，在存在法定许可被滥用的情况下，由于未经许可而使用他人作品被发现的概率很小，即使被发现了，支付报酬就行了，无须承担其他责任，违法成本很低，对著作权人权利的保护非常不利。因此，必须对法定许可的使用条件进行严格限制，否则难免会损害著作权人的利益。《信息网络传播权保护条例》仅规定了两种条件下的法定许可，一是为发展教育设定的法定许可，二是为扶助贫困设定的法定许可。

为发展教育设定的法定许可须满足以下要件：

一是使用的目的是教育事业，这种教育事业是指九年制义务教育和国家教育规划，对于那些超出上述范围以营利为目的而开展的教育培训，不适用于法定许可。

二是必须以课件形式进行网络传播。所谓课件是指根据教学大纲的要求，经过教学目标确定，教学内容和任务分析，教学活动结构及界面设计等环节，而加以制作的课程软件，它与课程内容有着直接联系。如果使用者没有通过课件形式，而是直接将作品单独向注册学生提供和播放，则不适用法定许可。

三是使用的作品必须是已经发表作品的片断或者短小的文字作品、音乐作品或者单幅的美术作品、摄影作品。根据《教科书法定许可使用作品支付报酬办法》[①] 规定，作品的片断或者短小的文字作品，是指九年制义务教育教科书中使用的单篇不超过 2000 字的文字作品，或者国家教育规划（不含九年制义务教育）教科书中使用的单篇不超过 3000 字的文字作品。短小的音乐作品，是指九年制义务教育和国家教育规划教科书中使用的单篇不超过 5 页面或时长不超过 5 分钟的单声部音乐作品，或者乘以相应倍数的多声部音乐作品。

---

① 《教科书法定许可使用作品支付报酬办法》经 2013 年 9 月 2 日国家版权局局务会议通过，并经国家发展和改革委员会同意，2013 年 10 月 22 日公布，自 2013 年 12 月 1 日起施行。

四是服务对象必须是注册学生。如果超出了注册学生的范围，也不适用法定许可。

五是必须向权利人支付报酬。使用者在法定许可条件下使用权利人的作品时虽然可以不经权利人同意，但是应该向权利人支付报酬。

支付著作权使用报酬的方式很多，如果能够找到著作权人的，可以直接支付，如果找不到权利人，也可以通过中华版权代理总公司收转。著作权使用报酬收转是国家版权局依据《著作权法》及其实施条例关于法定许可的相关规定，指定专门机构负责收取作品使用者以法定许可方式使用他人作品后依法应付的报酬，并将其转付给著作权人。1993年，国家版权局曾专门指定"中国著作权使用报酬收转中心"负责著作者稿酬的收转工作。2001年，我国对《著作权法》进行了修改后，经国家版权局批准，中国版权保护中心决定将原由中国著作权使用报酬收转中心（中国版权保护中心下属的非法人单位）承担的著作权使用报酬收转工作转交中华版权代理总公司（中国版权保护中心管理的法人单位）负责，改变原转付稿酬的模式，以接受著作者和作品使用者委托转付的方式开展著作权使用报酬收转工作。

◆ 经典案例10

北京中文在线文化发展有限公司诉重庆科创职业学院侵犯著作权纠纷案

【案情简介】

原告北京中文在线文化发展有限公司（以下简称中文在线）诉称，依据温瑞安先生与原告之间的约定及温瑞安先生的授权，原告独家享有温瑞安创作的《神州奇侠系列（正传）》作品的信息网络传播权，原告有权以信息网络传播和制作、销售电子出版物等数字化制品的方式享有上述作品的专有权，可以自己的名义对任何侵犯上述著作权的行为独立地主张权利，追究侵权者的法律责任。被告重庆科创职业学院（以下简称科创学院）未经原告许可，擅自在其所属的 www.cqie.cn（渝ICP备07002142号）网站上（"文学书院"，http://eshu.cqie.cn）传播温瑞安创作的原告享有信息网络传播权的上述作品。被告的行为严重侵犯了原告的合法权益，遂诉至法院，请求：

（1）判令被告立即停止侵权、消除影响并公开赔礼道歉；（2）判令被告赔偿原告经济损失49 500元人民币；（3）判令被告支付原告为调查、制止被告侵权行为所支出的合理费用2379元人民币；（4）判令被告承担本案全部诉讼费用。

被告科创学院答辩称，其曾在网站中上传了涉案作品《神州奇侠系列（正传）》，但原告的诉请不符合事实和法律规定。被告的侵权行为持续时间较短，且被告在收到原告方的律师函后便立即删除了涉案作品，并向原告口头道歉。被告系不要求取得合理回报的民办高职学院，办学不以营利为目的。该校学生在实习创办网站时，出于为同学创造读书机会的目的，而在校园网上传了涉案作品，被告并无侵权的故意；由于学校知名度较小，网站浏览次数少，并未对原告造成较大损失，且原告也并未举证证明其遭受的实际损失，原告诉请的赔偿数额有失公平，请求驳回原告诉讼请求。

经审理查明：2006年8月27日，温瑞安（甲方）与本案原告中文在线（乙方）签订中文在线数字图书合作协议，约定甲方授予乙方在全球范围内对授权作品（中文简体和繁体）的数字出版行使专有使用权（包括但不限于信息网络传播权，制作、复制、发行数字化制品）；乙方以版税的方式向甲方支付报酬，标准为本协议目录中作品销售收入的30%。授权作品销售数量以中文在线销售软件统计数据为准，用于无线增殖业务的授权作品，授权数量以中国移动等运营商提供的统计数据为准；从签约之日起3个工作日内，乙方预先支付108 882元，分两次从稿费中扣除；甲方授权乙方独家代为对授权作品进行维权，当数字版权受到非法侵害时，乙方应采取适当措施进行维权；在有效期内，未经双方同意甲方不得将约定的权利许可第三方使用，如甲方授权在六分半堂网站和温瑞安博客刊登部分稿件，在不影响双方利益的情况下，乙方应予以配合，乙方独家享有该权利并可进行再许可授权；本协议签署地为中国北京。该协议还有以下附件：（1）温瑞安的身份证复印件及个人信息备案表，记载了温瑞安住址、电话、传真等详细信息；（2）授权书及作品目录，记载了授权内容及授权的《神州奇侠系列》《四大名捕系列》《方邪真故事系列》等作品名称，授权期限自签发之日起至2011年8月27日止。温瑞安及中文在线分别在协议及附件骑缝处签名或盖章。

2007年9月11日，双方再次签订了中文在线数字图书合作协议，其内容及附件内容与双方2006年8月27日签订的协议及附件内容基本一致，并由具有中国委托公证人身份的香港律师进行了公证。

2007年6月6日，经中文在线申请，北京市海淀第二公证处公证人员对网址为http：∥www.cqie.cn重庆信息工程专修学院网站上所载内容进行了证据保全。在公证人员的监督下，中文在线工作人员林某使用公证处计算机进行了具体操作：进入重庆信息工程专修学院网站首页，点击图书馆下的"电子图书资源"进入其页面，在该页面点击自建资源库下的"文学书苑"进入其页面，在该页面武侠作品下点击"温瑞安集"进入其页面，然后在该页面分别点击"温瑞安集"的文章，包括《剑气长江》等作品的各个章节进行保存，将上述相关页面内容拷屏打印并下载该"温瑞安集"电子版内容保存于计算机。林某还操作计算机进入信息产业部ICP/IP地址信息备案管理系统，对www.cqie.cn网站有关所有者信息页面内容页进行了拷屏打印，根据页面显示，www.cqie.cn网站由重庆信息工程专修学院所有。

原告中文在线在庭审中提交了花城出版社出版发行的温瑞安作品《神州奇侠系列（正传）》一套，根据版权页记载，该套书籍总字数为1340千字；为证明自己调查、制止被告的侵权行为所支出合理费用，原告还提交了代理费发票2300元、公证费收据1000元、特快专递收据60元、复印费和打印费收据1062元。

另查明，重庆信息工程专修学院于2008年5月7日，经重庆市民政局批复，名称变更为重庆科创职业学院，即本案被告。被告在其所属的www.cqie.com网站的"文学书苑"内上传了包括《神州奇侠系列（正传）》在内的多部温瑞安作品，向公众提供免费的在线阅读服务，直到2008年3月收到原告代理律师发出的律师函后，对相关涉案作品予以删除。庭审中，被告对原告举示的公证书（附光盘）所反映的内容，以及被告的侵权事实均无异议。

【争议焦点】

1. 科创学院是否应该承担侵权责任？

2. 科创学院是否应该承担赔礼道歉和消除影响的法律责任？

【案件分析】

1. 科创学院是否应该承担侵权责任

本案涉案作品《神州奇侠系列（正传）》作品作者为温瑞安，著作权由温瑞安享有，原告中文在线经著作权人温瑞安授权有权行使上述作品的信息网络传播权等著作权。被告科创学院未经著作权人的许可，在其所属的网站上向网络用户提供涉案作品的在线阅读服务，侵犯了原告中文在线的信息网络传播权，故被告应承担相应的侵权责任。

2. 科创学院是否应该承担赔礼道歉和消除影响的法律责任

本案中，原告、被告均已确认，被告于2008年3月收到原告代理律师发出的律师函后，就对相关涉案作品予以删除，该侵权行为已经终止，故一审法院不再判令被告停止侵权；被告在其网站上传涉案作品时，已表明温瑞安是著作权人，并未侵犯著作权人的人身权利，故对原告要求被告消除影响、公开赔礼道歉的请求，一审法院没有支持。

一审法院依照《著作权法》第47条第1项、第48条以及《民事诉讼法》第128条之规定，判决：（1）被告科创学院于本判决生效之日起10日内赔偿原告中文在线经济损失2万元人民币；（2）驳回原告中文在线的其他诉讼请求。如果未按本判决指定的期间履行给付金钱义务，应当依照《民事诉讼法》第229条之规定，加倍支付迟延履行期间的债务利息。案件受理费用1098元由被告重庆科创职业学院承担。

【引以为鉴】

在本案中，被告是否可以引用《信息网络传播权保护条例》第8条规定的法定许可进行抗辩？答案是否定的。因为科创学院使用作品的方式不符合法定许可的要求。法定许可要求是必须以课件形式进行网络传播。所谓课件是指根据教学大纲的要求，经过教学目标确定、教学内容和任务分析、教学活动结构及界面设计等环节而加以制作的课程软件，它与课程内容有着直接联系。如果使用者没有通过课件形式，而是直接将作品单独向学生提供和播放，则不适用法定许可。本案中科创学院直接将作品放到学校的网站上供学生下载阅读，不属于课件形式使用。因此，被告在校园网传播温瑞安创作的原告享有信息网络传播权的作品构成侵权。

> **第九条　【扶贫目的法定许可】**
> 　　为扶助贫困，通过信息网络向农村地区的公众免费提供中国公民、法人或者其他组织已经发表的种植养殖、防病治病、防灾减灾等与扶助贫困有关的作品和适应基本文化需求的作品，网络服务提供者应当在提供前公告拟提供的作品及其作者、拟支付报酬的标准。自公告之日起30日内，著作权人不同意提供的，网络服务提供者不得提供其作品；自公告之日起满30日，著作权人没有异议的，网络服务提供者可以提供其作品，并按照公告的标准向著作权人支付报酬。网络服务提供者提供著作权人的作品后，著作权人不同意提供的，网络服务提供者应当立即删除著作权人的作品，并按照公告的标准向著作权人支付提供作品期间的报酬。
> 　　依照前款规定提供作品的，不得直接或者间接获得经济利益。

◆ **知识精要**

本条是为扶助贫困设定的法定许可的条件。

目前，我国的经济发展很不平衡，城乡差别比较大。因此，为了扶助贫困，大力发展农村的科学文化事业，需要制定有利于农村发展的法定许可制度。本条就通过信息网络向农村提供作品的法定许可作出了详细规定。

1. 扶助贫困法定许可使用的条件

（1）作品的作者必须是中国公民、法人或者其他组织，在我国出版的国外作者的作品不在此列。

（2）作品必须是已经发表的，未发表的作品不在此列。

（3）内容为种植养殖、防病治病、防灾减灾等与扶助贫困有关的作品和适应基本文化需求的作品；其他内容的作品不在此列。

（4）提供人不得谋取任何经济利益，不得直接或者间接获得经济利益，必须免费提供，不得收取任何费用。

（5）服务对象是农村地区的公众。

2. 实施扶助贫困法定许可要遵守严格的程序

（1）网络服务提供者应当在提供前公告拟提供的作品及其作者、拟支付报酬的标准。

（2）自公告之日起 30 日内，著作权人不同意提供的，网络服务提供者不得提供其作品。

（3）自公告之日起满 30 日，著作权人没有异议的，网络服务提供者可以提供其作品，并按照公告的标准向著作权人支付报酬。

（4）网络服务提供者提供著作权人的作品后，著作权人不同意提供的，网络服务提供者应当立即删除著作权人的作品，并按照公告的标准向著作权人支付提供作品期间的报酬。

提供者如果没有按照上述程序实施法定许可，要承担法律责任。对于公告通知著作权人的义务，提供者只要尽到最基本的义务即可，进行公告通知，无须直接通知权利人，也无须考虑权利人是否真的知道，只要没有提异议，不管是什么原因，提供者都可放心使用。

◆ 经典案例 11

某公司网站上"科技下乡"活动侵犯信息网络传播权

【案情简介】

某公司是从事生物肥料技术开发和生产的企业。该企业为了推广生物肥料技术，经与某地县农业局协商，决定为当地的农民免费提供生物肥料使用技术资料查询服务。方案是该公司在自己的网站上开设"生物肥料技术"专栏，当地的农民凭该公司提供的账户和密码进入网站，从该栏目上下载有关信息。

栏目开通后，该公司将大量的国内出版的生物肥料技术书籍数字化后上传到网上，免费供农民进行浏览下载。后来，该公司开始在市场上公开销售上网卡，用户购买上网卡后，可以浏览下载同样的内容。

作者贾某的《生物肥料使用须知》也被上传到网上，贾某发现该网站的行为后，向著作权行政管理部门投诉，行政管理部门对该网站进行调查，调查发现其上传的作品不仅包括中国作者的作品，而且还包括德国、法国作者的作品。著作权行政管理部门对该公司作出停止侵权、没收非法所得、罚款 2 万元的行政处罚，该公司以自己的行为属于《信息网络传播权保护条例》第 9 条规定的法定许可不构成侵权为由申请行政复议，复议决定维持了原来的行政处罚。

【争议焦点】

该公司网上科技下乡活动是否符合《信息网络传播权保护条例》第 9 条规定的法定许可条件？是否构成侵权？

【案件分析】

本案中，该公司的行为不符合《信息网络传播权保护条例》第 9 条为了扶助贫困设定的法定许可，具体原因如下。

（1）该公司未履行公告程序。根据《信息网络传播权保护条例》第 9 条的规定，为扶助贫困，通过信息网络向农村地区的公众免费提供种植养殖、防病治病、防灾减灾等与扶助贫困有关的作品和适应基本文化需求的作品，网络服务提供者应当在提供前公告拟提供的作品及其作者、拟支付报酬的标准。自公告之日起 30 日内，著作权人不同意提供的，网络服务提供者不得提供其作品；自公告之日起满 30 日，著作权人没有异议的，网络服务提供者可以提供其作品，并按照公告的标准向著作权人支付报酬。

（2）该公司未制定和公告报酬标准，也未向权利人支付报酬。根据《信息网络传播权保护条例》第 9 条规定使用权利人作品时，可以不经权利人许可，但是要向权利人支付报酬并且事先公告报酬标准。

（3）该公司提供了外国人的作品，超出了第 9 条规定的作品范围。《信息网络传播权保护条例》第 9 条规定，使用权利人作品时，使用的作品应仅限于中国公民、法人或者其他组织的作品，不包括外国人的作品

（4）该公司的服务对象超出了第 9 条规定的服务对象。第 9 条规定的服务对象仅限于农村地区的公众，后来该公司在市场上公开销售用户卡，造成

了其他地区的公众可能获得提供的作品。这种情况造成第9条规定的服务对象以外的其他人获得著作权人的作品，违反了本条例第10条的规定。

（5）该公司在提供作品时获得经济利益也不符合第9条规定的情形。第9条规定在提供作品时不得直接或者间接获得经济利益。本案中该公司开始免费向农民提供，但后来在市场销售用户卡的行为则属于直接获得经济利益的行为。

综上，该公司所谓网上"科技下乡"活动不符合本条例第9条的规定，应该承担侵权责任。

第十条　【实施合理使用和法定许可的法定义务】

依照本条例规定不经著作权人许可、通过信息网络向公众提供其作品的，还应当遵守下列规定：

（一）除本条例第六条第一项至第六项、第七条规定的情形外，不得提供作者事先声明不许提供的作品；

（二）指明作品的名称和作者的姓名（名称）；

（三）依照本条例规定支付报酬；

（四）采取技术措施，防止本条例第七条、第八条、第九条规定的服务对象以外的其他人获得著作权人的作品，并防止本条例第七条规定的服务对象的复制行为对著作权人利益造成实质性损害；

（五）不得侵犯著作权人依法享有的其他权利。

◆ **相关法律规定**

《中华人民共和国著作权法》

第二十二条第一款　在下列情况下使用作品，可以不经著作权人许可，不向其支付报酬，但应当指明作者姓名、作品名称，并且不得侵犯著作权人依照本法享有的其他权利……

《信息网络传播权保护条例》

第六条　通过信息网络提供他人作品，属于下列情形的，可以不经著作权人许可，不向其支付报酬：

（一）为介绍、评论某一作品或者说明某一问题，在向公众提供的作品中适当引用已经发表的作品；

（二）为报道时事新闻，在向公众提供的作品中不可避免地再现或者引用已经发表的作品；

（三）为学校课堂教学或者科学研究，向少数教学、科研人员提供少量已经发表的作品；

（四）国家机关为执行公务，在合理范围内向公众提供已经发表的作品；

（五）将中国公民、法人或者其他组织已经发表的、以汉语言文字创作的作品翻译成的少数民族语言文字作品，向中国境内少数民族提供；

（六）不以营利为目的，以盲人能够感知的独特方式向盲人提供已经发表的文字作品；

（七）向公众提供在信息网络上已经发表的关于政治、经济问题的时事性文章；

（八）向公众提供在公众集会上发表的讲话。

第七条　图书馆、档案馆、纪念馆、博物馆、美术馆等可以不经著作权人许可，通过信息网络向本馆馆舍内服务对象提供本馆收藏的合法出版的数字作品和依法为陈列或者保存版本的需要以数字化形式复制的作品，不向其支付报酬，但不得直接或者间接获得经济利益。当事人另有约定的除外。

前款规定的为陈列或者保存版本需要以数字化形式复制的作品，应当是已经损毁或者濒临损毁、丢失或者失窃，或者其存储格式已经过时，并且在市场上无法购买或者只能以明显高于标定的价格购买的作品。

第八条　为通过信息网络实施九年制义务教育或者国家教育规划，可以不经著作权人许可，使用其已经发表作品的片断或者短小的文字作品、音乐作品或者单幅的美术作品、摄影作品制作课件，由制作课件或者依法取得课件的远程教育机构通过信息网络向注册学生提供，但应当向著作权人支付报酬。

第九条　为扶助贫困，通过信息网络向农村地区的公众免费提供中国公民、法人或者其他组织已经发表的种植养殖、防病治病、防灾减灾等与扶助贫困有关的作品和适应基本文化需求的作品，网络服务提供者应当在提供前公告拟提供的作品及其作者、拟支付报酬的标准。自公告之日起30日内，著作权人不同意提供的，网络服务提供者不得提供其作品；自公告之日起满30日，著作权人没有异议的，网络服务提供者可以提供其作品，并按照公告的标准向著作权人支付报酬。网络服务提供者提供著作权人的作品后，著作权人不同意提供的，网络服务提供者应当立即删除著作权人的作品，并按照公告的标准向著作权人支付提供作品期间的报酬。

依照前款规定提供作品的，不得直接或者间接获得经济利益。

◆ 知识精要

本条规定了合理使用及法定许可使用权利人作品时，使用者还应履行相关的义务。如果使用人未履行相关义务，则侵犯了权利人的合法权利，应当承担侵权责任。

依照本条例规定不经著作权人许可、通过信息网络向公众提供其作品的，还应当遵守下列规定。

1. 除本条例第6条第1项至第6项、第7条规定的情形外，不得提供作者事先声明不许提供的作品

本条例第6条和第7条规定了作品的合理使用问题。第8条和第9条规定了法定许可。一般情况下，对作品的合理使用和法定许可时，使用者向公众提供作品时无须取得著作权人许可。但是如果著作权人事先声明不许提供的，除下述情形外，使用者必须尊重著作权人的声明，不能违背著作权人的意志，否则将构成侵权：

（1）为介绍、评论某一作品或者说明某一问题，在向公众提供的作品中适当引用已经发表的作品；

（2）为报道时事新闻，在向公众提供的作品中不可避免地再现或者引用已经发表的作品；

（3）为学校课堂教学或者科学研究，向少数教学、科研人员提供少量已经发表的作品；

（4）国家机关为执行公务，在合理范围内向公众提供已经发表的作品；

（5）将中国公民、法人或者其他组织已经发表的、以汉语言文字创作的

作品翻译成的少数民族语言文字作品，向中国境内少数民族提供；

（6）不以营利为目的，以盲人能够感知的独特方式向盲人提供已经发表的文字作品；

（7）图书馆、档案馆、纪念馆、博物馆、美术馆等在没有经济利益的前提下通过信息网络向本馆馆舍内服务对象提供本馆收藏的合法出版的数字作品和依法为陈列或者保存版本的需要以数字化形式复制的作品。

反过来讲，即使著作权人声明作品不得使用，使用者在上述七种情形下向公众提供了著作权人的作品，使用者也不构成侵权。

除上述七种情形外，使用人需要尊重著作权人的声明，著作权人声明不许提供的，不得提供。具体情形包括：

（1）向公众提供在信息网络上已经发表的关于政治、经济问题的时事性文章；

（2）向公众提供在公众集会上发表的讲话；

（3）为通过信息网络实施九年制义务教育或者国家教育规划，使用已经发表作品的片断或者短小的文字作品、音乐作品或者单幅的美术作品、摄影作品制作课件，由制作课件或者依法取得课件的远程教育机构通过信息网络向注册学生提供；

（4）为扶助贫困，通过信息网络向农村地区的公众免费提供中国公民、法人或者其他组织已经发表的种植养殖、防病治病、防灾减灾等与扶助贫困有关的作品和适应基本文化需求的作品。

2. 指明作品的名称和作者的姓名（名称）

无论是在合理使用情况下还是在法定许可情况下，使用者必须尊重作者的人身权利，必须指明作品的名称和作者的姓名（名称）。作品的名称是指作者发表作品时标注的名称，使用者不得擅自更改作品的名称。作者的姓名（名称）是指作品发表时作者所署名称或姓名，如果当时作者署名为笔名，使用者无须为其还原，署上作者的笔名即可。

3. 依照本条例规定支付报酬

在本条例第 8 条和第 9 条均规定了在法定许可情况下，作品的使用者应该向著作权人支付报酬。关于支付报酬的标准，第 9 条规定网络服务提供者可以自行制定支付报酬的标准并提前 30 日公告，著作权人不同意的，网络服务提供者不得提供其作品；自公告之日起满 30 日，著作权人没有异议的，网络服务提供者可以提供其作品，并按照公告的标准向著作权人支付报酬。网络服务提供者提供著作权人的作品后，著作权人不同意提供的，网络服务提供者应当立即删除著作权人的作品，并按照公告的标准向著作权人支付提供作品期间的报酬。在第 8 条的法定许可情况下，没有赋予使用人制定支付报酬标准的权利，使用者应该按照法定许可使用作品的付酬标准支付。目前，我国规定了出版文字的"法定许可"使用作品付酬标准，但该规定不适用网上使用作品等情况。

为便于了解法定许可的付酬标准，现将法定许可付酬标准介绍如下：

（1）使用文字作品付酬标准。根据《使用文字作品支付报酬办法》，[①] 报刊刊载作品，不足 500 字的按千字作半算；超过 500 字不足千字的按千字计算。报刊刊载未发表的作品，除合同另有约定外，应当自刊载后 1 个月内按每千字不低于 100 元的标准向著作权人支付报酬。报刊转载、摘编其他报刊已发表的作品，应自报刊出版之日起 2 个月内按每千字不低于 100 元的付酬标准向著作权人付酬。在数字或者网络环境下使用文字作品，除合同另有约定外，使用者可以参照本办法规定的付酬标准和付酬方式付酬。

（2）法定许可使用作品支付标准。根据《教科书法定许可使用作品支付报酬办法》，文字作品：每千字 300 元，不足千字的按千字计算；音乐作品：每首 300 元；美术作品、摄影作品：每幅 200 元，用于封面或者封底的，每幅 400 元；在与音乐教科书配套的录音制品教科书中使用的已有录音制品：每首 50 元。支付报酬的字数按实有正文计算，即以排印的版面每行字数乘以全部实有的行数计算。占行题目或者末尾排印不足一行的，按一行计算。诗词每十行按一千字计算；不足十行的按十行计算。非汉字的文字作品，按照相同版面同等字号汉字数付酬标准的 80% 计酬。教科书出版发行存续期间，教科书汇编者应当每年向著作权人支付一次报酬。报酬自教科书出版之日起

[①]《使用文字作品支付报酬办法》经 2014 年 8 月 21 日国家版权局局务会议通过，并经国家发展和改革委员会同意，2014 年 9 月 23 日公布，自 2014 年 11 月 1 日起施行。

2个月内向著作权人支付。

根据《中华人民共和国著作权法实施条例》（以下简称《著作权法实施条例》）第32条，依照《著作权法》第23条、第33条第2款、第40条第3款的规定，使用他人作品的，应当自使用该作品之日起2个月内向著作权人支付报酬。根据法定许可著作权使用的相关规定，国家版权局指定中国著作权使用报酬收转中心负责收取作品使用者以法定许可方式使用著作权人的作品后依法应付的报酬并将其转递给著作权人。2004年5月，经国家版权局同意，中国版权保护中心将报酬收转工作转由中华版权代理总公司负责。

4. 采取技术措施，防止本条例第7条、第8条、第9条规定的服务对象以外的其他人获得著作权人的作品，并防止本条例第7条规定的服务对象的复制行为对著作权人利益造成实质性损害

本条例第7条、第8条、第9条均规定了具体的服务对象，超出这些服务对象将不适用法定许可，必须取得著作权人的许可，否则将构成侵权。

本条例第7条规定的服务对象仅限于图书馆等本馆馆舍内服务对象，即图书馆等只能在本馆局域网内向读者等提供作品，不能向外网提供；并且应该限制读者等的复制行为，防止给著作权人造成实质性损害。例如，图书馆如果允许读者全部复制作品将会给著作权人造成实质性损害，因为这样的话，读者可以不用买书了，直接损害了著作权人的经济利益。因此，图书馆等在通过信息网络向服务对象提供作品时必须限制读者的复制行为。

本条例第8条规定的服务对象为通过信息网络实施九年制义务教育或者国家教育规划的注册学生，第9条规定的服务对象为农村地区的公众。使用者向上述服务对象提供作品时应该采取必要的措施，防止其他人获得著作权人的作品。采用的技术措施通常包括设置用户名和密码，对符合条件的用户颁发证书和密码，用户可通过证书和密码登录网站，使用作品。这样可最大限度地限制服务对象以外的人使用著作权人的作品。

5. 不得侵犯著作权人依法享有的其他权利

在合理使用和法定许可情况下，使用者还应注意保护著作权人的其他权利，如保护作品的修改权。使用者在使用作品时不得擅自修改作品，不得擅自歪曲作品。

◆ 经典案例 12

沈某与上海镁网科技有限公司、来科思信息服务（上海）有限公司著作权侵权纠纷案

【案情简介】

原告沈某诉被告上海镁网科技有限公司（以下简称镁网公司）、来科思信息服务（上海）有限公司（以下简称来科思公司）著作权侵权纠纷。原告诉称，原告系网络撰稿人，网名 sz1961sy。两被告拥有的网站（域名为 www.lycosasia.com.cn）上刊登的《中美黑客攻防战》等四篇文章系原告作品，著作权属于原告。两被告未经原告许可使用并擅自删改原告作品，且不予署名并拒不支付稿酬，侵犯了原告对作品的署名权、使用权、获得报酬权和修改权，请求法院判令两被告在新浪网和被告网站上向原告公开赔礼道歉，并支付原告稿酬人民币 3890 元，经济损失人民币 1 万元。

两被告辩称，原告未能提供充分证据证明原告是系列作品的作者，被告方依据来科思公司与千龙新闻网的协议从千龙新闻网上转载系列作品，没有主观过错，不构成侵权。

根据原告、被告的诉辩主张和当庭陈述，双方对下列事实没有异议，法院予以确认：2001 年 5 月 8 日，千龙新闻网（域名为 www.21dnn.com）"IT 茶坊"栏目登载文章《纵观 2001 年中美黑客网站攻防战（4）普通网友与这场网站攻防战关系》；5 月 9 日，该栏目登载《纵观 2001 年中美黑客网站攻防战（5）中美黑客网站攻防战是否伤及无辜？》和《纵观 2001 年中美黑客网站攻防战（6）网络文明工程与国际网络文明的反思》两篇文章；5 月 29 日，该栏目登载《开枪，为 Chinabyte 送行！（上）（中）》两篇文章；5 月 30 日，该栏目又登载了《开枪，为 Chinabyte 送行！（下）》一文。上述文章标题下方均有"sz1961sy"的署名和"原创首发"字样，文末均声明："本文版权归作者本人所有，除了千龙新闻网一家以外，未经作者许可，严禁任何形式的转载和发表。"除《开枪，为 Chinabyte 送行！（上）（中）（下）》外，另三篇文章标题左下方均标有"千龙新闻网、沈某"字样。

来科思中国网系两被告合作经营的网站，域名为 www.lycosasia.com.cn。

2001年5月9日、5月11日、5月30日,该网站"新闻焦点"频道的"I. T. 科技栏目"下的"新闻内容"中先后登载了四篇文章,标题分别为《中美黑客攻防战》《中美黑客伤及无辜?》《中美黑客网站攻防战纵观》和《开枪,为Chinabyte送行!》,总字数约为7780字。其中,《中美黑客伤及无辜?》一文标题下方标注"摘自:千龙新闻网",其余三篇文章标题下方标注"摘自:千龙新闻网 sz1961sy"。

2001年1月9日,被告来科思公司与北京千龙新闻网络传播有限责任公司(简称千龙公司)签订协议书一份,该协议约定:千龙公司作为千龙新闻网(域名为www.21dnn.com)的经营者,许可来科思公司"在来科思亚洲网络中使用千龙新闻网的全部新闻以及其他经双方同意之内容",来科思公司"有权浏览、选择、放弃、复制、重新格式化、登载、展示及传送内容",并"可以在乙方(千龙公司)网络上直接提取乙方的内容"。千龙公司"保证其对内容享有合法之权利,并有权许可甲方(来科思公司)按本协议所列方式使用内容"。

庭审中,原告将被告网站使用的文章与原告的作品进行了比对:《中美黑客攻防战》一文内容与《纵观2001年中美黑客网站攻防战(4)普通网友与这场网站攻防战关系》一文内容完全一致;《中美黑客伤及无辜?》一文选取了《纵观2001年中美黑客网站攻防战(5)中美黑客网站攻防战是否伤及无辜?》一文的第三部分;《中美黑客网站攻防战纵观》一文内容与《纵观2001年中美黑客网站攻防战(6)网络文明工程与国际网络文明的反思》一文内容完全一致;《开枪,为Chinabyte送行!》一文选取了《开枪,为Chinabyte送行!(上)(中)》两篇文章,未选取《开枪,为Chinabyte送行!(下)》。被告对这一比对结果没有异议。

以上事实,有原告下载的经营性网站备案登记信息、上海市通信管理局登记信息、原告主张权利的六篇文章在千龙新闻网"IT茶坊"栏目中的实时打印页面、原告从被告网站上下载系列四篇文章的磁盘和打印件,以及两被告共同提供的来科思公司与千龙公司签订的协议书等证据予以证明。

原告、被告就本案的事实方面主要存在两个争议:一是原告是否系六篇文章的作者,二是原告请求的赔偿数额是否有依据。

针对第一个争议事实，原告提供了千龙公司出具的证明，以证明原告的网名为"sz1961sy"，是系列作品的作者。

两被告对该证据的真实性没有异议，但认为该证据形成于2000年11月，只能证明在此之前该网名属于原告，但不足以证明2001年5月该网名仍属于原告。被告对本节争议事实未提供反证。

鉴于被告对原告的证据真实性不持异议，法院对该证据予以确认，并据此认定下列事实：千龙公司2000年11月28日出具证明称："今有千龙新闻网特约撰稿人沈某，在本网发表稿件时采用'sz1961sy'的笔名，特此证明！"

针对第二个争议事实，原告提供了《写作网校招生简章》等四份从互联网上下载的资料，用以证明网站用稿的稿费标准可达每千字500元人民币；原告另提供交通费、律师服务费、查询费等费用的发票或凭证若干，用以证明原告为诉讼支出的合理费用。两被告对原告提供的上述证据的真实性均表示认可，但认为除律师服务费发票外的证据均与案件争议缺乏直接关联。

根据被告的质证意见和法院对证据的审查，法院认为，原告提供的四份下载资料对网站用稿的稿酬标准不具有普遍的证明意义，与本案的争议缺乏直接关联，法院不予确认；原告提供的发票或凭证中关于聘请律师、工商调查和原告来往上海的部分属合理的诉讼支出，可以确认，其他未能说明合理用途的部分不予确认。

庭审中，原告将其主张的赔礼道歉方式变更为：请求判令两被告在新浪网或者千龙新闻网以及来科思中国网站上向原告赔礼道歉。

法院认为，本案是一起网络著作权侵权纠纷，原告的作品完成时间以及被告使用作品的时间均在2001年修正的《著作权法》实施日之前，故本案应当适用1990年颁布的《著作权法》。

【争议焦点】

1. 原告沈某是否为六篇系列作品的著作权人？
2. 两被告依据来科思公司与千龙公司的协议转载千龙新闻网上传播的原告文章是否合法？

【案件分析】

1. 原告沈某是否为六篇系列作品的著作权人

1990年颁布的《著作权法》第11条第4款规定:"如无相反证明,在作品上署名的公民、法人或者非法人单位为作者。"千龙新闻网"IT茶坊"栏目传播的《纵观2001年中美黑客网站攻防战(4)普通网友与这场网站攻防战关系》等六篇系列文章均有"sz1961sy"的署名,原告为证明其是这些作品的作者,提供了千龙新闻网的经营者千龙公司出具的证明,该证明明确原告沈某作为千龙新闻网的特约撰稿人,在该网站发表文章时使用"sz1961sy"的网名。此外,上述六篇文章中的三篇在标注"sz1961sy"署名的同时,还标注了"千龙新闻网、沈某"的署名。上述两组证据相互印证,可以证明原告沈某与网名"sz1961sy"的同一对应关系。法院认为,署名权是作者依法享有的著作权的人身权,作者在发表作品时,有权选择在作品上署名或不署名,署真名或者别名、化名。现原告沈某在千龙新闻网上发表文章时使用了"sz1961sy"的署名方式,两被告虽然对原告的作者身份持有异议,但未能提供相反证据支持自己的抗辩,法院对两被告的异议不予采信。据此,可以认定原告沈某为系争六篇文章的著作权人。

2. 两被告依据来科思公司与千龙公司的协议转载千龙新闻网上传播的原告文章是否合法

经比对,两被告共同经营的来科思网站登载的《中美黑客攻防战》等四篇文章与原告主张权利的六篇文章内容基本一致,均标注"摘自:千龙新闻网"字样,两被告的行为系转载、摘编在千龙新闻网上传播的原告作品。两被告认为,根据被告来科思公司与千龙公司签订的协议,来科思中国网站有权使用千龙新闻网的相关内容,故两被告的行为不构成对原告著作权的侵犯。两被告的这一辩解能否成立,应当根据法律和最高人民法院的司法解释,结合本案的事实作出综合分析判断。首先,著作权是著作权人在法定期限内对其作品享有的专有权利,1990年颁布的《著作权法》第23条规定:"使用他人作品应当同著作权人订立合同或者取得许可,本法规定可以不经许可的除外。"由此可见,除法律另有规定外,未经著作权人许可和转让,他人均无权使用作品。其次,千龙公司是提供内容服务的网络服务提供者,非受著作

第十条　【实施合理使用和法定许可的法定义务】　|　091

权人委托,其他网络服务提供者与千龙公司签订的许可协议不能对抗著作权人。何况,来科思公司与千龙公司的协议中除明确约定前者可使用千龙新闻网的新闻外,对来科思公司有权使用的其他内容未作明确约定,而原告主张权利的作品显然不属于新闻的范畴,现两被告以该协议说明其有权使用该系列作品显然缺乏依据。再次,《最高人民法院关于审理涉及计算机网络著作权纠纷案件适用法律若干问题的解释》第3条规定:"已在报刊上刊登或者网络上传播的作品,除著作权人声明或者上传该作品的网络服务提供者受著作权人的委托声明不得转载、摘编的以外,网站予以转载、摘编并按有关规定支付报酬、注明出处的,不构成侵权……"根据该规定可以推断,对著作权人声明不得转载、摘编的作品,网站仍予以转载、摘编的,是一种侵犯著作权的行为。最后,原告主张权利的作品登载在千龙新闻网时均做了明确声明,禁止千龙新闻网以外的媒体转载或发表这些作品。两被告作为互联网服务商,应当在网络信息经营活动中尊重著作权人的权利,自觉维护网络环境下对作品使用的正常秩序,不应无视著作权人的声明,擅自转载、摘编他人禁止转载的作品。两被告共同经营的来科思中国网站在转载和摘编原告作品时,将原告的《开枪,为Chinabyte送行!》的上部和中部合并为一篇文章,《中美黑客伤及无辜?》一文摘编了原告相关文章的一部分,且未予署名。两被告使用系列作品时,均未向原告支付报酬,两被告的上述行为侵犯了原告对作品享有的署名权、使用权和获得报酬权,应当承担停止侵权、赔偿损失和公开赔礼道歉的法律责任。

鉴于原告未能提供充分的证据证明其所主张的每千字500元人民币的网络稿酬标准和经济损失的依据,在两被告非法获利难以计算的情况下,法院根据两被告的主观过错、实施侵权行为的次数、持续时间、影响范围等情节,以及原告为诉讼支出的合理费用等因素酌情确定两被告应当承担的经济赔偿数额。据此,依照《著作权法》第45条第5和6项、《最高人民法院关于审理涉及计算机网络著作权纠纷案件适用法律若干问题的解释》第3条之规定,判决:(1)被告镁网公司、来科思公司于本判决生效之日起立即停止侵犯原告沈某的著作权的行为,将《中美黑客攻防战》《中美黑客伤及无辜?》《中美黑客网站攻防战纵观》和《开枪,为Chinabyte送行!》等四篇文章从来科思中国网站（域名为www.lycosasia.com.cn）上移除；（2）被告镁网公司、来科思公司于本判决生效之日起10日内共同赔偿原告沈某经济损失人民币10 000元，互负连带责任；（3）被告镁网公司、来科思公司于本判决生效之日起15日内在千龙新闻网（域名为www.21dnn.com）和来科思中国网站（域名为www.lycosasia.com.cn）的首页上连续三天刊登声明，公开向原告沈某赔礼道歉，声明内容需经法院审核。

【引以为鉴】

《信息网络传播权保护条例》第6条规定，向公众提供在信息网络上已经发表的关于政治、经济问题的时事性文章，可以不经权利人许可，不向权利人支付报酬。《信息网络传播权保护条例》第10条规定，向公众提供在信息网络上已经发表的关于政治、经济问题的时事性文章，不得提供作者事先声明不许提供的作品。本案中，假设原告发表的是时事性文章，来科思中国网站转载原告的文章是否侵权呢？根据本案的情况，被告仍然存在侵权，应该承担民事责任，其原因是：（1）违反《信息网络传播权保护条例》第10条第1项规定，提供了作者已经声明不得提供的作品；（2）违反《信息网络传播权保护条例》第10条第2项规定，未指明作者的姓名。

> **第十一条** 【表演和录音录像制品信息网络传播权的保护】
>
> 通过信息网络提供他人表演、录音录像制品的，应当遵守本条例第六条至第十条的规定。

◆ 相关法律规定

《中华人民共和国著作权法》

第二十二条 在下列情况下使用作品，可以不经著作权人许可，不向其支付报酬，但应当指明作者姓名、作品名称，并且不得侵犯著作权人依照本法享有的其他权利：

（一）为个人学习、研究或者欣赏，使用他人已经发表的作品；

（二）为介绍、评论某一作品或者说明某一问题，在作品中适当引用他人已经发表的作品；

（三）为报道时事新闻，在报纸、期刊、广播电台、电视台等媒体中不可避免地再现或者引用已经发表的作品；

（四）报纸、期刊、广播电台、电视台等媒体刊登或者播放其他报纸、期刊、广播电台、电视台等媒体已经发表的关于政治、经济、宗教问题的时事性文章，但作者声明不许刊登、播放的除外；

（五）报纸、期刊、广播电台、电视台等媒体刊登或者播放在公众集会上发表的讲话，但作者声明不许刊登、播放的除外；

（六）为学校课堂教学或者科学研究，翻译或者少量复制已经发表的作品，供教学或者科研人员使用，但不得出版发行；

（七）国家机关为执行公务在合理范围内使用已经发表的作品；

（八）图书馆、档案馆、纪念馆、博物馆、美术馆等为陈列或者保存版本的需要，复制本馆收藏的作品；

（九）免费表演已经发表的作品，该表演未向公众收取费用，也未向表演者支付报酬；

（十）对设置或者陈列在室外公共场所的艺术作品进行临摹、绘画、摄影、录像；

（十一）将中国公民、法人或者其他组织已经发表的以汉语言文字创作的作品翻译成少数民族语言文字作品在国内出版发行；

（十二）将已经发表的作品改成盲文出版。

前款规定适用于对出版者、表演者、录音录像制作者、广播电台、电视台的权利的限制。

第二十三条　为实施九年制义务教育和国家教育规划而编写出版教科书，除作者事先声明不许使用的外，可以不经著作权人许可，在教科书中汇编已经发表的作品片段或者短小的文字作品、音乐作品或者单幅的美术作品、摄影作品，但应当按照规定支付报酬，指明作者姓名、作品名称，并且不得侵犯著作权人依照本法享有的其他权利。

前款规定适用于对出版者、表演者、录音录像制作者、广播电台、电视台的权利的限制。

◆ 知识精要

本条规定了表演、录音录像制品和作品一样，依据本条例第 6 条至第 10 条的规定予以合理使用和法定许可。使用条件和程序与作品的合理使用、法定许可完全相同。

根据《著作权法实施条例》的规定，表演者是指演员、演出单位或者其他表演文学、艺术作品的人。录音制品是指任何对表演的声音和其他声音的录制品。录像制品是指电影作品和以类似摄制电影的方法创作的作品以外的任何有伴音或者无伴音的连续相关形象、图像的录制品。录音制作者是指录音制品的首次制作人。录像制作者是指录像制品的首次制作人。

通过信息网络提供他人表演、录音录像制品涉及表演者权、录制者权。这两种权利中分别含有表演者的信息网络传播权、录音制作者和录像制作者的信息网络传播权，因此，表演者和录音录像制作者的信息网络传播权既要受保护，同时为了公共利益，也应允许合理使用和法定许可使用。

◆ 经典案例 13

黄某诉北京看网信息技术有限公司侵犯表演者权纠纷上诉案

【案情简介】

上诉人北京看网信息技术有限公司（以下简称看网信息公司）因侵犯表演者权纠纷一案，不服北京市第一中级人民法院判决，向北京市高级人民法院提起上诉。

2004 年，由黄某演唱的歌曲 CD 专辑《一个人的战役》出版发行，其中收录有《地铁》《一个人的战役》《野菊花》《改变》《少不了》《I Can》《塞维利亚黄昏》《暴雨将至》《黄氏情歌》《台风》共 10 首歌曲。

2006 年 3 月 16 日，看网信息公司在其经营的网址为 bala.com.cn 网站上向公众提供了以下歌曲的在线免费试听播放服务：《一个人的战役》专辑，其中包括《地铁》《一个人的战役》《野菊花》《改变》《少不了》《I Can》《塞维利亚黄昏》《暴雨将至》《黄氏情歌》《台风》10 首歌曲。黄某申请上海市静安区公证处为下载上述 10 首歌曲的过程进行了公证，并于 2006 年 3

第十一条 【表演和录音录像制品信息网络传播权的保护】 | 095

月30日出具了（2006）沪静证经字第174号公证书。上述10首歌曲的表演者是黄某。2006年7月，看网信息公司已将上述10首歌曲从其网站页面上删除。

北京市第一中级人民法院认为：看网信息公司未经黄某许可，在其所属网站上向公众无偿播出了黄某享有表演者权的10首歌曲，其行为侵犯了黄某享有的表演者权，即侵犯了黄某享有的许可他人通过信息网络向公众传播其表演，并获得报酬的权利。看网信息公司应当为此承担停止侵权、赔偿损失的民事责任。法院酌情考虑看网信息公司实施侵权行为的主观过错程度、涉案歌曲的数量、播放涉案歌曲的方式以及其他侵权后果，以每首歌曲1000元为基准酌情确定看网信息公司应当承担的赔偿数额。鉴于看网信息公司已经将涉案歌曲从其经营的网站页面上删除，法院不再判令看网信息公司停止涉案侵权行为。

北京市第一中级人民法院依据《著作权法》第37条第1款第6项、第47条第3项、第48条第2款之规定，判决：（1）看网信息公司赔偿黄某经济损失1万元、合理诉讼支出1000元，两项合计11 000元；（2）驳回黄某的其他诉讼请求。

看网信息公司不服原审判决，提起上诉，请求依法改判，以维护看网信息公司的合法权益。理由是：看网信息公司在其网站上明确标示了音乐内容是华文音乐公司所提供，同时也公开了自己的名称、地址和联系方式；看网信息公司没有实施任何改变华文音乐公司所提供的黄某所表演歌曲的行为；看网信息公司不知道也没有合理的理由应当知道华文音乐公司所提供的作品、表演、录音录像制品侵权；看网信息公司只是提供了一个免费的在线试听的网络服务，未获得经济利益；在得知情况后便积极采取了措施，将被控侵权的歌曲全部从其网站上删除。看网信息公司作为提供信息存储空间的网络服务提供者，其行为完全符合《信息网络传播权保护条例》的相关规定，依法不应承担赔偿责任。看网信息公司没有付费下载服务，也没有刊登广告，没有从中获得任何直接和间接的经济利益。原审判决关于看网信息公司侵犯了黄某的财产权的认定是错误的。

北京市高级人民法院审理后认为，看网信息公司的上诉请求和理由缺乏事实和法律依据，不应支持；原审判决认定事实清楚，适用法律正确。最后依法驳回上诉，维持原判。

【争议焦点】

看网信息公司是否侵犯黄某的信息网络传播权？

【案件分析】

根据《著作权法》的规定，表演者享有许可他人通过信息网络向公众传播其表演，并获得报酬的权利。他人未经表演者许可，擅自通过信息网络向公众传播表演者表演的作品的应当承担侵权责任。本案中，看网信息公司未经黄某许可，在其所属网站上向公众播放黄某表演的涉案CD专辑中的10首歌曲，其行为构成了对黄某作为表演者所享有的信息网络传播权的侵犯，应当承担相应的侵权责任。

看网信息公司在其网站上向公众提供涉案歌曲的试听服务的行为，并非《信息网络传播权保护条例》第22条所称的为服务对象提供信息存储空间的网络服务的行为，因此其关于一审法院适用法律错误的相关上诉理由缺乏法律依据。虽然看网信息公司是以免费播放涉案歌曲的方式提供服务，但其行为仍然构成对黄某财产权的损害。看网信息公司关于其没有从中直接或间接获得经济利益因而不应承担赔偿责任的上诉主张亦于法无据。一审法院在确定看网信息公司应当承担的赔偿数额时，酌情考虑了看网信息公司实施侵权行为的主观过错程度、播放涉案歌曲的方式以及其他侵权后果，其中包括免费播放等因素。一审法院根据上述因素以每首歌曲1000元为基准，同时考虑播放涉案歌曲的数量，酌情确定赔偿数额，并无不当。

【引以为鉴】

对于直接向用户提供内容服务的网站，如果其提供作品的情形不符合合理使用和法定许可的情况，也不属于为服务对象提供信息存储空间的网络服务的行为，其不管是否获得经济利益，均应承担法律责任。因此，向用户提供内容的网站必须对其使用的作品事先获得权利人的许可，否则将构成侵权。

第十二条 【技术措施保护的例外限制】

属于下列情形的，可以避开技术措施，但不得向他人提供避开技术措施的技术、装置或者部件，不得侵犯权利人依法享有的其他权利：

（一）为学校课堂教学或者科学研究，通过信息网络向少数教学、科研人员提供已经发表的作品、表演、录音录像制品，而该作品、表演、录音录像制品只能通过信息网络获取；

（二）不以营利为目的，通过信息网络以盲人能够感知的独特方式向盲人提供已经发表的文字作品，而该作品只能通过信息网络获取；

（三）国家机关依照行政、司法程序执行公务；

（四）在信息网络上对计算机及其系统或者网络的安全性能进行测试。

◆ 知识精要

本条规定了避开技术措施使用本条例保护对象的合法情形，是本条例规定的对权利人采取技术措施的保护的限制，符合本条规定情形的行为是合理规避行为。

技术措施，是指用于防止、限制未经权利人许可浏览、欣赏作品、表演、录音录像制品的或者通过信息网络向公众提供作品、表演、录音录像制品的有效技术、装置或者部件。技术措施保护是必要的，但对技术措施保护并不是绝对的，国际上一般认为对技术措施法律保护的例外和豁免主要情况包括：（1）为研究目的所进行的反向工程；（2）执法和情报活动；（3）加密研究；（4）安全测试；（5）保护个人身份信息；（6）对非营利性图书馆、档案馆和教育机构的豁免。

根据本条规定，合理避开技术措施，须遵守两项义务：一是不得公开相关技术、装置或者部件；二是不得损害权利人的其他合法权利。另外，教学科研机构采取合理的避开措施的前提是相关作品、表演、制品只能通过信息网络获取（唯一性），如果能够通过其他渠道获得相关作品、表演和制品，则不得避开技术措施；同样，对于不以营利为目的，通过信息网络以盲人能够感知的独特方式向盲人提供已经发表的文字作品采取合理的避开措施的前提也是该作品只能通过信息网络获取（唯一性），如果能够通过其他渠道获得相关文字作品，则不得避开技术措施；国家行政机关、司机机关仅可在执行公务时，采取合理的避开技术措施。任何人在信息网络上对计算机及其系统或网络安全性能进行测试时均可采取合理的避开技术措施。但不得侵犯权利人依法享有的其他权利。

> **第十三条** 【网络服务提供者提供服务对象信息义务】
> 著作权行政管理部门为了查处侵犯信息网络传播权的行为，可以要求网络服务提供者提供涉嫌侵权的服务对象的姓名（名称）、联系方式、网络地址等资料。

◆ 相关法律规定

《最高人民法院关于审理利用信息网络侵害人身权益民事纠纷案件适用法律若干问题的规定》

第四条 原告起诉网络服务提供者，网络服务提供者以涉嫌侵权的信息系网络用户发布为由抗辩的，人民法院可以根据原告的请求及案件的具体情况，责令网络服务提供者向人民法院提供能够确定涉嫌侵权的网络用户的姓名（名称）、联系方式、网络地址等信息。

网络服务提供者无正当理由拒不提供的，人民法院可以依据民事诉讼法第一百一十四条的规定对网络服务提供者采取处罚等措施。

原告根据网络服务提供者提供的信息请求追加网络用户为被告的，人民法院应予准许。

◆ 知识精要

本条规定了著作权行政管理部门查处侵犯信息网络传播权的行为时的相关权力以及网络服务提供者提供涉嫌侵权的服务对象的信息的义务。

1. 网络服务提供者的配合调查义务

在我国，国家版权局负责全国的著作权行政管理工作。大部分侵犯信息网络传播权的行为只涉及平等民事主体间的民事关系，但有些性质较为严重的侵权行为同时也涉及公共利益，如扰乱市场秩序。这时，著作权行政管理部门就要根据举报或依职权主动采取措施，及时制止和查处侵权行为。相比于法院的诉讼，对于制止侵权，行政处理更为主动、快捷、简便；而法院则是不告不理，诉讼程序漫长，而且还需要当事人自己收集证据，增加了当事人维权的难度。

本条规定赋予了行政管理部门调查取证权，有力地保障了行政管理部门查处侵犯信息网络传播权的行为。

著作权行政管理部门为了查处侵犯信息网络传播权的行为，在调查取证时，可以要求网络服务提供者提供涉嫌侵权的服务对象的姓名（名称）、联系方式、网络地址等资料。如果网络服务提供者拒绝提供或者无法提供的，根据最高人民法院的司法解释，提供内容服务的网络服务提供者，对著作权人要求其提供侵权行为人在其网络的注册资料以追究行为人的侵权责任，无正当理由拒绝提供的，人民法院可以依据《民事诉讼法》第114条的规定对网络服务提供者采取处罚等措施。《民事诉讼法》第114条规定，有义务协助调查的单位，拒绝或者妨碍人民法院调查取证的，人民法院除责令其履行协助义务外，并可以予以罚款。同时，人民法院可以对其主要负责人或者直接责任人员予以罚款；对仍不履行协助义务的，可以予以拘留；并可以向监察机关或者有关机关提出予以纪律处分的司法建议。对个人的罚款金额，为人民币10万元以下。对单位的罚款金额，为人民币5万元以上100万元以下。

实践中，网络服务提供者对涉嫌侵权者的姓名和联系方式不一定掌握，但对于网络地址肯定是可以提供的。著作权行政管理部门可以根据网络地址找到侵权者。

2. 网络服务提供者的概念

（1）网络服务提供者的理论分类

在互联网发展过程中，网络服务提供者是不可或缺的重要机构。何谓网络服务提供者？目前，理论界针对这一问题的研究有三种观点。第一种观点认为，"网络服务提供者（Internet Service Provider，ISP）仅指网络接入服务的提供者，从属于网络服务者的概念，是与网络内容提供者（Internet Content

Provider，ICP）并行的概念"①。第二种观点认为，"网络服务提供者根据提供服务内容的不同，可分为网络内容提供者与网络技术服务提供者，后者又可以分为接入服务提供者（Internet Access Provider，IAP）与网络平台提供者（Internet Platform Provider，IPP）"②。第三种观点认为，网络服务提供者存在许多类别，主要包括网络基础设施经营者、接入服务提供者、主机服务提供者、电子公告板系统经营者、信息搜索工具提供者等 5 类。他们的共同特征是本身不提供信息传播服务，也不筛选信息，完全是根据网络用户的指令传输信息。上述三种观点都按照网络服务提供者的不同功能作了分类，但对于网络服务提供者的含义与范围大小却存在不同的看法。

笔者基本上赞同第二种观点，即可以从提供服务的内容上区分为内容服务提供者（ICP）和技术服务提供者（ISP）。内容服务提供者是将信息上传或者置于网络服务器中并向公众提供的服务商；技术服务提供者是通过技术、设备为信息在网络上传播提供中介服务的服务商，基本特征是本身不组织、选择和上传信息，完全按照网络用户的选择传播信息，如接入服务、信息存储空间服务、信息定位服务。实践中，网络服务提供者服务角色多元化，一般可能仅提供一项服务，如信息定位或信息存储空间，但多数同时提供多项服务，如搜狐、新浪等网站，既发布内容，又提供搜索引擎、博客、BBS 等服务，因此这些网站既是内容服务提供者，又是技术服务提供者。即使是技术服务提供者，既可能是缓存服务提供者，又可能是信息存储空间、搜索引擎、链接服务提供者，因此确定服务提供者属于哪一类，不在身份，而在行为，应在个案中确定。

（2）法律法规中网络服务提供者称呼的梳理

我国现行法律法规中对于网络服务提供者的称呼比较混乱，为澄清网络服务提供者的概念，更好地探讨网络服务提供者的法律责任，现简单梳理一下。

第一，《信息网络传播权保护条例》不区分内容服务和技术服务，统称为"网络服务提供者"。

---

① 王利：《从 M - G - M V. Grokster 案再谈 ISP 的法律责任》尾注，http：//www. law - lib. com/lw/lw_ view. asp? no = 1620，访问日期：2010 年 11 月 28 日。

② 乔生：《信息网络传播权研究》，法律出版社，2004，第 78 页。

第十三条　【网络服务提供者提供服务对象信息义务】 | 101

2006年5月10日，国务院第135次常务会议通过的《信息网络传播权保护条例》第9条①首先提到了"网络服务提供者"的概念，根据该条规定的内容，可以推定此处的"网络服务提供者"指的是内容服务提供者。

《信息网络传播权保护条例》第13条规定："著作权行政管理部门为了查处侵犯信息网络传播权的行为，可以要求网络服务提供者提供涉嫌侵权的服务对象的姓名（名称）、联系方式、网络地址等资料。"根据该条规定的内容，可以推定此处的"网络服务提供者"指的是技术服务提供者。此处的"服务对象"包括了内容服务提供者。

从以上规定可以看出，《信息网络传播权保护条例》没有刻意区分内容服务提供者和技术服务提供者。

第二，《互联网著作权行政保护办法》提出了"互联网内容提供者"和"互联网信息服务提供者"的划分，实质划分了"内容服务提供者"和"技术服务提供者"。

国家版权局和信息产业部2005年4月29日发布了《互联网著作权行政保护办法》。在该办法中提出了"互联网内容提供者"和"互联网信息服务提供者"的概念。该办法第2条第3款规定："本办法所称'互联网内容提供者'指在互联网上发布内容的上网用户。"

该办法第2条第1款间接给出了"互联网信息服务提供者"的概念，互联网信息服务提供者是指根据互联网内容提供者的指令，通过互联网自动提供作品等内容的上传、存储、链接或搜索等功能，且对存储或传输的内容不进行任何编辑、修改或选择的服务提供者。从其定义来看，"互联网信息服务提供者"就是技术服务提供者。

除了上述定义外，在确定"互联网内容提供者"和"互联网信息服务提

---

① 该条第1款规定："为扶助贫困，通过信息网络向农村地区的公众免费提供中国公民、法人或者其他组织已经发表的种植养殖、防病治病、防灾减灾等与扶助贫困有关的作品和适应基本文化需求的作品，网络服务提供者应当在提供前公告拟提供的作品及其作者、拟支付报酬的标准。自公告之日起30日内，著作权人不同意提供的，网络服务提供者不得提供其作品；自公告之日起满30日，著作权人没有异议的，网络服务提供者可以提供其作品，并按照公告的标准向著作权人支付报酬。网络服务提供者提供著作权人的作品后，著作权人不同意提供的，网络服务提供者应当立即删除著作权人的作品，并按照公告的标准向著作权人支付提供作品期间的报酬。"

供者"的责任上,《互联网著作权行政保护办法》也给出了明确的划分,该办法第 2 条第 2 款明确规定:互联网信息服务活动中直接提供互联网内容的行为,适用《著作权法》。也就是说,互联网内容提供者的侵权行为直接适用《著作权法》予以行政处罚,对于互联网信息服务提供者的行为才适用《互联网著作权行政保护办法》予以处理。

第三,《中华人民共和国民法典》(以下简称《民法典》)第 7 编侵权责任提出了网络用户和网络服务提供者的概念,网络服务提供者的概念等同于网络技术服务提供者的概念。

《民法典》第 1194 条[1]规定了网络用户、网络服务提供者的概念。《民法典》第 1195 条的内容与《信息网络传播权保护条例》有关通知与反通知的规定进行比较,可以得出《民法典》第 1195 条和第 1194 条的网络服务提供者指的是网络技术服务提供者而非网络内容提供者。

(3)《著作权法》意义下的网络服务提供者分类界定

结合网络服务提供者的技术特点,从《著作权法》角度出发,网络服务提供者可以分为以下几类。

第一类,网络服务提供者是网络基础设施建设和提供者,他们为互联网的联网提供光缆、专线、交换机等接入设备,他们提供了互联网的硬件设施,建设了"信息传输公路"。根据《世界知识产权组织版权条约》的规定[2],他们的行为不构成《著作权法》意义上的传播,因此他们不承担著作权侵权责任。

第二类,网络服务提供者是互联网接入服务提供者,他们把用户的终端与自己服务器连接到一起,帮助用户终端接入互联网,使得用户实现访问互联网网页。

---

[1] 《民法典》第 1194 条规定,网络用户、网络服务提供者利用网络侵害他人民事权益的,应当承担侵权责任。法律另有规定的,依照其规定。《民法典》第 1195 条规定,网络用户利用网络服务实施侵权行为的,被侵权人有权通知网络服务提供者采取删除、屏蔽、断开链接等必要措施。通知应当包括构成侵权的初步证据及权利人的真实身份信息。网络服务提供者接到通知后,应当及时将该通知转送相关网络用户,并根据构成侵权的初步证据和服务类型采取必要措施;未及时采取必要措施的,对损害的扩大部分与该网络用户承担连带责任。权利人因错误通知造成网络用户或者网络服务提供者损害的,应当承担责任。法律另有规定的,依照其规定。

[2] 《世界知识产权组织版权条约》第 8 条的议定声明,不言而喻,仅仅为促成或进行传播提供实物设施不致构成本条约或《伯尔尼公约》意义下的传播。

第三类，网络服务提供者是互联网内容提供者。互联网内容提供者可以组织、筛选、编辑信息，然后把信息上传到自己的网页上或者是其他人提供的信息存储空间，供网络用户浏览、下载。互联网内容提供者的信息有些是自己创作的，有些是将他人受著作权保护的信息直接上传到网站上。互联网内容提供者的行为构成了《著作权法》意义下的"传播"行为，如果互联网内容提供者未经著作权人同意，将他人享有著作权的信息上传到网上，互联网内容提供者就会承担著作权侵权责任。

第四类，信息存储空间服务提供者，例如，电子公告板系统（BBS）经营者、博客（微博）空间提供者、聊天室经营者、视频分享平台、资料分享平台。就著作权侵权责任而言，信息存储空间服务提供本身并不直接传播信息，但是他们实质上帮助了他人传播信息。并且上传信息的网民多是匿名上传且不留联系方式，当权利人发现自己的作品被非法上传后，很难找到上传的网民。因此，信息存储空间服务提供者常常成为被控侵权的对象。因此，实践中，信息存储空间服务提供者卷入著作权侵权纠纷的案件比较多。

第五类，是包括搜索服务提供者在内的信息定位服务提供者。互联网的信息量巨大，如何从浩如烟海的信息中寻找我们想要的内容？互联网搜索服务提供者能够帮助我们解决这一问题。国际上知名的搜索引擎服务商包括谷歌和百度。搜索引擎在帮助网络用户找到有用信息的同时，也帮助人们很容易找到网上盗版内容，客观上帮助了侵权作品的扩散，给著作权人带来损害。那么搜索服务商对于这种帮助行为是否应承担著作权侵权责任呢？这是我们需要讨论的问题。除了搜索服务提供者之外，信息定位服务提供者也包括那些链接服务提供者，他们也面临著作权侵权指控。

如前所述，多数互联网服务提供者提供的服务是综合性的。像新浪、搜狐等网站在提供内容的同时，也为用户提供信息存储空间服务（如博客频道、论坛频道）。百度在提供搜索引擎服务时，也为客户提供信息存储空间服务。

概括而言，从提供服务的内容上分类，网络服务提供者可以分为两类：第一类是内容服务提供者，即将信息上传或者以其他方式将信息置于网络服务器中并向公众提供的服务商；第二类是技术服务提供者，他们是通过技术、设备为信息在网络上传播提供中介服务的服务商,基本特征是本身不组织、选择和上传信息,完全按照网络用户的选择传播信息。"《信息网络传播权保护条例》第 20 至 23 条规定的提供自动接入、自动传输、系统缓存、信息存储空间、搜索和链接服务的网络服务提供者均属于技术服务提供者。"[1]

◆ 经典案例 14

北京激动星影视有限公司投诉"华夏影视"网站侵权案

【案情简介】

北京激动星影视有限公司向国家版权局投诉称,"华夏影视"网站 www.52vcd.com 未经许可非法传播《大话西游》《紫日》《谁说我不在乎》等影片,侵犯了投诉人享有的著作权。国家版权局通过网站 IP 地址定位查询,确定该网站服务器位于湖南省长沙电信机房,于是依法将此案件移交湖南省版权局查处。经湖南省版权局调查查明,"华夏影视"网系广东省新兴县谢某某于 2004 年开办的个人网站,未经信息产业部主管部门登记或备案,属于"三无"网站。网站服务器由谢某某之妻刘某某托管在湖南信息港网站分公司机房。谢某某未经著作权人的许可,在服务器内复制了视频、海报和评论等作品,共计 4000 多份,其中可供会员在线观看或下载的影视作品有 1000 多部,包括北京激动星影视有限公司投诉的《紫日》《谁说我不在乎》等电影。上网用户通过汇款、手机短信、购买影卡的方式向谢某某交费成为会员,便可观看或下载影视作品。"华夏影视"目前已拥有会员 600 人左右,非法经营额达到 4 万元,非法所得 2 万元,严重影响了影视作品商业使用的正常秩序。湖南省版权局已责令谢某某停止侵权行为,并对其处以没收侵权网站服务器 1 台、没收违法所得 2 万元、罚款 3 万元、关闭网站的行政处罚。

【案件分析】

本案中,国家版权局接受投诉后,通过网站 IP 地址定位查询,确定该网站服务器位于湖南省长沙电信机房。湖南省版权局根据国家版权局的委托,

---

[1] 陈锦川:《网络技术服务提供者过错认定研究》,载《中国著作权法律百年国际论坛论文集》,中国人民大学,2010。

对"华夏影视"网站的侵权行为进行调查,要求网络服务提供者湖南省长沙电信机房提供网站的开办者的信息资料,最终,湖南省版权局根据湖南省长沙电信机房提供的信息资料找到了侵权者谢某某并对其进行了行政处罚。

【引以为鉴】

如果湖南省长沙电信机房拒绝提供或者无法提供网站开办者的信息,根据最高人民法院的司法解释,北京激动星影视有限公司可以直接起诉湖南省长沙电信机房,要求其承担侵权责任。这就要求网络服务提供者一定要保存好服务对象的信息资料并注意核实服务对象提供的信息资料的真实性,否则可能承担侵权责任。

第十四条　【权利人通知】

对提供信息存储空间或者提供搜索、链接服务的网络服务提供者,权利人认为其服务所涉及的作品、表演、录音录像制品,侵犯自己的信息网络传播权或者被删除、改变了自己的权利管理电子信息的,可以向该网络服务提供者提交书面通知,要求网络服务提供者删除该作品、表演、录音录像制品,或者断开与该作品、表演、录音录像制品的链接。通知书应当包含下列内容:

(一)权利人的姓名(名称)、联系方式和地址;

(二)要求删除或者断开链接的侵权作品、表演、录音录像制品的名称和网络地址;

(三)构成侵权的初步证明材料。

权利人应当对通知书的真实性负责。

◆ **相关法律规定**

《互联网著作权行政保护办法》

第二条　本办法适用于互联网信息服务活动中根据互联网内容提供者的指令,通过互联网自动提供作品、录音录像制品等内容的上载、存储、链接或搜索等功能,且对存储或传输的内容不进行任何编辑、修改或选择的行为。

互联网信息服务活动中直接提供互联网内容的行为，适用著作权法。

本办法所称"互联网内容提供者"是指在互联网上发布相关内容的上网用户。

第五条　著作权人发现互联网传播的内容侵犯其著作权，向互联网信息服务提供者或者其委托的其他机构（以下统称"互联网信息服务提供者"）发出通知后，互联网信息服务提供者应当立即采取措施移除相关内容，并保留著作权人的通知6个月。

第八条　著作权人的通知应当包含以下内容：

（一）涉嫌侵权内容所侵犯的著作权权属证明；

（二）明确的身份证明、住址、联系方式；

（三）涉嫌侵权内容在信息网络上的位置；

（四）侵犯著作权的相关证据；

（五）通知内容的真实性声明。

第十条　著作权人的通知和互联网内容提供者的反通知应当采取书面形式。

著作权人的通知和互联网内容提供者的反通知不具备本办法第八条、第九条所规定内容的，视为未发出。

◆ 知识精要

本条规定了权利人向网络服务提供者发出通知的权利。如果权利人认为网络服务提供者提供的信息存储空间、搜索、链接等服务涉嫌侵犯其权利的，可以向该网络服务提供者提交书面通知，要求网络服务提供者删除或断开链接有关侵权内容。权利人发出通知需要满足如下条件。

（1）发出对象是提供信息存储空间或者提供搜索、链接服务的网络服务提供者，对于直接提供内容的行为，不适用于本条规定。

实践中，权利人可以向直接提供内容的网站发出通知，要求其删除侵权内容，也可以直接起诉提供内容的网站，网站不得以权利人未通知来抗辩。

（2）发出通知的前提是权利人认为存在侵犯自己的信息网络传播权的行

为，包括未经权利人许可，擅自通过网络向公众提供的行为；未经许可删除、改变了自己的权利管理电子信息的行为；未经许可破坏了权利人采取的技术措施行为。权利人在发出通知时应明确存在的是哪种侵权行为。

（3）通知的要求必须明确为要求网络服务提供者删除该作品、表演、录音录像制品，或者断开与该作品、表演、录音录像制品的链接。如果要求不明确，则网络服务提供者无所适从。

（4）通知的形式必须是书面的，不能是口头的。书面形式可以是信函、电报、电传、传真，也可以是电子数据交换和电子邮件等数据电文形式。但是由于电子数据的举证比较麻烦，因此最好是挂号信或者 EMS，这样容易保存证据。

（5）通知书必须包含下述必要的内容：

第一，权利人的姓名（名称）、联系方式和地址，便于网络服务提供者与权利人进行联系和确认。

第二，要求删除或者断开链接的侵权作品、表演、录音录像制品的名称和网络地址；网络地址至关重要，权利人应该明确地告知网络服务提供者提供侵权作品所在的网页的网址，便于网络服务提供者快捷、迅速地予以删除或者断开链接。

第三，构成侵权的初步证明材料。侵权的初步证明材料应该包括两部分：一部分是权利对被侵权作品享有著作权、表演者权和录音录像制品权的证明材料，可以是出版物的版权页或者录音制品出版的封面，也可以是作品登记证书；另一部分是网站构成侵权的证明材料，可以提供刊登权利人作品的网页的打印文件或者拷屏文件，同时应提供详细的网址。

（6）权利人应当对通知书的真实性负责。如果权利人发出的通知书有失误或者存在欺诈行为，给网络服务提供者造成损失的应该予以赔偿，同时可能受到作品提供者的追究。

目前，网站服务的分类比较明确，权利人比较好区分哪些是提供信息存储空间的行为，哪些是直接提供内容的行为。例如，新浪网上的博客、论坛、BBS 等属于提供信息存储空间的行为；而新闻等栏目则是直接提供内容的行为。百度、谷歌等网站是专业提供搜索服务的。

◆ 经典案例 15

浙江东阳天世文化传播有限公司与
北京百度网讯科技有限公司等侵犯著作权纠纷上诉案

【案情简介】

浙江东阳天世文化传播有限公司（以下简称东阳公司）对《魔女幼熙》（又译《魔女游戏》《魔女由姬》）一剧转授权取得在中国大陆地区的独家信息网络传播权。

（2011）沪静证经字第3920号公证书显示，2011年9月30日，打开IE浏览器，在地址栏输入"www.baidu.com"，点击"日韩剧"……在百度搜索页面搜索栏内输入"site：（foass.com）魔女幼熙"，点击"百度一下"，出现若干搜索结果，点击"正在播放魔女幼熙第02集幻想影院"，系使用"百度影音"播放器进行播放，播放中，打开"Microsoft Network Monitor 3.4"软件，对该网站进行IP来源解析，在windows任务管理器的"进程"中选择"baiduP2PServi"一项，在"Frame Details"中存在"Ipv4：Src = 220.181.18.16……"的信息。播放界面右侧显示百度推广的相关链接，链接内容与幻想影院无关。公证书操作过程中并未打开以上百度推广的链接查明以上推广链接是否可以有效打开。东阳公司主张Microsoft Network Monitor 3.4软件是微软系统自带的IP地址检测软件，可以进行IP来源解析，其检测出的"Frame Details"中的"Ipv4：Src = 220.181.18.16……"显示的是侵权网站、侵权视频的IP来源地址，即侵权视频数据源自IP地址为220.181.18.16的服务器。

（2011）沪静证经字第3921号公证书显示，2011年9月30日，登录www.baidu.com，按照点击"关于百度"—"商业中心"—"联盟合作"—"最新公告"—"网络联盟推广合作—点播类视频网站分成新政策"的操作步骤，可以看到以下内容"……尊敬的百度联盟会员，您好：从2011年10月1日起，网盟推广业务合作中点播类视频网站（宽带电影、视频短片、网络电视）合作将实施新的分成政策：网盟推广业务分成比例除根据网站的内容质量、流量、位置等级等众多因素相关之外，从10月1日起将增加与百度播放器的合作情况作为分成比例提升重要因素之一，默认初始分成比例是

55%，最高分成比例可达80%……"百度联盟会员注册协议显示，要成为百度联盟会员，必须按照提示申请并注册，百度联盟审查后，才能成为百度联盟的有效会员。会员使用自己的会员用户名和密码登录百度联盟后台，自行进行代码获取、嵌入等操作。对百度网盟推广合作业务的介绍显示百度联盟网络推广合作业务可以分析您网站页面的内容，并将与主题最相关的百度推广投放到网站相应的页面，为推广客户和网站主带来推广内容投放效益的最大化。东阳公司未提供证据证明幻想影院网站系百度联盟成员以及百度公司与幻想影院网站之间存在通过百度影音软件进行合作分成的关系。

（2011）沪静证经字第4444号公证书显示，经CNNIC IP地址查询，220.181.00 – 220.181.255.255之间的IP地址属于电信分公司的IP地址管控范围。

2011年11月25日，上海天闻律师事务所接受东阳公司的委托，向中国电信股份有限公司北京分公司（以下简称电信分公司）发出律师函，表示：该公司发现幻想影院网站（www.foass.com）上提供《魔女幼熙》等电视剧的在线点播服务，通过技术手段已锁定提供这49部电视剧在线点播服务的服务器对应的IP地址为220.181.18.15，经查询该IP地址属于电信分公司管控的IP地址段。以上49部电视剧的信息网络传播权为东阳公司所有，本律师函随附之权利证明文件可以证明东阳公司为以上49部电视剧在中国大陆地区的独家信息网络传播权人。要求该公司：（1）立即断开该IP地址对应服务器之连接，停止对东阳公司享有著作权的49部电视剧的权利侵害；（2）在收到律师函后的7个工作日内以书面方式向东阳公司告知该IP地址实际使用人的所有相关信息，否则共同承担侵权责任。

2011年11月30日，电信分公司使用ping命令进行了核实，发现律师函中提到的幻想影院www.foass.com网站对应的IP地址实际为74.82.63.102，并非律师函中所提的220.181.18.15。该IP地址74.82.63.102并非电信分公司所管控的IP地址段，且www.foass.com网站在11月30日核实时，已无法打开。

220.181.18.15、220.181.18.16系电信分公司分配给北京百度网讯科技有限公司（以下简称百度公司）使用的IP地址，本案直接侵权人并非百度公司，而是幻想影院网站的经营者；为证明公证书打开"百度影音"播放器时访问到的IP地址，与调用该播放器软件的第三方网站是否有关系，法院组织双方进行了勘验演示，截屏固定了相关网页，制作了勘验截图及笔录，双方当事人对勘验过程和结果均无异议。勘验情况显示：仅开启百度影音播放器软件，即可看到该软件已对外进行了一系列的基础数据交互。一审法院勘验步骤 8～13 及步骤 27～34 显示，无论使用移动无线网卡，还是使用一审法院提供的联通 Wi-Fi，通过 Monitor 检测软件对开启百度影音播放器软件时的基础数据交互情况进行勘验，勘验结果均为"有数据包产生"，表明发生一系列基础数据交互。勘验步骤 15～19 及步骤 20～26 显示，使用 Monitor 软件，分别打开搜狐视频——百度专区及酷 6——百度专区，均可看到，点击播放不同网站的视频时，使用 Monitor 软件抓取、展开其中的 Baidu player 和 Baidu P2P Service 进程（百度影音 P2P 客户端的进程），展现的 IP 地址和涉案 IP 相同，均含有百度公司租用电信分公司的 220.181 的 IP 段，与调用百度影音播放器软件的第三方网站本身的网址没有任何关系。

百度公司据此主张百度影音是基于 P2P 技术进行数据交互的，使用检测软件抓取数据包时，如需要得到访问数据，应该检测 IE 浏览器的播放进程，而东阳公司抓取的是百度影音播放器的播放进程。故东阳公司提供的公证书中看到的只是百度影音软件服务器的 IP 地址及产生的数据包，与涉案幻想影院网站的 IP 地址没有关联；勘验显示，仅开启百度影音播放器软件，即可看出该软件已对外进行了一系列基础数据交互，证明百度影音播放器 P2P 服务器的功能，仅是依据 P2P 技术进行基础数据交互。

（2012）京中信内经证字第 13906 号公证书显示，2012 年 7 月 11 日，登录互联网，在地址栏输入 www.foass.com，显示无法访问该网站。双方当事人均认可，东阳公司发出侵权通知后，幻想影院网站一直处于无法访问状态。

百度公司已做出了将幻想影院的网址与百度影音断链的预防处理。电信分公司表示，幻想影院的 IP 地址不在该公司管控范围，无法断开涉案网站提供涉案电视剧的服务器链接。

在本院庭审中，针对东阳公司要求电信分公司告知 220.181.18.15、220.181.18.16 的 IP 地址使用人，电信分公司未予及时告知一节，电信分公司表示，其接到东阳公司方面的律师函后，发现东阳公司并未附上涉案作品著作权权属依据，只有韩国公司的授权书，并且未作翻译。关于侵权人证据涉及一种以 Monitor 抓包软件抓取的 IP 地址，该软件是否能够正确获取所需地址并不确定，在此，我公司认为东阳公司没有提供其可以请求我公司告知的完整手续，故我公司当时可以拒绝告知。此后在一审期间告知，我公司也不存在任何间接侵权问题。东阳公司认可其没有向电信分公司出示过涉案作品著作权权属证明的事实。

百度公司主张以上地址均系"百度影音"软件服务器的 IP 地址。该服务器功能仅为依据 P2P 中立技术进行基础数据交互，公证书打开"百度影音"播放器时访问到的 IP 地址与调用该播放器软件的第三方网站是何种网站毫无关系。显示的 IP 地址虽是百度公司的，但并不意味着百度公司参与提供了涉案电视剧。

上述事实，有公证书、公证认证证明、授权书、律师函、服务协议、相关截屏页面以及一审法院庭审笔录、勘验笔录，法院审理中的当事人陈述等在案佐证。

东阳公司认为，中国电信股份有限公司北京分公司的行为侵犯了其合法权益，而百度网讯公司的行为则构成了帮助侵权，故依法请求法院判令两被告停止侵权，并赔偿其损失 2 万元。

【争议焦点】
1. 百度公司是否构成如东阳公司所诉的帮助、教唆侵权？
2. 电信分公司是否应承担侵权责任？

【案件分析】
1. 百度公司是否构成如东阳公司所诉的帮助、教唆侵权

东阳公司提供的公证书显示，用"百度影音"播放器软件播放幻想影院网站上的涉案电视剧时，以 Monitor 抓包软件固定的 IP 地址被证明属于百度公司租用电信分公司的 IP 号段。但该证据仅说明使用"百度影音"软件播放涉案《魔女幼熙》一剧时，跟百度公司的 IP 有数据交换过程，却不能证明交换的数据是什么，也不能证明《魔女幼熙》一剧就储存在百度公司的服务器。双方当事人均认可"百度影音"软件使用了 P2P 技术，根据 P2P 的工作原理，"百度影音"软件播放影片时，在跟某 IP 进行数据交换时，也跟其他 IP 进行数据交换。东阳公司通过公证抓取的只是"百度影音"软件的播放进

程,而非 IE 浏览器的播放进程,此不能证明百度公司是涉案电视剧的非法提供者,且庭审中东阳公司也认可,直接侵权人是幻想影院网站的所有者,而非"百度影音"软件的发布者百度公司。一审法院组织勘验的过程亦显示,仅开启"百度影音"软件,即可看出该软件已对外进行了一系列基础数据交互,点击播放不同网站的视频时,使用 Monitor 软件抓取展开其中的 Baiduplayer 和 BaiduP2PService 进程("百度影音"P2P 客户端的进程),展现的 IP 地址段和涉案 IP 地址段相同,均含有百度公司租用电信分公司的 220.181 IP 地址,而与调用"百度影音"软件的第三方网站网址无关系,东阳公司提供的公证书不足以证明百度公司应承担侵权赔偿责任。

关于百度公司提高百度联盟分成比例是否构成如东阳公司所称的引诱侵权以及幻想影院网站与百度公司存在利益分成关系。一审法院认为,百度公司提高使用"百度影音"的合作伙伴的分成比例,系吸引相关合作网站使用"百度影音"软件的正常经营方式。考虑到"百度影音"软件的实质性用途,其可播放正版影片,也可播放盗版影片,并不具有对版权的自动识别性,不能因百度公司的这种市场经营手法,以及使用"百度影音"软件的网站存在盗版侵权行为,就认定百度公司具有教唆相关网站提供盗版影片的侵权故意。百度公司可以在接到权利人通知后断开侵权链接,这并不意味着其对相关网站是提供正版还是盗版影片具有事先识别控制力,由此不能认定百度公司存在引诱、教唆侵权的故意。

百度公司向一审法院提供后台查询结果证明,幻想影院网站并非百度联盟成员,东阳公司提供的公证书未打开"百度影音"右侧的"百度推广"链接,且在相关链接难以看出关联性的情况下,无法认定百度公司与幻想影院之间存在实际合作分成关系,东阳公司提供的证据不足以证明百度公司以"百度影音"软件播放涉案电视剧具有教唆侵权、提供营利之便的作用。因此,举证不能的后果应由东阳公司承担。

鉴于幻想影院网站至今无法访问,百度公司也采取了相关预防措施,故对东阳公司要求百度公司停止侵权的诉讼请求一审法院不再予以支持。

2. 电信分公司是否应承担侵权责任

公证证据显示,在百度上搜索"site:(foass.com)魔女幼熙",将相关视频用"百度影音"软件播放,使用 Monitor 检测软件在进程中可以看到 220.181.18.16 的 IP 地址。东阳公司据此向电信分公司发函,要求其披露 IP 地址的实际使用人,在电信分公司未披露的情况下,要求其承担帮助侵权的责任。一审法院认为,从本案的实际情况分析,电信分公司已尽到合理注意义务和履行合理披露义务,不承担侵权赔偿责任,理由如下:

(1) 网络接入服务商是否有信息披露义务及其履行方式。本案中,电信分公司提供的是网络接入服务,而非网络内容服务。而对于网络接入服务提供商在何种情况下应履行对 IP 实际使用者的信息披露义务、履行信息披露义务的形式,以及如无正当理由未履行该义务是否承担侵权责任等问题,法律法规并未作出明确的规定。《信息网络传播权保护条例》第 13 条、第 25 条虽对披露涉嫌侵权的用户信息作出了规定,但并未将著作权人作为权利主体,也难以认为其中规定的网络服务提供商包括网络接入服务提供商。《最高人民法院关于审理涉及计算机网络著作权纠纷案件适用法律若干问题的解释》第 5 条仅规定了提供内容服务的网络服务提供者对于著作权人要求其提供侵权行为人在其网络的注册资料以追究行为人的侵权责任,提供内容服务的网络服务提供者应予提供,无正当理由拒不提供的,承担侵权责任,但义务主体也仅局限于网络内容服务提供商,对提供网络接入服务的网络服务提供商是否有披露义务未予规定。《侵权责任法》第 36 条①对于权利人是否可以要求网络接入服务提供商披露侵权 IP 地址的实际使用人信息也没有作出明确规定。

一审法院认为,在 P2P 技术广泛适用的今天,著作权人很难要求 P2P 软件的开发者承担侵权责任,一般只能通过追究提供上传资源的用户承担直接侵权责任来保护自己的权利。而著作权人若要起诉相关用户,必须通过锁定 IP 地址的方式,进而向掌握该 IP 地址对应的真实用户信息的网络接入服务提供商提出披露信息的要求。考虑到著作权人权利的保护和用户隐私、信息的平衡保护,在某 IP 地址涉及较大规模侵权的嫌疑时,网络接入服务提供商应

---

① 本案发生时《民法典》尚未发布,《民法典》发布后此部分内容对应《民法典》第七编侵权责任编第 1194~1197 条。

当负有对该 IP 地址用户信息的披露义务和协助调查义务。《互联网信息服务管理办法》第 14 条规定，互联网接入服务提供者应当记录上网用户的上网时间、用户账号、互联网地址或者域名、主叫电话号码等信息。互联网接入服务提供者的记录备份应当保存 60 日，并在国家有关机关依法查询时，予以提供。在网络接入服务提供商掌握相关信息，著作权人无其他途径获取这些信息，而这些信息又是维权诉讼所不可或缺信息的情况下，应认为网络接入服务提供商负有披露信息的协助义务。但出于防止权利滥用、避免过度增加网络接入服务提供商负担以及保护用户隐私信息等考虑，这种披露义务的履行并非网络接入服务提供商依据权利人的通知而直接向其披露，而应通过权利人提起诉讼要求网络接入服务提供商披露，由法院下达披露命令的方式解决，或者由著作权行政管理部门为查处侵犯信息网络传播权的行为，要求网络服务提供商提供涉嫌侵权的服务对象的相关信息。本案中，电信分公司虽未按照东阳公司的通知要求在诉前向其披露相关 IP 地址的实际使用者信息，但在庭审中，其依据一审法院的要求提供了该 IP 地址的实际使用者，应认为已以合理方式履行了信息披露义务。

（2）电信分公司诉讼前未披露 IP 所有者信息的行为不具有过错。电信分公司收到东阳公司的律师函后，马上进行核实，发现幻想影院网站的网址已无法打开。律师函称，幻想影院网站在线点播服务的服务器对应的 IP 地址为 220.181.18.15，系电信分公司管控范围。但电信分公司进行核实后，在互联网 DOS 环境下，使用 PING 命令得出 www.foass.com 网址对应的 IP 地址，得出该网站 IP 地址并非电信分公司控制号段的结论。在此情况下，电信分公司与东阳公司联系，告知不能提供注册信息。虽电信分公司对东阳公司律师函的要求有所误解，但仍应认为电信分公司尽到了合理的注意和协助义务。况且，电信分公司在一审法院要求下，已向法庭披露了相关 IP 地址的实际使用人。

东阳公司要求电信分公司立即断开幻想影院提供涉案电视剧的服务器连接，但经核实，幻想影院网站的 IP 地址不在电信分公司管控范围，且幻想影院网站一直处于无法访问状态，故对东阳公司的该项诉讼请求，一审法院不再予以支持。

综上，一审法院依照《民事诉讼法》第 64 条第 1 款、《著作权法》第 2

条、《侵权责任法》第 36 条、《互联网信息服务管理办法》第 14 条之规定，判决：驳回东阳公司的全部诉讼请求。

【引以为鉴】

本案给我们带来的启示是：权利人要求网络服务提供者提出警告或者索要侵权行为人网络注册资料时，应当同时完整提供身份证明、著作权权属证明及侵权情况证明等初步证据，且不应有缺失。

一审判决后，东阳公司不服，上诉称：（1）一审判决在不能确认何为基础数据交换，交换的是什么数据的情况下就认为百度影音软件是一款中立的 P2P 软件是错误的。百度公司在发现涉案网站 220.181.18.15 是其租用电信分公司服务器的 IP 地址后申请做现场勘验，勘验演示时间已是我公司起诉后的时间，百度公司在此期间完全可以通过修改编辑服务器信息，达成其希望法庭看到的结果。而该演示也未能反映与我公司公证保全时相同的客观过程。百度公司对涉案侵权视频内容具有管控力，其通过提高分成比例的广告去教唆更多的联盟网站使用"百度影音"软件，即不能说明此软件的中立性。（2）电信分公司应当承担帮助侵权责任。在我公司律师函中已经明确指出侵权视频 IP 地址的情况下，电信分公司不查该 IP 地址，却去查侵权网站网址对应的地址，导致没有及时披露侵权视频 IP 地址信息，客观上造成实际使用人侵权行为的继续，损害我公司独占的电视剧作品信息网络传播权。据此，上诉请求判令百度公司与电信分公司赔偿我公司包括合理支出在内的经济损失 2 万元，或判令一审法院重新审理此案。

二审法院认为：东阳公司欲利用 Monitor 检测软件公证保全 IP 地址的方式固定侵权行为人，以提起诉讼救济。其保全获取的 220.181.18.15、220.181.18.16 号属于百度公司租用电信分公司服务器 IP 地址，且业经百度公司与电信分公司的确认，该事实成立。但东阳公司所固定的 IP 地址属于百度公司"百度影音"软件存储服务器的地址，尚不能据此确定该 IP 地址涉嫌有侵权作品内容。显然，欲证明该事实仍需进一步的证据加以佐证，譬如东阳公司可以且应有能力利用影视作品数据流量往往相对较大的特点，在使用检测软件查询 IP 地址访问记录的同时，辅以流量检测技术截取足够多的时间段统计其所检测的各 IP 流量，用以固定涉案电视剧流量种子源证据，帮助确定内容提供者。而该事实的证明责任仍应在东阳公司一方，而非百度公司或电信分公司一方。在东阳公司未能完成上述证明责任的情况下，不发生证明责任的转移，包括东阳公司要求百度公司证明交换的数据内容为何等。不言而喻，在没有确凿证据证明百度公司是涉案电视剧内容提供者的前提下，东阳公司无权主张百度公司直接侵权，本案所诉侵权行为的直接责任人应是幻想影院网站（www.foass.com），而非"百度影音"软件的发布人百度公司及服务器营运商电信分公司，正如东阳公司所诉，其请求法院予以确认的也是百度公司与电信分公司的帮助侵权事实，即间接侵权事实。

依照《最高人民法院关于审理涉及计算机网络著作权纠纷案件使用法律若干问题的解释》第 7 条第 1 款之规定，著作权人发现侵权信息向网络服务提供者提出警告或者索要侵权行为人网络注册资料时，不能出示身份证明、著作权权属证明及侵权情况证明的，视为未提出警告或者未提出索要请求。

据此可知，权利人要求网络服务提供者提出警告或者索要侵权行为人网络注册资料时，应当同时完整提供身份证明、著作权权属证明及侵权情况证明等初步证据，且不应有缺失。因东阳公司当时不能恰当提供涉案作品著作权权属证明等，电信分公司对东阳公司有关的告知请求有权予以拒绝。其由此主张电信分公司承担间接侵权责任，二审法院不予支持。

本案没有证据显示百度公司对于幻想影院网站提供涉案电视剧行为属于明知或者应知，故不存在间接侵权的主观过错。百度公司发布"百度影音"软件，并以增加合作分成比例形式吸引该软件使用者，属于百度公司对其产品的推广经营策略，无可厚非，此与幻想影院网站是否存在涉案电视剧内容无关。东阳公司欲主张两者有关则需证据予以证明，在没有确凿证据证明的情况下本院无从推知。故对东阳公司的上诉主张本院不予采信，对其请求二审法院不予支持。

◆ 经典案例 16

某公司要求删除或者断开链接涉嫌侵权网络内容的通知的范本

要求删除或者断开链接涉嫌侵权网络内容的通知

通知人 （权利人）	姓名/名称		有效证件号	
	法定代表人		联系电话	
	通信地址		邮编	
	联系人		电话	
	E-mail		传真	
被通知人 （网络服务 提供者）	名称			
	通信地址		邮编	
	域名		E-mail	
	电话		传真	
涉嫌侵权网站	网站名称		网站备案号	
	域名		ICP 许可/备案号	
	IP 地址		电话	
	E-mail		传真	
涉嫌侵权内容				
涉嫌侵权 网页地址				
涉嫌侵权事 实及证明材料				
通知要求				
保证声明	权利人保证通知内容的真实性，并对此承担法律责任。			
权利人 签名（盖章）	年　月　日			
备　注				

在上述表格中，网络服务提供者是指为开设互联网提供接入服务的电信接入服务者、网络空间提供者和搜索链接提供者等。作为本通知的接受方，网络

服务提供者为侵权网络提供网络接入服务或者网络空间服务或者搜索链接服务等。网络服务提供者的信息如通信地址、邮编、域名、E-mail、电话、传真等可以通过互联网检索获得。权利人可以通过"IP WHOIS"数据库或者其他提供IP地址查询服务的网站查询涉嫌侵权网站及网络服务提供者的相关信息。

域名和IP地址。网络是基于TCP/IP协议进行通信和连接的，每一台主机都有一个唯一的标识固定的IP地址，以区别在网络上成千上万个用户和计算机。网络在区分所有与之相连的网络和主机时，均采用了一种唯一、通用的地址格式，即每一个与网络相联结的网络和主机都被指派了一个独一无二的地址。为了保证网络上每台计算机的IP地址的唯一性，用户必须向特定机构申请注册，该机构根据用户单位的网络规模和近期发展计划，分配IP地址。网络中的地址方案分为两套：IP地址系统和域名地址系统。这两套地址系统其实是一一对应的关系。IP地址用二进制数来表示，每个IP地址长32比特，由4个小于256的数字组成，数字之间用点间隔，例如，166.111.1.11表示一个IP地址。由于IP地址是数字标识，使用时难以记忆和书写，因此在IP地址的基础上又发展出一种符号化的地址方案，来代替数字型的IP地址。每一个符号化的地址都与特定的IP地址对应，这样网络上的资源访问起来就容易得多了。这个与网络上的数字型IP地址相对应的字符型地址，就被称为域名。域名是互联网地址中的一项，与互联网协议地址相对应的一串容易记忆的字符，由若干个从a到z的26个拉丁字母及1到0的10个阿拉伯数字及"-"".*"符号构成并按一定的层次和逻辑排列。域名不仅便于记忆，而且即使在IP地址发生变化的情况下，通过改变翻译对应关系，域名仍可保持不变。域名是上网单位和个人在网络上的重要标识，起着识别作用，便于他人识别和检索某一企业、组织或个人的信息资源，从而更好地实现网络上的资源共享。除了识别功能外，在虚拟环境下，域名还可以起到引导、宣传、代表等作用。域名可分为不同级别，包括顶级域名、二级域名等。顶级域名又分为两类：一是国家顶级域名（national top-lenel domainnames，简称nTLDs），目前200多个国家都按照ISO3166国家代码分配了顶级域名，例如，中国是cn、美国是us、日本是jp；二是国际顶级域名（national top-lenel domain-names，简称iTDs），例如表示工商企业的.com，表示网络提供商的.net，表示非营利组织的.org。

第十五条 【网络服务提供者接到权利人通知后的义务】 | 119

权利人包括自然人和法人。有效证件号码，自然人填写身份证号码、护照号码等有效证件号码；法人填写工商营业执照号码。填写号码的同时注明证件类型，并将证件的复印件作为本通知的附件一并提供。

电话必须填写固定电话号码，可同时另填写移动电话号码。涉嫌侵权网站是指未经合法授权，在网上传播权利人的作品或者制品，侵犯权利人的信息网络传播权的网站。

网站备案号是指经营性网站在工商部门进行备案的号码。ICP 备案号是指非经营性互联网信息服务者向信息产业部等有关部门进行备案的号码。ICP 许可证号是指经营性互联网信息服务者向国家有关部门申请信息服务的许可证号码。该许可证号一般会在网站首页底部显示，可登录信息产业部 ICP—IP 地址信息备案管理系统查询验证其真实有效性，网址为：www.miibeian.gov.cn。

涉嫌侵权网站是指未经合法授权，在网上传播著作权人的作品，侵犯权利人的信息网络传播权的网站。涉嫌侵权内容是指权利人被侵权的作品、表演、录音、录像制品名称。涉嫌侵权网页地址是指涉嫌侵权作品所在的具体网络路径，即浏览器顶部地址框中显示的信息，通过该路径可以直接进入侵权内容所在的页面，如 http：//music.yule.sohu.com/20070608/n250465828.shtml 就是一个具体的网页地址。

通知要求是指发出本通知的一方向对方提出的具体要求，即接受通知方需要履行的事项，是删除侵权内容还是断开链接，需要根据具体的情况来选择。

在通知书中，自然人应签名或使用名章；法人应该加盖公章，并由法人代表或相关负责人签字。同时，应注明签字、盖章的时间。

第十五条 【网络服务提供者接到权利人通知后的义务】

网络服务提供者接到权利人的通知书后，应当立即删除涉嫌侵权的作品、表演、录音录像制品，或者断开与涉嫌侵权的作品、表演、录音录像制品的链接，并同时将通知书转送提供作品、表演、录音录像制品的服务对象；服务对象网络地址不明、无法转送的，应当将通知书的内容同时在信息网络上公告。

◆ **相关法律规定**

《互联网著作权行政保护办法》

第六条 互联网信息服务提供者收到著作权人的通知后,应当记录提供的信息内容及其发布的时间、互联网地址或者域名。互联网接入服务提供者应当记录互联网内容提供者的接入时间、用户帐号、互联网地址或者域名、主叫电话号码等信息。

前款所称记录应当保存 60 日,并在著作权行政管理部门查询时予以提供。

◆ **知识精要**

本条规定了网络服务提供者接到权利人的通知书后的义务。

网络服务提供者接到权利人的通知书后,应该采取以下行动:(1)立即删除涉嫌侵权的作品、表演、录音录像制品,或者断开与涉嫌侵权的作品、表演、录音录像制品的链接。网络服务提供者采取上述行动可以说是无条件的,只要接到权利人的通知并且通知具备法定的内容,网络服务提供者无须审查通知的真实性和合法性,应立即删除或者断开。(2)立即将通知书转送其提供作品、表演、录音录像制品的服务对象。如果服务对象地址不详,网络服务提供者应通过网络公告的方式在网站上公告权利人的通知书。

◆ **经典案例 17**

上海玄霆娱乐信息科技有限公司诉
北京百度网讯科技有限公司等侵犯著作财产权纠纷案

【案情简介】

原告上海玄霆娱乐信息科技有限公司(以下简称玄霆公司)诉称,原告作为中国网络文学领域的领导者,是原创文学门户网站"起点中文网"的运营商。《斗破苍穹》《凡人修仙传》《卡徒》《近身保镖》《天王》五部小说(以下简称涉讼作品)系起点中文网推出的著名网络小说,拥有庞大的读者群。截至 2010 年 1 月 12 日,小说《斗破苍穹》在起点中文网上的总点击数为 46 142 620 次,在被告北京百度网讯科技有限公司(以下简称百度公司)

所运营的百度网"十大小说风云榜"位列首位；小说《凡人修仙传》在起点中文网上的总点击数为36 907 562次，在被告百度公司所运营的百度网"十大小说风云榜"位列第二位；小说《卡徒》在起点中文网上的总点击数为20 369 209次，在被告百度公司所运营的百度网"十大小说风云榜"位列第四位；小说《近身保镖》在起点中文网上的总点击数为12 580 491次，在被告百度公司所运营的百度网"十大小说风云榜"位列第八位；小说《天王》在起点中文网上的总点击数亦高达17 987 068次。原告对涉诉作品享有包括复制权、改编权、信息网络传播权在内的所有著作权。

原告发现被告百度公司提供的百度（www.baidu.com）搜索服务长期以来大量公开提供原告拥有独家信息网络传播权的涉诉作品的侵权盗版链接。原告多次与被告百度公司沟通并要求其依法删除侵权链接，并以附有涉诉作品版权证明及盗链地址的法务函通知被告百度公司，要求其对原告依法发出的删除通知在24小时内予以响应并删除相应侵权链接，对原告提供侵权链接信息的删除结果进行逐条反馈，根据原告提供的侵权链接示范、作品名、作者名，对特定网站内的侵权信息进行检索和全部删除。但被告百度公司在知道原告对涉诉作品享有独家信息网络传播权，且在原告逐一指出侵权盗版链接的情况下，对是否删除原告通知删除的侵权链接不作明确回复，且对法务函所列的大量侵权链接不予删除。被告百度公司甚至在原告召开新闻发布会正式宣布将就作品被侵权进行起诉的情况下，依然怠于履行删除义务，原告要求删除的多个链接依然存在。经原告查询发现，部分被告百度公司迟迟未删除的链接所指向的网站与被告百度公司有合作关系，系被告百度公司"百度网盟推广"的合作者，两者对搜索流量所产生的收益有分成协议。从中可以看出被告百度公司对拒不删除侵权链接不仅存在过失，也存在故意。被告百度公司不仅对其广告合作者的侵权内容未尽合理注意义务，甚至在原告依法通知具体侵权链接后仍然不予删除。被告百度公司的上述行为已经对原告合法权益造成了严重侵害，其主观上存在过错，客观上帮助了第三方网站实施了著作权侵权行为并造成了损害结果，因此与直接侵权的第三方网站构成共同侵权，应当承担连带民事责任。

被告百度公司还在其二级域名wap.baidu.com通过设立"最热榜单"和

"精品推荐"栏目的形式对涉讼作品进行推荐，并在其网站上完整复制了涉讼作品，使得公众无须到第三方网站，更无须到原告网站即可阅读或下载涉讼作品的完整内容，完全替代了作品的合法来源，构成对涉讼作品著作权的直接侵犯。

被告百度公司不仅怠于删除盗版链接，还直接传播盗版作品，使得侵权作品被大量传播。百度公司从中获得收益，使原告的正版小说点击率及收费因此大大减少，蒙受了巨大的经济损失。

被告上海隐志网络科技有限公司（以下简称隐志公司）系"7999网址大全"（www.7999.com）网站的制作者及实际运营商。"7999网址大全"网站作为百度联盟绿色认证的百度联盟成员，与百度公司之间签有基于搜索结果的分成协议，且其网页显著位置内嵌有百度搜索条。通过该网站输入涉讼作品的名称进行搜索，每部作品均可以搜索到千万条以上的链接，其中大部分为含有涉讼作品的侵权盗版链接。被告隐志公司与被告百度公司共同推广百度搜索且从搜索推广中获取收益，共同加大了侵权盗版链接的传播范围，给原告造成了巨大的损失，应与被告百度承担共同侵权责任。

根据《著作权法》《信息网络传播权保护条例》等相关法律规定，两被告的行为严重侵犯了原告的信息网络传播权，故请求法院依法判令：（1）被告百度公司立即停止侵权，立即删除百度网（www.baidu.com、wap.baidu.com等）中与《斗破苍穹》《凡人修仙传》《卡徒》《近身保镖》《天王》五部小说相关的盗版链接及盗版内容。（2）两被告连带共同赔偿原告经济损失人民币100万元，并赔偿原告为制止侵权行为所支出的合理费用人民币84 500元。（3）两被告共同承担本案的诉讼费用。

被告百度公司辩称：（1）原告作为涉讼作品权利人证据不充分。（2）百度公司未实施帮助侵权的行为，不构成与第三方网站的共同侵权，在已断开链接的情况下，不应承担赔偿责任。原告发出的法务函不符合法定条件，应视为未提出警告，法务函所附只有作品声明及涉嫌侵权的链接列表，原告未能举证证明所列链接地址包含侵权内容，百度公司没有义务对链接进行审查，更没有断开链接的义务。根据筛查，那些未断开链接的网址中主要有：无效链接、与侵权内容完全无关的链接、网站首页链接（网页上仅有作品简要介绍)、页面上有合理引用作品内容的链接、作品目录页等情况。百度公司已尽到注意义务，对原告提及的链接进行了及时删除，故不应承担赔偿责任。

(3)百度公司提供的 WAP 服务不构成侵权。WAP 是一项全球性网络通信协议，WAP 将构成网页文档的超文本标记语言转换为无线标记语言，使之对应的因特网信息能够在手机等无线终端得以显示。WAP 搜索结果均系融合了 Web 和 WAP 两类网页资源，目前绝大多数移动终端的浏览器只能支持浏览 WAP 格式页面，不能直接浏览 Web 网页。对于搜索结果中的 Web 网页，必须进行格式转换为 WAP 网页，在手机浏览器上浏览。百度的技术转码服务是为实现此目的、服务于 WAP 搜索的附属产品。WAP 并未存储第三方网页的内容。WAP 搜索功能的实现分为两部分：其一，网页搜索，与百度搜索（www.baidu.com）提供的服务一致，当用户提交了对关键词的检索请求后，搜索引擎按用户的请求，在索引数据库中依照技术规则，把和用户指令有关的检索数据组织起来，生成临时链接提供给用户；其二，手机适配，将搜索结果通过技术转码服务，适配为手机页面并返回给用户的过程。适配过程为：用户请求百度转码服务—转码服务解析统一资源定位符，(Uniform Resource Locator，URL)获得第三方 Web 网页链接地址—转码服务请求第三方 Web 网页—转码服务将 Web 网页转换为 WAP 网页—转码服务将 WAP 网页返回给用户的移动终端浏览器—用户查看到 WAP 网页。从上述过程可以看出，整个过程全部为根据用户指令实时操作，百度 WAP 没有也不可能在无法预知用户指令的情况下预先存储海量的第三方网站内容。同时，鉴于通用浏览器系根据地址栏的统一资源定位符发起浏览请求，如果不采取任何技术手段，浏览器就会直接向第三方站点发起浏览请求，收到的 Web 页面就无法在一般手机展示。为完成手机适配的需要，则必须采用代理方式。即浏览器地址栏的统一资源定位符的开头的域名为百度的域名，而真正目标网站的网址则变成了一个统一资源定位符参数（就是地址栏后半部分的统一资源定位符）。如果任意修改后半部分统一资源定位符，即可进入相应的第三方网站。可见，统一资源定位符以"wap.baidu.com"开头只是百度公司为完成手机适配采取的必要技术手段，并未复制和存储第三方网页的内容。因此，原告基于涉嫌侵权的网页统一资源定位符以"wap.baidu.com"开头从而指控百度公司复制和存储第三方网页的主张不能成立。百度 WAP 的技术转码服务不涉及对网页内容的编辑和修改，故百度公司不构成直接侵权。另外，原告从未针对百度公司 WAP 搜索发送过任何通知，本案中百度公司收到原告证据后，已及时断开侵权链接，尽到注意义务，也不应承担间接侵权责任。

被告隐志公司辩称，其不是本案适格被告。根据工信部 ICP 备案登记材料看，"7999 网址大全"（www.7999.com）网站的主办方为戴某某个人，隐志公司仅制作该网页，不是该网站的实际经营者，要求驳回原告起诉。

一审法院查明如下事实。

1. 涉讼作品权属事实

原告享有涉讼作品的复制权、信息网络传播权等著作财产权。原告与作者签署委托创作协议或者版权转让协议，支付高额费用并合法取得涉讼作品的独家授权，包括复制权、信息网络传播权及汇编权等著作财产权。上述协议约定，在协议有效期内除原告以外包括作者在内的任何人不得实施上述权利。作者在与原告签署委托创作协议时就笔名的使用进行了约定，该笔名与作者名在协议中有一一对应关系，且协议附上了作品的创作大纲，并有作者本人的真实身份证信息及住址等信息。为了维权的需要，涉讼作品的作者还专门就其著作财产权转让给原告进行了确认，并声明任何人未经原告的书面授权均不得行使上述权利，确认由原告行使维权的权利。

原告提供涉讼作品的图书，系依法出版的畅销书，在书籍的封面及版权页有作者的名字及原告的网站及网址。

2. 被控侵权事实

被告百度公司是 www.baidu.com 搜索服务网站的经营者。

（1）被告百度公司间接侵权的事实

2009 年 10 月 21 日，原告的代理人王某在上海市卢湾公证处公证员的监督下，通过 EMS 向被告百度公司发送法务函，主要内容是：原告是国内原创文学门户网站"起点中文网""www.qidian.com"的运营商。原告发现：百度公司的网站"百度网""www.baidu.com"对外公开提供众多原告拥有独家信息网络传播权及其他相关著作权的签约文学作品的侵权盗版链接。百度公司公开提供的部分侵权链接的互联网地址及其作品名称、作者姓名举例如下：

第十五条 【网络服务提供者接到权利人通知后的义务】 | 125

《天王》作者姓名：跳舞，www.xiaoshuo520.com/Book/66175/Index.aspx；
《卡徒》作者姓名：方想，www.xiaoshuo520.com/Html/Book/8/65436/；
《近身保镖》作者姓名：柳下挥，www.xiaoshuo520.com/Html/Book/68/66136/。

百度公司公开提供侵权链接的文学作品系原告拥有独家信息网络传播权及汇编权等相关著作权的签约作品。上述作品的作者均与原告签订了著作权独家转让或独家授权协议，原告自始即独家享有上述文学作品的信息网络传播权等相关著作权权利，并严正声明作品由起点中文网独家发布，禁止转载。原告从未许可任何第三方通过互联网向公众传播上述作品，任何在非原告网站发布的上述作品内容，均为侵犯原告信息网络传播权等著作权权利的侵权内容。百度公司至今仍在提供侵权内容链接的行为，导致任何第三方均可通过百度公司提供的侵权链接，轻易浏览、阅读、复制、保存原告享有著作权的作品。百度公司上述行为已严重侵害了原告的合法权利，并导致原告遭受重大经济损失。百度公司应对此承担相应的法律责任。原告特发此函要求百度公司：

第一，百度公司于收到本函之日起，在"百度网"和百度公司下属的其他网站、开发的系列软件和平台等所有运营发布平台，立即断开、删除及停止提供对本函及附件所列所有侵犯原告著作权的侵权链接；

第二，百度公司于收到本函之日起，根据本函清单提供的作品名称、作者姓名等基本信息及基本的检索方法，在"百度网"自行检索并断开、删除及停止提供所有对非原告网站发布上述作品的侵权信息的链接；

第三，如百度公司在2009年11月5日之前未履行完毕上述第一、第二项要求，原告将通过包括不限于司法诉讼、行政举报等所有合法途径，要求百度公司承担相应法律责任并赔偿原告所有相关损失及费用。

上述所有情况将由原告通过广大媒体全部披露。

原告在该函附件一中详细列举了涉讼作品在原告网站的链接及涉嫌侵权的网页链接清单共计1252条，并同时附上了原告的身份证明及作者出具的授权书。

2009年12月2日，原告的代理人王某在上海市卢湾公证处，在公证员的监督下，使用该公证处电脑核查了被告百度公司是否删除或屏蔽了原告于2009

年 10 月 21 日发函中所列举的系争作品的盗版链接。主要操作步骤为：打开 IE 浏览器，在地址栏内输入"www.baidu.com"进入百度页面；在上步进入的页面，中间的空白搜索框中输入"33xs. com/files/article/info/193/193414. html"，点击"百度一下"进入，将显示的页面予以截屏保存；在上步进入的页面，中间的空白搜索框中输入"www. xiaoshuoxiazai. net/tags. php？/近身保镖/"，点击"百度一下"进入，将显示的页面予以截屏保存；在上步进入的页面，中间的空白搜索框中输入"http：// www. txtgogo. com/up/downloadebook26/"，点击"百度一下"进入，将显示的页面予以截屏保存。原告代理人总共搜索核查了141 个已发函链接，该链接在百度上依然可以搜索到，在搜索结果页面中百度公司提供了该链接所对应网页的摘要，呈现了涉讼作品名称、作者、全文阅读、最新章节、全文下载等明显侵权的内容。

2009 年 12 月 4 日，原告的代理人王某在上海市卢湾公证处公证员的监督下，通过 EMS 向被告百度公司再次发出法务函。该法务函内容与原告第一次发函的内容基本一致，除了包含针对涉讼五部作品第一次发函的侵权链接外，还进一步补充了其他新发现的盗版链接共计约 2500 条。原告在该函附件一中详细列举了涉讼作品在原告网站的链接及涉嫌侵权的网页链接清单共计约 2500 条，并同时附上了原告的身份证明及作者出具的授权书。

2009 年 12 月 17 日，原告的代理人白某在上海市卢湾公证处，在公证员的监督下，使用该公证处电脑核查了在被告百度公司的网站上涉讼作品的排行榜及盗版链接存在的情况。主要操作步骤为：打开 IE 浏览器，输入"www. baidu. com"打开页面；在上一步进入的页面中，在中间空白搜索框中输入"斗破苍穹"，点击"百度一下"，打开新页面；返回第二步进入的页面，在中间空白搜索框中输入"凡人修仙传"，点击"百度一下"，打开新页面；在搜索结果的每页首尾部分都有原告向被告投放的系争作品的推广链接。返回百度首页，点击空白搜索框下的"更多＞＞"，进入新页面；在上一步进入的页面中，点击第五行第二列的"风云榜"进入新页面；在上一步进入的页面中，点击"热门搜索"下的"完整榜单"进入新页面，并将页面截图保存至"截图 .doc"；在"风云榜"页面中，鼠标移动至"娱乐"栏目下"小说"分页；点击"完整榜单"，进入新页面。可以看到小说《斗破苍穹》

第十五条 【网络服务提供者接到权利人通知后的义务】 | 127

在百度网"十大小说风云榜"上位列首位;小说《凡人修仙传》位列第二位;小说《卡徒》位列第七位;小说《近身保镖》位列第五位。在IE浏览器中输入"www.baidu.com",点击下方"关于百度"进入新页面;在上一步打开的页面中,点击下方"关于联盟"进入新页面,可以看到"大联盟认证""百度大联盟认证计划对合作伙伴支持措施""百度大联盟认证计划如何运作""百度大联盟认证流程""百度大联盟各级认证的支持力度""百度大联盟认证计划的基本标准""百度大联盟认证会员的义务""如何加入百度大联盟认证""如何申请百度大联盟认证会员权益""网盟推广合作""如何优化文学类网站主题推广业务"等内容。

2010年1月4日,原告的代理人王某在上海市卢湾公证处,在公证员的监督下,使用该公证处电脑核查了被告百度公司是否删除或屏蔽了原告于2009年10月21日发函中所列举的涉讼作品的盗版链接。主要操作步骤为:打开IE浏览器,在地址栏内输入"www.baidu.com"进入百度首页;在上步进入的页面,中间的空白搜索框中输入"33xs.com/files/article/info/193/193414.html",点击"百度一下"进入,将显示的页面予以截屏保存;在上步进入的页面,中间的空白搜索框中输入"www.xiaoshuoxiazai.net/tags.php?/近身保镖/",点击"百度一下"进入,将显示的页面予以截屏保存;在上步进入的页面,中间的空白搜索框中输入"http://www.txtgogo.com/up/downloadebook26/",点击"百度一下"进入,将显示的页面予以截屏保存。原告代理人总共搜索核查了56个已发函链接,该链接在百度上依然可以搜索到,在搜索结果页面中百度公司提供了该链接所对应网页的摘要,呈现了涉讼作品名称、作者、全文阅读、最新章节、全文下载等侵权内容。(2010)沪卢证经字第11号公证书附件第1至31页记载了《北京日报》《南方都市报》《文汇报》、新浪网、腾讯网、中央电视台等媒体报道原告在北京召开发布会,宣布将起诉百度公司盗版,附件第三页中记载《南方都市报》记者采访了百度公司的公关部负责人杨某某,百度公司知晓原告的维权行为;公证书第42至53页显示隐志公司系百度公司"百度大联盟"成员,两者就搜索流量有利益分成。

2010年8月19日，原告的代理人王某在上海市卢湾公证处，在公证员的监督下，使用该公证处电脑核查了被告百度公司在其网站上对涉讼作品的盗版链接处理情况。主要操作步骤为：打开360安全浏览器，在地址栏中输入"www.baidu.com"，进入网站，在该页面中，输入"斗破苍穹天蚕土豆"，点击"百度一下"，进入新页面，点击第五个搜索结果"斗破苍穹最新章节—斗破苍穹全文阅读—天蚕土豆小说网盟"，进入新页面，在该页面中，点击页面上方广告栏右下角的"百度推广"标记，进入新页面，新进入页面的网址为cpro.baidu.com，在该页面中，依次点击"进入百度网盟推广""四大领先优势""媒体焦点关注""百度集结30万家网站开展网盟推广""什么是百度推广""做百度推广需要投入多少费用""我的推广结果将如何展现"，其中"按效果付费：免费获得海量展现，按点击付费"证明其推广业务收费较高、规模巨大。

2010年10月28日，原告的代理人王某在上海市卢湾公证处，在公证员的监督下，使用该公证处电脑核查了被告百度公司是否删除或屏蔽了原告于2009年10月21日发函中所列举的涉讼作品的盗版链接。主要操作步骤为：打开360安全浏览器，在地址栏内输入"www.baidu.com"进入百度页面；在页面搜索框中，输入"cilook.com/html/8573.html"，点击"百度一下"，进入页面。在该页面中，点击"斗破苍穹TXT下载—斗破苍穹最新章节—天蚕土豆—思路中文网"，进入新页面。在该页面点击"正文第一千零八章当年旧事"，进入新页面，将显示的页面予以截屏保存；在百度搜索框中输入"www.hy05.com/Html_wy/37552/"，点击"百度一下"，进入页面，在进入的页面中，点击"斗破苍穹最新章节斗破苍穹全集TXT文字版阅读心玲文苑"，进入新页面，将显示的页面予以截屏保存。原告代理人总共搜索核查了八个已发函链接，在搜索结果页面中百度公司提供了该链接所对应网页的摘要，呈现了涉讼作品名称、作者、全文阅读、最新章节、全文下载等侵权内容。点击进入上述链接对应的页面，可以看到完整的侵权内容，在页面上端及两侧都有"百度推广"的广告。

2010年10月28日，原告的代理人王某在上海市卢湾公证处，在公证员

第十五条 【网络服务提供者接到权利人通知后的义务】 | 129

的监督下,使用该公证处电脑核查了原告于2009年10月21日发函中所列举的涉讼作品的盗版链接对应页面的具体情况。主要操作步骤为:打开360安全浏览器,在地址栏中输入"33xs.com/files/article/info/193/193414.html",进入页面,将该页面予以截屏保存。原告总共核查了62个链接,在核查的页面中可以看到的确是涉讼作品的盗版内容,且在页面上端及两侧都有"百度推广"的广告。

(2) 被告百度公司直接侵权的事实

被告百度公司确认wap.baidu.com是其二级域名。

2010年8月17日,原告的代理人王某在上海市卢湾公证处,在公证员的监督下,使用公证处电脑核查涉讼作品在被告百度公司无线频道的传播状况。主要操作步骤为:打开360安全浏览器,在地址栏中输入"wap.baidu.com",进入页面,在该页面中,点击"小说"进入新页面。在该新页面中,点击上方"[玄幻]斗破苍穹(天蚕土豆)",进入新页面。在该页面中,点击页面下方"下一页",进入新页面,页面标题为"2—斗破苍穹天蚕土豆—百度小说",依次点击"下一页"。可以看到百度公司在其小说频道的首页设立了"最热榜"和"精品推荐",涉讼作品位列其中。其对每一部涉讼作品搜索结果呈现的网站是固定30多家网站,原告网站不在其中。

2010年9月7日至9月10日,原告的代理人王某在上海市卢湾公证处,在公证员的监督下,使用公证处电脑核查了涉讼作品在百度公司无线频道的传播状况。主要操作步骤为:打开360安全浏览器,在地址栏中输入"wap.baidu.com"进入页面,点击该页面中"小说"进入其小说频道首页,可以看到百度公司在其小说频道的首页设立了"最热榜"和"精品推荐",涉讼作品位列其中。点击该页面[精品推荐]项下的"[都市]近身保镖(柳下挥)",可以进入该小说的搜索结果。点击其中的某一搜索结果,可以看到关于该作品的所有目录,地址栏中的网址显示该页面位于wap.baidu.com的下级页面,在该目录页左下角有"原网页"选项。点击目录中的章节,可以看到该章节的具体内容,地址栏中的网址同样显示该页面位于wap.baidu.com的下级页面,在该目录页左下角有"原网页"选项。点击小说频道首页的[最热榜]项下的"1.[玄幻]斗破苍穹(天蚕土豆)",可以进入该小说的搜索结果,点击其中的某一搜索结果，可以看到关于该作品的所有目录，地址栏中的网址显示该页面位于 wap. baidu. com 的下级页面，在该目录页左下角有"原网页"选项。点击目录中的章节，可以看到该章节的具体内容，地址栏中的网址同样显示该页面位于 wap. baidu. com 的下级页面，在该目录页左下角有"原网页"选项。点击小说内容页面，查看页面属性，可以发现该属性同样显示页面属于 wap. baidu. com 的下级页面。

2010 年 10 月 25 日，原告的代理人王某在上海市卢湾公证处，在公证员的监督下，使用公证处电脑进一步核查涉讼作品在百度公司无线频道的传播状况。主要操作步骤为：打开 360 安全浏览器，在地址栏中输入"wap. baidu. com"进入页面，点击该页面中"小说"进入其小说频道首页，可以看到百度公司在其小说频道的首页设立了"最热榜"和"精品推荐"。依次输入涉讼五部作品的名称，点击搜索，可以进入该小说的搜索结果。点击其中的某一搜索结果，可以看到关于该作品的所有目录。地址栏中的网址显示该页面位于 wap. baidu. com 的下级页面，在该目录页左下角有"原网页"选项。点击目录中的章节，可以看到该章节的具体内容，地址栏中的网址同样显示该页面位于 wap. baidu. com 的下级页面，在该目录页左下角有"原网页"选项。点击"原网页"，可以进入该页内容所对应的原网页，可以发现在原网页中有"百度推广"投放的广告，有原网页所属网站的名称、标识及该网站的其他栏目的列表，而这些信息在百度相对应的页面中都不存在，且两个相对应的页面排版不同。

(3) 合理费用支出事实

原告为本案已支付公证费人民币 4500 元、律师费人民币 8 万元。

【争议焦点】

1. 原告对涉讼作品是否享有权利？
2. 原告通知删除是否符合规定？
3. 百度公司是否构成间接侵权？
4. 百度公司是否构成直接侵权？
5. 隐志公司是否承担共同侵权责任？

【案件分析】

1. 原告对涉讼作品是否享有权利

《著作权法》第 11 条规定，如无相反证明，在作品上署名的公民、法人或者其他组织为作者。结合五部涉讼作品的图书、作品转让协议、授权声明等证据，能形成原告权利证据链。因此，在被告百度公司没有提供任何相反证据的情况下，原告作为涉讼作品权利人依法享有本案诉讼主体资格和追究被告百度公司侵权责任的权利。

2. 原告通知删除是否符合规定

原告法务函符合《信息网络传播权保护条例》第 14 条的规定。通知中包括：（1）原告情况、联系方式和地址；（2）要求删除或者断开链接的侵权作品的名称和网络地址；（3）构成侵权的初步证明材料，明确原告从未许可第三方通过互联网向公众传播涉讼作品，任何非在原告网站上发布的涉讼作品的内容均为侵权内容，可以推定原告法务函使被告百度公司知道涉讼作品的权属及侵权链接的状况。

3. 百度公司是否构成间接侵权

《侵权责任法》第 36 条[①]规定，网络用户、网络服务提供者利用网络侵害他人民事权益的，应当承担侵权责任。网络用户利用网络服务实施侵权行为的，被侵权人有权通知网络服务提供者采取删除、屏蔽、断开链接等必要措施。网络服务提供者接到通知后未及时采取必要措施的，对损害的扩大部分与该网络用户承担连带责任。网络服务提供者知道网络用户利用其网络服务侵害他人民事权益，未采取必要措施的，与该网络用户承担连带责任。《信息网络传播权保护条例》第 14 条规定，对提供信息存储空间或者提供搜索、链接服务的网络服务提供者，权利人认为其服务所涉及的作品、表演、录音录像制品，侵犯自己的信息网络传播权或者被删除、改变了自己的权利管理电子信息的，可以向该网络服务提供者提交书面通知，要求网络服务提供者删除该作品、表演、录音录像制品，或者断开与该作品、表

[①] 本案发生时《民法典》尚未发布，《民法典》发布后此部分内容对应《民法典》第七编侵权责任编第 1194~1197 条。

演、录音录像制品的链接。该条例第 15 条规定，网络服务提供者接到权利人的通知书后，应当立即删除涉嫌侵权的作品、表演、录音录像制品，或者断开与涉嫌侵权的作品、表演、录音录像制品的链接。该条例第 23 条规定，网络服务提供者为服务对象提供搜索或者链接服务，在接到权利人的通知书后，根据本条例规定断开与侵权的作品、表演、录音录像制品的链接的，不承担赔偿责任；但是，明知或者应知所链接的作品、表演、录音录像制品侵权的，应当承担共同侵权责任。从原告包括删除通知在内的多次公证取证证据可以看出，百度公司明知涉讼作品的信息网络传播权仅归属于原告及侵权链接的状况，未及时删除原告通知的侵权信息或断开链接，构成间接侵权。

4. 百度公司是否构成直接侵权

被告百度公司辩称，百度 WAP 搜索是对 Web 页面进行技术转码，不涉及任何对第三方网页内容的编辑、修改、存储，百度 WAP 系提供无线搜索服务，并非直接在线提供作品，不构成直接侵权。法院认为，在正常情形下，搜索引擎的使用是帮助互联网用户在海量信息中迅速查询定位其所需要的信息，向用户提供来源网站的信息索引和网络地址链接方式，引导用户到第三方网站浏览搜索内容，而不是替代第三方网站直接向用户提供内容。本案原告公证取证是从电脑通过互联网链接进入 wap.baidu.com，不是用手机浏览无线频道的内容，公证显示在 wap.baidu.com 页面有对涉讼作品的推荐、对搜索结果进行编辑及修改；被告百度公司在 WAP 频道搜索结果及点击阅读功能向用户提供涉讼作品的全部内容，无论是点击阅读页面的地址栏，还是每一个网页的打印结果，地址显示均属于百度公司的服务器，显示页面也都有"百度"及"荐：手机上网必备，尽在新版掌上百度！"的字样，通过页面属性查询，可以看到该页面显示其主数据内容存储于百度网站服务器的事实；百度公司还在每页最下端显示"原网页"，证明其确认该网页不是原网页，而是原网页之外的一个复制页，而该复制页的内容明显有所删减和重新编排，并非应访问用户的要求自动形成。被告百度公司所称的格式转换，就技术而言，Web 网页内容需复制在百度服务器内存或硬盘上才能处理转换成 WAP 网页。百度公司以 WAP 搜索方式提供涉讼作品内容的行为

第十五条 【网络服务提供者接到权利人通知后的义务】 | 133

使用户无须访问第三方网站即可完整获得内容,其已超出了提供搜索引擎服务的正常范围,不属于法律规定的免责情形。因此,可以认定百度公司直接、完整地将涉讼作品放置在其服务器上,由用户以点击小说搜索方式向用户提供涉讼作品,该行为属于复制和上传作品的行为,并通过网络进行传播,构成直接侵权。

5. 隐志公司是否承担共同侵权责任

从原告提供的证据看出,"7999 网址大全"网站作为百度联盟绿色认证的百度联盟成员,网页显著位置内嵌有百度搜索条,尚不足以证明隐志公司有主观过错且参与百度公司的侵权行为,法院对原告要求隐志公司承担共同侵权责任的诉请不予支持。

一审法院根据《侵权责任法》第36条①、《信息网络传播权保护条例》第14条、第15条、第18条第1项、第23条,《著作权法》第10条第1款第12项、第48条第1项、第49条,《最高人民法院关于审理著作权民事纠纷案件适用法律若干问题的解释》第25条第1款、第2款及第26条的规定,判决:(1)被告百度公司自判决生效之日起立即停止对原告玄霆公司享有著作权的《斗破苍穹》《凡人修仙传》《卡徒》《近身保镖》《天王》5部作品的信息网络传播权的侵权行为;(2)被告百度公司自判决生效之日起十日内赔偿原告玄霆公司经济损失人民币50万元以及合理费用人民币44 500元;(3)驳回原告玄霆公司的其他诉讼请求。

【引以为鉴】

网络服务提供者应该谨慎对待权利人的通知并积极履行相应的法律义务,否则将会承担侵权责任。网络服务提供者为服务对象提供搜索或者链接服务,在接到权利人的通知书后,根据本条例规定断开与侵权的作品、表演、录音录像制品的链接的,不承担赔偿责任;但是,明知或者应知所链接的作品、表演、录音录像制品侵权的,应当承担共同侵权责任。

---

① 本案发生时《民法典》尚未发布,《民法典》发布后此部分内容对应《民法典》第七编侵权责任编第1194~1197条。

《侵权责任法》第36条①规定，网络用户、网络服务提供者利用网络侵害他人民事权益的，应当承担侵权责任。网络用户利用网络服务实施侵权行为的，被侵权人有权通知网络服务提供者采取删除、屏蔽、断开链接等必要措施。网络服务提供者接到通知后未及时采取必要措施的，对损害的扩大部分与该网络用户承担连带责任。网络服务提供者知道网络用户利用其网络服务侵害他人民事权益，未采取必要措施的，与该网络用户承担连带责任。《信息网络传播权保护条例》第14条规定，对提供信息存储空间或者提供搜索、链接服务的网络服务提供者，权利人认为其服务所涉及的作品、表演、录音录像制品，侵犯自己的信息网络传播权或者被删除、改变了自己的权利管理电子信息的，可以向该网络服务提供者提交书面通知，要求网络服务提供者删除该作品、表演、录音录像制品，或者断开与该作品、表演、录音录像制品的链接。该条例第15条规定，网络服务提供者接到权利人的通知书后，应当立即删除涉嫌侵权的作品、表演、录音录像制品，或者断开与涉嫌侵权的作品、表演、录音录像制品的链接。该条例第23条规定，网络服务提供者为服务对象提供搜索或者链接服务，在接到权利人的通知书后，根据本条例规定断开与侵权的作品、表演、录音录像制品的链接的，不承担赔偿责任；但是，明知或者应知所链接的作品、表演、录音录像制品侵权的，应当承担共同侵权责任。从原告包括删除通知在内的多次公证取证证据可以看出，百度公司明知涉讼作品的信息网络传播权仅归属于原告及侵权链接的状况，未及时删除原告通知的侵权信息或断开链接，构成间接侵权。

◆ 经典案例18

某搜索引擎网站关于通知与反通知的声明

根据用户本人的指令，本网站的搜索引擎系统会以非人工检索方式自动生成到第三方网页的链接，以便用户能够找到和使用第三方网页上各种文档、

---

① 本案发生时《民法典》尚未发布，《民法典》发布后此部分内容对应《民法典》第七编侵权责任编第1194~1197条。

第十五条 【网络服务提供者接到权利人通知后的义务】 | 135

资料等内容。"本网站"自身不存储、控制、编辑或修改被链接的第三方网页上登载、存储、编辑、显示被检索（包括但不限于以文字、图片或音乐等形式出现）的信息的内容或其表现形式。

根据法律、法规和规范性文件要求，本网站制定了旨在保护知识产权权利人的合法权益的措施和步骤，当著作权人和/或依法可以行使信息网络传播权的权利人（以下简称权利人）发现在本网站生成的链接所指向的第三方网页的内容侵犯其信息网络传播权时，权利人应事先向本网站发出"权利通知"，本网站将根据中国法律法规和政府规范性文件采取措施断开相关链接。

具体措施和步骤如下：

权利通知

任何个人或单位如果同时符合以下两个条件：

1. 是某一作品的著作权人和/或依法可以行使信息网络传播权的权利人；

2. 本网站的搜索引擎系统以自动检索方式而链接到第三方网页的内容侵犯了上述作品的信息网络传播权。

请上述个人或单位务必以书面（传真或邮寄信件）的通信方式向本网站提交权利通知（除非有事先经本网站同意，请勿使用电子邮件方式提交通知）。

请注意：如果权利通知的陈述失实，权利通知提交者将承担对由此造成的全部法律责任（包括但不限于赔偿各种费用及律师费）。如果上述个人或单位不确定网络上可获取的资料是否侵犯了其著作权，本网站建议该个人或单位首先咨询专业人士。

为了本网站有效处理上述个人或单位的权利通知，请使用以下格式（包括各条款的序号）。

1. 请提供具体的联络信息，包括姓名、身份证或护照复印件（对自然人）、单位登记证明复印件（对单位）、通信地址、电话号码、传真和电子邮件。

2. 请完整、准确地指明涉嫌侵权作品的名称和登载该作品的第三方网页的地址。

3. 请提供构成侵权的初步证明材料，谨此提示以下材料可能会构成初步证明：

（1）对涉嫌侵权作品拥有著作权和/或依法可以行使信息网络传播权的权属证明；

（2）对涉嫌侵权作品侵权事实的举证。

4. 请您在该权利通知落款处亲笔签名，如果您是依法成立的机构或组织，请您加盖公章。

请您把以上资料和联络方式书面发往本网站地址。

反通知

本网站根据前述通知断开相关链接的，被断开链接的网站的所有权人/管理人可以依法向本网站发出关于被断开链接的内容不侵犯信息网络传播权的反通知。反通知发出后，本网站可以恢复被断开的链接内容，且依法对该恢复行为不承担法律责任。

请您务必以书面（传真或邮寄信件）的通信方式向我们提交"反通知"（除非有事先经本网站同意，请勿使用电子邮件方式提交通知）。请注意：如果您"反通知"的陈述失实，您将承担由此造成的全部法律责任（包括但不限于赔偿各种费用及律师费）。如果您不确定网络上可获取的资料是否侵犯了他人的权利，我们建议您首先咨询专业人士。

为了便于我们处理您的反对通知，请使用以下格式（包括各条款的序号）。

1. 请提供具体的联络信息，包括姓名、身份证或护照复印件（对自然人）、单位登记证明复印件（对单位）、通信地址、电话号码、传真和电子邮件。

2. 请完整、准确地指明要求恢复链接作品的名称和登载该作品的第三方网页的地址。

3. 请提供不构成侵权的初步证明材料，谨此提示如下材料可能会构成初步证明：

（1）对被指控侵权作品拥有著作权和/或依法可以行使信息网络传播权的权属证明；

（2）对被指控侵权作品依法登载的举证。

4. 请您在该反通知落款处亲笔签名，如果您是依法成立的机构或组织，请您加盖公章。请您把以上资料和联络方式书面发往本网站地址。

第十六条　【服务对象的反通知】

> **第十六条　【服务对象的反通知】**
>
> 服务对象接到网络服务提供者转送的通知书后，认为其提供的作品、表演、录音录像制品未侵犯他人权利的，可以向网络服务提供者提交书面说明，要求恢复被删除的作品、表演、录音录像制品，或者恢复与被断开的作品、表演、录音录像制品的链接。书面说明应当包含下列内容：
>
> （一）服务对象的姓名（名称）、联系方式和地址；
>
> （二）要求恢复的作品、表演、录音录像制品的名称和网络地址；
>
> （三）不构成侵权的初步证明材料。
>
> 服务对象应当对书面说明的真实性负责。

◆ **相关法律规定**

《互联网著作权行政保护办法》

第七条　互联网信息服务提供者根据著作权人的通知移除相关内容的，互联网内容提供者可以向互联网信息服务提供者和著作权人一并发出说明被移除内容不侵犯著作权的反通知。反通知发出后，互联网信息服务提供者即可恢复被移除的内容，且对该恢复行为不承担行政法律责任。

第九条　互联网内容提供者的反通知应当包含以下内容：

（一）明确的身份证明、住址、联系方式；

（二）被移除内容的合法性证明；

（三）被移除内容在互联网上的位置；

（四）反通知内容的真实性声明。

第十条　著作权人的通知和互联网内容提供者的反通知应当采取书面形式。

著作权人的通知和互联网内容提供者的反通知不具备本办法第八条、第九条所规定内容的，视为未发出。

◆ **知识精要**

本条规定了服务对象接到网络服务提供者转送的通知书后的权利和义务。

服务对象接到网络服务提供者转送的通知书后，认为其提供的作品、表演、录音录像制品未侵犯他人权利的，可以向网络服务提供者提交书面说明，要求恢复被删除的作品、表演、录音录像制品，或者恢复与被断开的作品、表演、录音录像制品的链接。

书面说明应当包含下列内容：

（1）服务对象的姓名（名称）、联系方式和地址，服务对象应保证其提供的名称和地址能够被有关部门找到。

（2）要求恢复的作品、表演、录音录像制品的名称和网络地址，指被移除内容的名称和在互联网的位置。

（3）不构成侵权的初步证明材料，指证明服务对象拥有合法权利的相关证据，如：著作权登记证书（号）、首次出版的出版物版权页、授权证明等证明文件。

（4）服务对象应当对书面说明的真实性负责并作出相应的声明。

◆ 经典案例 19

某公司要求恢复被删除或断开链接的网络内容的通知的范本

要求恢复被删除或断开链接的网络内容的通知

	姓名/名称		有效证件号码	
	法定代表人			
	通信地址			
通知人	网站名称域名			
	IP 地址		ICP 备案/许可证号	
	联系人		电话	
	E-mail		传真	
	名称			
网络服务提供者	通信地址		邮编	
	域名		E-mail	
	电话		传真	

续表

要求恢复已被删除或断开链接的内容	
要求恢复内容的网页地址	
未侵权证明材料	
通知要求	
保证声明	通知人保证本通知的内容的真实性,并对此承担法律责任。
通知人签名(章)	年　月　日
备注	

上述表格中,"有效证件"一项,自然人填写身份证号码、护照号码等有效证件号码;法人填写工商营业执照号码。填写号码同时注明证件类型,并将证件的复印件作为本通知的附件一并提供。"要求恢复已被删除或断开链接的内容"是指通知人被网络服务提供者删除或断开的作品、表演、录音录像制品名称。"要求恢复内容的网页地址"是指通知人被网络服务提供者删除或断开链接的内容在未被删除前的网络路径,即浏览器顶部地址框中显示的信息。通过这个路径可以直接进入上述内容所在的页面。"通知要求"是指发出本通知的一方向对方提出的具体要求,即接受通知方需要履行的事项,如回复链接或者恢复被删除的内容。"未侵权证明材料"应以附件的形式提供证明通知人拥有合法权利的相关证据,如著作权登记证书(号)、首次出版的出版物版权页、授权证明等证明文件。

◆ 经典案例 20

北京荣信达影视艺术有限公司与
陕西省电信有限公司侵犯著作权纠纷上诉案

【基本案情】

2002年4月3日，北京荣信达影视艺术中心取得《恋爱中的宝贝》摄制电影许可证。2004年8月11日，该中心更名为北京荣信达影视艺术有限公司（以下简称荣信达公司）。2005年2月14日，《恋爱中的宝贝》在我国公映。2007年3月6日，荣信达公司委托律师向汉唐公证处申请保全证据。该日下午16时45分，在汉唐公证处信息资料室，用律师自带宏碁电脑与公证处网络连接，在互联网上，输入http://www.vnet.cn/sn/，进入"互联星空·陕西"，在该网站上按提示操作即可看到《恋爱中的宝贝》。汉唐公证处就公证情况出具了公证书。在公证书第11页所显示网站页面上，可看到《恋爱中的宝贝》的简要说明，内容提供商处写的是"九维"。2007年8月28日，荣信达公司取得著作权登记证书，证书上记载其以制片者身份对《恋爱中的宝贝》享有著作权。荣信达公司发现网站上有播放行为后，未向陕西省电信有限公司（以下简称电信公司）发函，于9月26日直接向法院提起诉讼，要求电信公司停止侵权，赔偿损失。另查，"互联星空·陕西"系由电信公司开办。庭审中，荣信达公司表示该网站已停止播放《恋爱中的宝贝》，其放弃停止侵权的诉讼请求。

【争议焦点】

被告是否侵犯了原告的著作权。

【案件分析】

《著作权法》第10条规定，著作权包括信息网络传播权，任何人在网络上传播他人作品应当取得著作权人的许可。本案中，电信公司认可在其开办的网站中播放了涉案电影这一事实。由于电信公司的播放行为并未征得原告同意，其播放行为已侵犯原告的著作权。理由如下：被告主张原告未履行通知义务，认为《信息网络传播权保护条例》第14~16条规定的是权利人发现网络服务提供者提供服务所涉及的作品、表演、录音录像制品侵犯自己的信息网络传播权时，可向网络服务者提交要求删除该作品、表演、录音录像制品或断开相应链接的书面通知，以及网络服务提供者接到通知书后所应采取的措施、服务对象可采取的措施和相应的责任。

这些规定所提及的网络服务者是指提供信息存储空间或者提供搜索、链接服务的网络服务提供者。从本案查明的情况来看，"互联星空·陕西"网站上的内容系由被告经营管理，其将该网站上的部分区域交由他人管理、经营，不能免除其自身的责任，此不属于单纯给服务对象提供信息存储空间或搜索、链接服务，本案不适用前述规定，而且权利人向网络服务提供者发出书面通知仅是其制止侵权行为的方式之一，并不是要求侵权人承担责任的前提条件，被告以未通知为由要求免责，没有法律依据，不予支持。

【引以为鉴】

互联网内容服务提供者不适用通知与反通知规则。

《信息网络传播权保护条例》第14~16条规定的是权利人发现网络服务提供者提供服务所涉及的作品、表演、录音录像制品侵犯自己的信息网络传播权时，可向网络服务者提交要求删除该作品、表演、录音录像制品或断开相应链接的书面通知，以及网络服务提供者接到通知书后所应采取的措施、服务对象可采取的措施和相应的责任。这些规定所提及的网络服务者是指提供信息存储空间或者提供搜索、链接服务的网络服务提供者。除此之外，对于那些直接提供内容的网站，不适用前述规定。

第十七条 【网络服务提供者接到服务对象反通知后的义务】

网络服务提供者接到服务对象的书面说明后，应当立即恢复被删除的作品、表演、录音录像制品，或者可以恢复与被断开的作品、表演、录音录像制品的链接，同时将服务对象的书面说明转送权利人。权利人不得再通知网络服务提供者删除该作品、表演、录音录像制品，或者断开与该作品、表演、录音录像制品的链接。

◆ 相关法律规定

《互联网著作权行政保护办法》

第十条 著作权人的通知和互联网内容提供者的反通知应当采取书面形式。

著作权人的通知和互联网内容提供者的反通知不具备本办法第八条、第九条所规定内容的，视为未发出。

◆ 知识精要

本条例第 14~17 条建立了处理网络著作权（信息网络传播权）侵权纠纷的"通知与删除、反通知与恢复"程序。该程序先后顺序及当事人权利义务如下：

一是权利人认为网络上的作品、表演、录音录像制品侵犯其合法权益（指信息网络传播权、权利管理电子信息），可向网络服务提供者发出书面通知要求删除该作品、表演、录音录像制品，或者断开与该作品、表演、录音录像制品的链接。

二是网络服务提供者收到权利人通知后，应当立即采取通知载明的措施，或删除或断开链接通知指定的作品、表演、录音录像制品。同时，将通知书转送服务对象（包括直接转送或特定情况下的网络公告转送）。

三是服务对象收到通知书后认为其没有侵犯他人权利的，可提交书面说明，要求网络服务提供者立即恢复相关内容。

四是网络服务提供者收到服务对象的恢复相关内容说明后，立即按说明采取规定的措施，或恢复链接或恢复内容。同时，将服务对象的恢复相关内容说明转送权利人。

从本条例规定看，自动提供上传、存储、链接或搜索服务，且对存储或传输的内容不进行任何编辑、修改或选择的网络服务提供者，并没有义务、实际上也没有能力审查上传、存储、链接或搜索的内容是否侵犯他人信息网络传播权，因此仅承担在接到权利人通知后删除相关内容的义务。

信息网络传播中，著作权人和互联网服务提供者的关系比较微妙。有时两者相互依赖，著作权人需要网络服务提供者传播其作品，网络传播的影响

第十七条 【网络服务提供者接到服务对象反通知后的义务】 | 143

越大,越有利于提高著作权人的知名度;同时,网络服务提供者也需要一些有影响力的作品吸引用户,需要著作权人多提供一些作品。有时两者是相互冲突的,会出现作品未经权利人许可被使用且无人支付报酬的情形。因此著作权人和网络服务提供者的纠纷不断,以至著作权人要求增加网络服务提供者在提供服务时事先审查提供的内容是否侵权的义务。这样做当然对保护著作权有利,减少了许多网络侵权,但这种要求不仅存在现时操作的困难性,而且大大降低了网络传播的速度,降低了效率,不利于社会进步,也加大了网络服务提供者的义务,有失公平。

在法律对著作权人和网络服务提供者的价值冲突进行平衡的时候,立法者为网络服务提供者设计了"避风港"制度,使网络服务提供者不用战战兢兢地过日子,从而有利于信息传播和互联网产业的发展。同时,法律也没有忽略著作权人的权利,如果发生侵权,著作权人仍有主张权利的途径。需要特别指出的是,直接提供网络内容的网络服务提供者,不适用避风港制度。

根据本条规定,网络服务提供者接到服务对象的书面说明后,应当履行下列义务:

(1)立即恢复被删除的作品、表演、录音录像制品,或者可以恢复与被断开的作品、表演、录音录像制品的链接。这就需要网络服务提供者在当初接到权利人的通知后对涉嫌侵权的作品、表演、录音录像制品进行删除时应该保留备份,以便在接到服务对象的书面说明后及时恢复。另外,当初断开的链接地址也应保存好以便在接到服务对象的书面说明后及时恢复断开的链接。

(2)将服务对象的书面说明转送权利人。一般情况下,权利人在向网络服务提供者发出通知时已经将自己的联系地址告知了网络服务提供者,因此,网络服务提供者可以按照通知书的地址将服务对象的书面说明送达。如果权利人提供的地址无法送达,网络服务提供者可以将服务对象的书面说明在网络上公告。

需要注意的是,在网络服务提供者接到服务对象后恢复被删除的作品和断开的链接后,权利人不得再通知网络服务提供者删除该作品、表演、录音录像制品,或者断开与该作品、表演、录音录像制品的链接,否则就会陷入无休无止的循环中。此种情况下,权利人可以直接向人民法院起诉服务对象

（注意不是网络服务提供者）。如果法院最终确认服务对象侵权，则网络服务提供者应该根据生效的判决删除服务对象提供的作品、表演、录音录像制品或者断开与该作品、表演、录音录像制品的链接。网络服务提供者执行法院判决后，不承担任何法律责任。

◆ 经典案例 21

百代唱片有限公司诉北京阿里巴巴信息技术有限公司 侵犯著作邻接权纠纷案

【案情简介】

原告百代唱片有限公司起诉称：该公司对 Coldplay 演唱的专辑《Parachutes》、Gorillaz 演唱的专辑《Demon Days》、The Beatles 演唱的专辑《Past Masters · Volume One》《Past Masters · Volume Two》《Yellow Submarine》和《A Hard Day's Night》享有录音制作者权，并未授权被告或相关第三方通过被告经营的雅虎中文网站等相关网站传播或者通过链接方式传播上述录音制品，对其进行在线播放和下载。被告北京阿里巴巴信息技术有限公司（以下简称阿里巴巴公司）自 2006 年 4 月 10 日开始，通过其经营的雅虎中文网站，向公众提供上述六张专辑中共计 11 首歌曲的试听及下载服务。其中，包括《Parachutes》专辑中的歌曲《Yellow》；《Demon Days》专辑中的歌曲《Feel Good Inc》等五首；《Past Masters · Volume One》专辑中的歌曲《Shelo Loves You》，《Past Masters · Volume Two》专辑中的歌曲《Hey Jude》《Let It Be》；《A Hard Day's Night》专辑中的歌曲《A Hard Day's Night》和《Yellow Submarine》专辑中的歌曲《Yellow Submarine》；同时，通过对涉案歌曲《Feel Good Inc》等歌曲信息进行人为的搜集、整理、分类、编排，按照歌曲风格、流行程度、歌手性别等标准制作诸如"歌曲排行榜""最佳男歌手""最佳女歌手"等不同的分类链接，便于网络用户搜索；提供涉案歌曲《Yellow》《Feel Good Inc》和《Hey Jude》的音乐盒服务，存储用户的歌曲链接，并可以实现共享等功能，方便其他网络用户通过"音乐盒"直接试听和下载。原告认为，被告的上述行为使网络用户无须离开被告网站网页即可实现歌曲的试听及下载，已经超出了普通搜

第十七条 【网络服务提供者接到服务对象反通知后的义务】 | 145

索引擎的服务范围。被告把第三方网站的资源变成自己的资源加以控制和利用，属于直接复制并通过网络传播原告享有录音制作者权的涉案歌曲的侵权行为；即使不构成上述侵权行为，被告亦未尽到合理注意义务，构成诱使、参与、帮助他人实施侵权的行为，侵犯了其对涉案歌曲所享有的录音制作者权中的复制权、信息网络传播权以及相应的获得报酬权。国际唱片业协会曾经代表原告与被告就涉案事宜进行过协商。原告也曾于2006年7月4日向被告发出于7日内断开相关链接的通知，但是被告直到7月底仍未删除相关链接。原告因此诉至法院，请求判令被告停止侵权；在雅虎网站、《人民日报》《北京晚报》《中国日报》《中国青年报》上向原告公开赔礼道歉；赔偿原告经济损失及为诉讼支出的律师费、公证费、差旅费等合理费用共计50万元并承担本案诉讼费用。

被告阿里巴巴公司答辩称：第一，其作为搜索引擎服务商所提供的搜索服务的工作原理是由蜘蛛程序从互联网自动搜索到各种音频文件的统一资源定位符，并收录到索引数据库；当互联网用户在客户端输入关键字查询后，搜索引擎自动在索引数据库中进行检索及逻辑运算，以链接列表的方式给出搜索结果。用户点击搜索结果进行试听和下载时，客户端直接被链接到目标文件所在的第三方网页。涉案试听和下载的歌曲均来源于第三方网站，被告提供的仅是涉案歌曲的搜索和链接服务，并非歌曲的试听和下载服务。第二，通过分类信息，即关键字搜索推荐的方式查询，是搜索引擎服务商普遍采用的服务方式；相关分类信息系由搜索引擎系统通过对用户提交的搜索关键字进行自然计算后得出，被告未对任何搜索结果进行非技术性的选择、编辑或控制；被告通过关键字搜索推荐的方式提供的仍然是搜索链接服务，而非下载服务。第三，音乐盒服务只是为网络用户提供存储空间，用来存储相关的链接地址，而非存储歌曲本身，其功能等同于IE浏览器中的"收藏夹"，所以不构成侵权。第四，被告已经严格履行了法律义务，在接到原告合乎法律要求的相关通知后，于8月初完全断开了原告提供了统一资源定位符地址的相关链接，并在雅虎网站公告栏中进行了公告。原告要求断开所有侵权链接的要求于法无据，故请求法院驳回原告的诉讼请求。

根据当事人的举证、质证、法院的认证，以及双方当事人的陈述，法院查明以下事实：The Beatles 演唱的专辑《A Hard Day's Night》于 1964 年出版，该专辑标注："1964 Original Sound Records Made By Emir Ecords Ltd."，其中包括歌曲《A Hard Day's Night》；The Beatles 演唱的专辑《Yellow Submarine》于 1969 年出版，该专辑标注："1964 Original Sound Records Made By EMI Records Ltd."，其中包括歌曲《Yellow Submarine》；The Beatles 演唱的专辑《Past Masters · Volume One》和《Past Masters · Volume Two》均于 1988 年出版，上述专辑均标注："1988 EMI Records Ltd"，其中包括歌曲《She Loves You》《Hey Jude》和《Let It Tbe》；Coldplay 演唱的专辑《Parachutes》出版，该专辑标注："2000 The Copyright in this Sound Recording is Owned by EMI Records Ltd."，其中包括歌曲《Yellow》；Gorillaz 演唱的专辑《Demon Days》于 2005 年出版，该专辑标注："2005 The Copyright in this Sound Recording is Owned By EMI Records Ltd."，其中包括歌曲《Feel Good Inc》《Dirty Harry》《Dare》《All Alone》和《Intro》。百代唱片有限公司系国际唱片业协会会员。2006 年 8 月 2 日，国际唱片业协会亚洲区办事处总裁梁某某签发版权认证报告，证明《A Hard Day's Night》等 11 首涉案歌曲的录音制作权人为百代唱片有限公司。

2006 年 4 月 27 日和 5 月 26 日，国际唱片业协会北京代表处的代理人北京市路盛律师事务所职员杜某、蒋某某作为申请人，分别使用杜某提供的计算机和公证处的计算机设备，对雅虎中文网站（网址：http：//www.yahoo.com.cn；http：//cn.www.yahoo.com）对涉案 11 首歌曲提供音乐搜索、歌曲试听、下载服务等过程进行公证证据保全。其主要操作过程如下：进入雅虎中文网站音乐搜索页面，在搜索框中输入特定歌曲名称后，点击后面的"搜歌曲"栏，出现歌曲名称均为该歌曲的歌曲列表，表中显示"歌曲名称、歌手、所属专辑、歌词、试听、铃声、音乐盒、格式、大小、连通速度"等项目，点击其中的"试听"栏，出现对话框形式的试听页面，点击该试听页面上的"下载歌曲"栏，出现对话框形式的下载页面，完成下载。搜索涉案歌曲通过点击"雅虎音乐搜索"页面上的"全部男歌手""全部女歌手"等栏目亦可实现。经比对，该次公证下载的涉案歌曲均与百代唱片有限公司主张权利的涉案歌曲相同，阿里巴巴公司对此予以认可。

第十七条 【网络服务提供者接到服务对象反通知后的义务】 | 147

点击涉案歌曲进行试听时,试听页面最上方地址栏分别显示"http：∥61.182.161.124 - 音乐试听 - Microsofti nternet explorer；http：∥61.182.160.205 - 音乐试听 - Microsoft internet explorer 和 http：∥61.182.160.206 - 音乐试听 - Microsoft internet explorer"。地址栏下方是一个长方形的广告栏,显示相关网站的广告类信息,其下显示"歌曲试听：歌曲名、歌手名、下载歌曲、播放器及歌词"。下载页面中显示歌曲来源,如"leitbe.mp3 来自61.156.7.14"。试听页面地址栏中出现的上述三个地址均属于中国网通集团河北省网络。阿里巴巴公司主张,其租用上述服务器,用于设置试听页面上的广告栏、歌词等相关信息；设置试听页面的目的在于明确试听歌曲的来源网址,便于相关权利人主张权利,与歌曲的链接无关；歌曲的链接仍然直接发生在客户端与第三方网页之间,设置试听页面没有对歌曲的链接实施控制；试听页面广告栏中确有部分内容是广告信息,但系河北省网络所设置,雅虎中文网站仅在广告栏部分采取了"重新定向"技术。百代唱片有限公司对此不予认可,认为通常的搜索引擎服务方式是：用户在搜索网站输入关键词后,在搜索网站的页面会把搜索结果逐条排列显示；当用户点击特定搜索结果后,将自动弹出独立的第三方网站的页面,提供搜索引擎服务的网站不介入用户从第三方网站获取信息的过程；而阿里巴巴公司提供的搜索引擎服务通过设置试听页面,对相关歌曲的试听和下载实施控制,使网络用户无须离开其网络环境,即可实现相关歌曲的试听和下载,从而谋取经济利益。

2006年4月29日和5月26日,国际唱片业协会北京代表处的代理人北京市路盛律师事务所职员张某、蒋某某作为申请人,分别使用张某提供的计算机和公证处的计算机设备,对雅虎中文网站涉案歌曲《Yellow》《Feel Good Inc》和《Hey Jude》提供音乐盒服务的相关情况进行了公证证据保全。其主要操作过程如下：进入相关歌曲列表,点击其中的"音乐盒"栏,通过输入"yahooID"及"密码"登录后,"歌手、歌名、专辑、网址"等相关音乐信息即可存入音乐盒。在"雅虎音乐搜索—音乐盒"页面,有由"序号、歌曲名称、歌手、专辑、试听顺序、收藏时间"等项目组成的歌曲列表,选中其中的歌曲名称,可以进行试听和下载；该列表左侧有纵向排列的菜单,含有"我的音乐盒""音乐排行榜""我的音乐专辑""邀请好友""雅虎音乐搜索""控制面板""意见反馈"等栏目，点击"我的音乐专辑"栏，可以在其中创建新专辑；点击"控制面板"栏，可以将"音乐盒"设置为"公开"，以便其他用户也能看到音乐盒中的信息。经比对，该次公证下载的涉案歌曲均与百代唱片有限公司主张权利的涉案歌曲相同，阿里巴巴公司对此予以认可。

2006年4月30日，国际唱片业协会北京代表处的代理人北京市路盛律师事务所职员蒋某某作为申请人，使用蒋某某提供的计算机，对雅虎中文网站对歌曲音乐信息进行搜集、整理、分类，按歌曲风格、流行程度、歌手性别等标准制作了不同的分类信息的情况进行了公证证据保全。其主要操作过程如下：进入雅虎音乐搜索页面，该页面显示"搜歌曲""搜歌词"搜索框、"全部男歌手""全部女歌手""新歌飙升""影视金典""欧美经典"等18个分类栏目以及"新歌飙升榜""热搜歌曲排行榜"等具体板块，分别点击上述栏目和板块中的相关歌曲，进行试听和下载，其中包括涉案歌曲《Feel Good Inc》。经比对，该公证下载的涉案歌曲与百代唱片有限公司主张权利的涉案歌曲相同，阿里巴巴公司对此予以认可。

2006年4月10日，国际唱片业协会代表百代唱片有限公司致函北京雅虎网咨询服务有限公司，要求收到该函后七日内删除与其会员录音制品有关的全部侵权链接，并提供了该协会会员名单以及可以查询会员录音制品信息的官方网站地址。阿里巴巴公司的前身北京三七二一科技有限公司（以下简称三七二一公司）于2006年4月28日复函，表示有望在同年5月中旬左右设置技术措施，以阻止中国大陆以外拥有可检测IP地址的用户使用其MP3搜索服务、在5月底前从MP3搜索结果中过滤非汉语歌曲。

2006年7月4日，百代唱片有限公司再次以律师函的形式向雅虎中文网站经营者发出通知，其中列举了34名演唱者（包括涉案三名演唱者）以及48张专辑（包括涉案六张专辑）的名单，提供了136首歌曲的具体侵权统一资源定位符地址各一个作为示例（其中包括涉案歌曲《Hey Jude》等三首），以及相关被控侵权链接的屏幕截图，要求于收到该函之日起7日内，删除与上述演唱者和专辑有关的所有侵权链接。2006年7月13日，三七二一公司致函百代唱片有限公司的代理律师索要授权委托书。翌日，百代唱片

第十七条 【网络服务提供者接到服务对象反通知后的义务】 | 149

有限公司的代理律师提供了授权委托手续。7月18日,三七二一公司收到授权委托书复印件,并分别于7月20日、7月28日致电、致函百代唱片有限公司的代理律师希望提供相关统一资源定位符地址的电子版,同时开始手工删除。

2006年7月28日和7月31日,国际唱片业协会北京代表处的代理人北京市路盛律师事务所职员杜某作为申请人,使用公证处的计算机设备,对雅虎中文网站并未删除与《Hey Jude》等11首涉案歌曲有关的所有侵权链接的相关情况进行了公证证据保全,其中与前述2006年7月4日函中统一资源定位符地址相同的有《Hey Jude》和《All Alone》二首歌曲,同时公证下载了《Dirty Harry》《All Alone》和《She Loves You》三首歌曲。经比对,该次公证下载的涉案歌曲均与原告主张权利的相应歌曲相同,阿里巴巴公司对此予以认可。

2006年8月2日,三七二一公司致函百代唱片有限公司代理律师,表明只能删除律师函中提供了具体统一资源定位符地址的相关链接。8月3日、8月10日,百代唱片有限公司代理律师两次致函三七二一公司,强调雅虎中文网站上与涉案歌曲有关的所有链接均为侵权链接,其要求不仅删除律师函中提供的统一资源定位符地址,而是删除与该律师函中所提及的全部作品有关的所有搜索结果。阿里巴巴公司主张,其自2006年7月28日开始,通过手工录入的方式,陆续删除律师函中提供了具体统一资源定位符地址的链接,8月3日,完成全部删除工作。原告认可现在被告网站上已经没有上述地址的链接,但是对被告完成删除链接的时间不予认可。

另查,百代唱片有限公司仅授权爱国者数码音乐网、九天音乐网等七家网站许可中华人民共和国国内的第三方通过信息网络"下载、同步或/和下载并播放"涉案歌曲。百代唱片有限公司主张经授权的网站提供歌曲的在线试听和下载服务均需注册或者付费。阿里巴巴公司主张如果上述合法授权网站在线试听和下载确需注册或者付费,则雅虎音乐搜索系统中的蜘蛛程序无法抓取来自上述合法授权网站的音乐信息,也无法设置相关链接,百代唱片有限公司对此予以认可。

三七二一公司为雅虎中文网站的所有者;2006年8月,三七二一公司更名为阿里巴巴公司。百代唱片有限公司为诉讼支出代理费人民币 341 878.39 元、公证费人民币 34 890 元、加章转递费港币 22 000 元,本案共主张为诉讼支出的合理费用人民币 36 319.84 元。

经比对,经公证下载的被告网站链接的涉案歌曲与原告主张权利的涉案歌曲相同。涉案相关第三方网站上传并传播涉案歌曲并未经原告许可,亦未支付相关报酬,其行为构成了原告对涉案歌曲所享有的信息网络传播权和相应的获得报酬权的侵犯。

本案中,被告阿里巴巴公司作为搜索引擎服务提供商,设置专门的音乐网页提供"雅虎音乐搜索"服务,通过在搜索框输入关键字等方式提供涉案歌曲的搜索链接;并根据歌手性别、歌曲流行程度等,制作了不同种类的分类信息;被告还提供"音乐盒"服务,为网络用户提供存储相关链接地址的网络空间。原告曾于 2006 年 4 月 10 日和 7 月 4 日分别向被告发函,告知其侵权事实的存在,提供了有关权利人录音制品信息的网址、含有涉案 11 首歌曲的音乐专辑及演唱者的名称,同时提供了《Hey Jude》等三首涉案歌曲的具体统一资源定位符地址各一个作为示例,要求被告删除与涉案专辑有关的所有侵权链接。被告收到上述函件后,即可以获取原告享有录音制作者权的相关信息及被控侵权的相关歌曲的信息,应知其网站音乐搜索服务产生的搜索链接结果含有侵犯原告录音制作者权的内容。但被告仅删除了原告提供了具体统一资源定位符地址的三个侵权搜索链接,怠于行使删除与涉案歌曲有关的其他侵权搜索链接的义务,放任涉案侵权结果的发生,其主观上具有过错,属于通过网络帮助他人实施侵权的行为,应当承担相应的侵权责任。

法院认为,被告阿里巴巴公司的涉案行为属于通过网络帮助他人实施侵权的行为,侵犯了原告百代唱片有限公司对涉案歌曲所享有的录音制作者权中的信息网络传播权和获得报酬权,应当承担共同侵权的法律责任。因此,本案原告要求被告停止侵权、赔偿损失,理由正当,法院予以支持。在停止侵权的具体方式方面,法院将根据本案的具体情况予以确定;在具体的赔偿数额方面,法院将根据被告涉案侵权行为的性质、持续时间、被告主观恶意程度、权利人因此遭受的损失等因素酌情判定。鉴于原告主张的录音制作者权属于财产性质的权利,不适用赔礼道歉的侵权责任形式,故原告关于被告公开赔礼道歉的诉讼请求缺乏法律依据,法院不予支持。

法院依照《著作权法》第41条第1款、第47条第1项、第48条《信息网络传播权保护条例》第14条、第15条、第23条《最高人民法院关于审理涉及计算机网络著作权纠纷案件适用法律若干问题的解释》第3条之规定,判决:(1)自判决生效之日起,阿里巴巴公司删除雅虎中文网站"雅虎音乐搜索"中与《A Hard Day's Night》等11首涉案歌曲有关的搜索链接;(2)自判决生效之日起十日内,阿里巴巴公司赔偿百代唱片有限公司经济损失人民币4400元及为诉讼支出的合理费用人民币11 000元;(3)驳回百代唱片有限公司的其他诉讼请求。

【争议焦点】

被告阿里巴巴公司的涉案行为是否构成对原告所享有的录音制作者权的侵犯?是否应当承担相应的法律责任?

【案件分析】

网络传播是以数字化形式复制作品并在互联网上向不特定公众提供作品的行为。在雅虎中文网站音乐搜索网页上,无论通过在搜索框中输入关键字的方式或者通过该网页提供的分类信息的方式对涉案歌曲进行搜索,得到的搜索结果均仅为涉案歌曲不同统一资源定位符地址的链接,且音乐盒服务中所存储的亦为涉案歌曲的链接,而非涉案歌曲本身。用户点击相关链接进行试听和下载,是通过将客户端链接到第三方网站,在第三方网站实现的。涉案歌曲能够实现试听和下载的基础是被链接的第三方网站上传了涉案歌曲,通过试听和下载向互联网用户提供歌曲本身的是第三方网站,而非被告网站。

被告网站通过其音乐搜索服务,只是提供了试听和下载过程的便利,相关音乐盒服务,亦仅为存储相关网络链接地址提供了便利,并不能推导出其提供了涉案歌曲的内容本身;而且涉案歌曲的下载页面中显示了涉案歌曲的来源,不会使网络用户产生涉案歌曲来源于雅虎中文网站的误认。因此,被告的涉案行为不构成复制或者通过网络传播涉案歌曲的行为。原告主张被告经营的雅虎中文网站对涉案歌曲的试听和下载实施了控制，把其他网站的资源作为自己的资源控制和使用，属于复制或者网络传播原告享有录音制作者权的涉案歌曲，依据不足，法院不予支持。

根据《信息网络传播权保护条例》的相关规定，网络服务提供者为服务对象提供搜索或者链接服务，在接到权利人的通知书后，断开与侵权的作品、表演、录音录像制品的链接的，不承担赔偿责任；但是，明知或者应知所链接的作品、表演、录音录像制品侵权的，应当承担共同侵权责任。本案中，阿里巴巴公司在接到百代唱片公司的通知书后，应知其网站音乐搜索服务产生的搜索链接结果含有侵犯原告录音制作者权的内容。但被告仅删除了原告提供了具体统一资源定位符地址的三个侵权搜索链接，怠于行使删除与涉案歌曲有关的其他侵权搜索链接的义务，放任涉案侵权结果的发生，其主观上具有过错，属于通过网络帮助他人实施侵权的行为，应当承担相应的侵权责任。

【引以为鉴】

根据《著作权法》的有关规定，外国人、无国籍人的作品根据其作者所属国或者经常居住地国同我国签订的协议或者共同参加的国际条约享有的著作权，受我国《著作权法》保护。我国和大不列颠及北爱尔兰联合王国同为《伯尔尼公约》的成员国，根据该公约及我国相关法律规定，百代唱片有限公司可以依据其制作完成的录音制品向我国有管辖权的法院提出相关诉讼主张。本案中根据原告百代唱片有限公司提供的正版录音制品中关于涉案歌曲录音制作者权人的署名及国际唱片业协会相关版权认证，可以认定原告对涉案歌曲享有录音制作者权。原告作为涉案歌曲的录音制作者权人，其所享有的录音制作者权依法应当受到我国《著作权法》的保护。被告虽然对涉案版权认证报告的有效性提出质疑，并对原告是否享有涉案所主张的权利提出异议，但其未提供相反证据予以证明，故其相关抗辩主张缺乏依据，法院没有采纳。

第十八条　【侵害信息网络传播权的法律责任】

违反本条例规定，有下列侵权行为之一的，根据情况承担停止侵害、消除影响、赔礼道歉、赔偿损失等民事责任；同时损害公共利益的，可以由著作权行政管理部门责令停止侵权行为，没收违法所得，非法经营额 5 万元以上的，可处非法经营额 1 倍以上 5 倍以下的罚款；没有非法经营额或者非法经营额 5 万元以下的，根据情节轻重，可处 25 万元以下的罚款；情节严重的，著作权行政管理部门可以没收主要用于提供网络服务的计算机等设备；构成犯罪的，依法追究刑事责任：

（一）通过信息网络擅自向公众提供他人的作品、表演、录音录像制品的；

（二）故意避开或者破坏技术措施的；

（三）故意删除或者改变通过信息网络向公众提供的作品、表演、录音录像制品的权利管理电子信息，或者通过信息网络向公众提供明知或者应知未经权利人许可而被删除或者改变权利管理电子信息的作品、表演、录音录像制品的；

（四）为扶助贫困通过信息网络向农村地区提供作品、表演、录音录像制品超过规定范围，或者未按照公告的标准支付报酬，或者在权利人不同意提供其作品、表演、录音录像制品后未立即删除的；

（五）通过信息网络提供他人的作品、表演、录音录像制品，未指明作品、表演、录音录像制品的名称或者作者、表演者、录音录像制作者的姓名（名称），或者未支付报酬，或者未依照本条例规定采取技术措施防止服务对象以外的其他人获得他人的作品、表演、录音录像制品，或者未防止服务对象的复制行为对权利人利益造成实质性损害的。

◆ **相关法律规定**

《中华人民共和国民法典》

第一百七十九条　承担民事责任的方式主要有：

（一）停止侵害；

（二）排除妨碍；

（三）消除危险；

（四）返还财产；

（五）恢复原状；

（六）修理、重作、更换；

（七）继续履行；

（八）赔偿损失；

（九）支付违约金；

（十）消除影响、恢复名誉；

（十一）赔礼道歉。

法律规定惩罚性赔偿的，依照其规定。

本条规定的承担民事责任的方式，可以单独适用，也可以合并适用。

《中华人民共和国著作权法》

第四十八条　有下列侵权行为的，应当根据情况，承担停止侵害、消除影响、赔礼道歉、赔偿损失等民事责任；同时损害公共利益的，可以由著作权行政管理部门责令停止侵权行为，没收违法所得，没收、销毁侵权复制品，并可处以罚款；情节严重的，著作权行政管理部门还可以没收主要用于制作侵权复制品的材料、工具、设备等；构成犯罪的，依法追究刑事责任：

（一）未经著作权人许可，复制、发行、表演、放映、广播、汇编、通过信息网络向公众传播其作品的，本法另有规定的除外；

（二）出版他人享有专有出版权的图书的；

（三）未经表演者许可，复制、发行录有其表演的录音录像制品，或者通过信息网络向公众传播其表演的，本法另有规定的除外；

（四）未经录音录像制作者许可，复制、发行、通过信息网络向公众传播其制作的录音录像制品的，本法另有规定的除外；

（五）未经许可，播放或者复制广播、电视的，本法另有规定的除外；

（六）未经著作权人或者与著作权有关的权利人许可，故意避开或者破坏权利人为其作品、录音录像制品等采取的保护著作权或者与著作权有关的权利的技术措施的，法律、行政法规另有规定的除外；

（七）未经著作权人或者与著作权有关的权利人许可，故意删除或者改变作品、录音录像制品等的权利管理电子信息的，法律、行政法规另有规定的除外；

（八）制作、出售假冒他人署名的作品的。

《中华人民共和国刑法》

第二百一十七条　以营利为目的，有下列侵犯著作权情形之一，违法所得数额较大或者有其他严重情节的，处三年以下有期徒刑或者拘役，并处或者单处罚金；违法所得数额巨大或者有其他特别严重情节的，处三年以上七年以下有期徒刑，并处罚金：

（一）未经著作权人许可，复制发行其文字作品、音乐、电影、电视、录像作品、计算机软件及其他作品的；

……

《最高人民法院关于审理侵害信息网络传播权民事纠纷案件适用法律若干问题的规定》

第一条　人民法院审理侵害信息网络传播权民事纠纷案件，在依法行使裁量权时，应当兼顾权利人、网络服务提供者和社会公众的利益。

第二条　本规定所称信息网络，包括以计算机、电视机、固定电话机、移动电话机等电子设备为终端的计算机互联网、广播电视网、固定通信网、移动通信网等信息网络，以及向公众开放的局域网络。

第三条　网络用户、网络服务提供者未经许可，通过信息网络提供权利人享有信息网络传播权的作品、表演、录音录像制品，除法律、行政法规另有规定外，人民法院应当认定其构成侵害信息网络传播权行为。

通过上传到网络服务器、设置共享文件或者利用文件分享软件等方式，将作品、表演、录音录像制品置于信息网络中，使公众能够在个人选定的时间和地点以下载、浏览或者其他方式获得的，人民法院应当认定其实施了前款规定的提供行为。

第四条 有证据证明网络服务提供者与他人以分工合作等方式共同提供作品、表演、录音录像制品，构成共同侵权行为的，人民法院应当判令其承担连带责任。网络服务提供者能够证明其仅提供自动接入、自动传输、信息存储空间、搜索、链接、文件分享技术等网络服务，主张其不构成共同侵权行为的，人民法院应予支持。

第五条 网络服务提供者以提供网页快照、缩略图等方式实质替代其他网络服务提供者向公众提供相关作品的，人民法院应当认定其构成提供行为。

前款规定的提供行为不影响相关作品的正常使用，且未不合理损害权利人对该作品的合法权益，网络服务提供者主张其未侵害信息网络传播权的，人民法院应予支持。

第六条 原告有初步证据证明网络服务提供者提供了相关作品、表演、录音录像制品，但网络服务提供者能够证明其仅提供网络服务，且无过错的，人民法院不应认定为构成侵权。

第七条 网络服务提供者在提供网络服务时教唆或者帮助网络用户实施侵害信息网络传播权行为的，人民法院应当判令其承担侵权责任。

网络服务提供者以言语、推介技术支持、奖励积分等方式诱导、鼓励网络用户实施侵害信息网络传播权行为的，人民法院应当认定其构成教唆侵权行为。

网络服务提供者明知或者应知网络用户利用网络服务侵害信息网络传播权，未采取删除、屏蔽、断开链接等必要措施，或者提供技术支持等帮助行为的，人民法院应当认定其构成帮助侵权行为。

第八条 人民法院应当根据网络服务提供者的过错，确定其是否承担教唆、帮助侵权责任。网络服务提供者的过错包括对于网络用户侵害信息网络传播权行为的明知或者应知。

网络服务提供者未对网络用户侵害信息网络传播权的行为主动进行审查的，人民法院不应据此认定其具有过错。

网络服务提供者能够证明已采取合理、有效的技术措施，仍难以发现网络用户侵害信息网络传播权行为的，人民法院应当认定其不具有过错。

第九条　人民法院应当根据网络用户侵害信息网络传播权的具体事实是否明显，综合考虑以下因素，认定网络服务提供者是否构成应知：

（一）基于网络服务提供者提供服务的性质、方式及其引发侵权的可能性大小，应当具备的管理信息的能力；

（二）传播的作品、表演、录音录像制品的类型、知名度及侵权信息的明显程度；

（三）网络服务提供者是否主动对作品、表演、录音录像制品进行了选择、编辑、修改、推荐等；

（四）网络服务提供者是否积极采取了预防侵权的合理措施；

（五）网络服务提供者是否设置便捷程序接收侵权通知并及时对侵权通知作出合理的反应；

（六）网络服务提供者是否针对同一网络用户的重复侵权行为采取了相应的合理措施；

（七）其他相关因素。

第十条　网络服务提供者在提供网络服务时，对热播影视作品等以设置榜单、目录、索引、描述性段落、内容简介等方式进行推荐，且公众可以在其网页上直接以下载、浏览或者其他方式获得的，人民法院可以认定其应知网络用户侵害信息网络传播权。

第十一条　网络服务提供者从网络用户提供的作品、表演、录音录像制品中直接获得经济利益的，人民法院应当认定其对该网络用户侵害信息网络传播权的行为负有较高的注意义务。

网络服务提供者针对特定作品、表演、录音录像制品投放广告获取收益，或者获取与其传播的作品、表演、录音录像制品存在其他特定联系的经济利益，应当认定为前款规定的直接获得经济利益。网络服务提供者因提供网络服务而收取一般性广告费、服务费等，不属于本款规定的情形。

第十二条　有下列情形之一的，人民法院可以根据案件具体情况，认定提供信息存储空间服务的网络服务提供者应知网络用户侵害信息网络传播权：

（一）将热播影视作品等置于首页或者其他主要页面等能够为网络服务提供者明显感知的位置的；

（二）对热播影视作品等的主题、内容主动进行选择、编辑、整理、推荐，或者为其设立专门的排行榜的；

（三）其他可以明显感知相关作品、表演、录音录像制品为未经许可提供，仍未采取合理措施的情形。

第十三条　网络服务提供者接到权利人以书信、传真、电子邮件等方式提交的通知，未及时采取删除、屏蔽、断开链接等必要措施的，人民法院应当认定其明知相关侵害信息网络传播权行为。

第十四条　人民法院认定网络服务提供者采取的删除、屏蔽、断开链接等必要措施是否及时，应当根据权利人提交通知的形式，通知的准确程度，采取措施的难易程度，网络服务的性质，所涉作品、表演、录音录像制品的类型、知名度、数量等因素综合判断。

第十五条　侵害信息网络传播权民事纠纷案件由侵权行为地或者被告住所地人民法院管辖。侵权行为地包括实施被诉侵权行为的网络服务器、计算机终端等设备所在地。侵权行为地和被告住所地均难以确定或者在境外的，原告发现侵权内容的计算机终端等设备所在地可以视为侵权行为地。

◆ 知识精要

本条规定了五种信息网络传播权侵权行为。五种侵权行为的法律后果是侵权人应当承担相应的民事责任、行政责任、刑事责任。

1. 侵权人承担民事责任

民事责任是行为人侵犯他人民事权利所应承担的法律后果。这种法律后果是由国家法律规定并以强制力保证执行的。民事责任的特征包括：（1）民事责任是因违反民事义务从而侵害到民事权利而承担的法律后果；（2）民事责任的方式以财产责任为主；（3）民事责任的范围与违法行为所造成的损害范围相适应；（4）民事责任的主要功能在于对民事权利的救济。

《民法典》规定的承担民事责任的方式包括：（1）停止侵害；（2）排除妨碍；（3）消除危险；（4）返还财产；（5）恢复原状；（6）修理、重作、更换；（7）继续履行；（8）赔偿损失；（9）支付违约金；（10）消除影响、恢复名誉；（11）赔礼道歉。以上承担民事责任的方式，可以单独适用，也可以合并适用。

2. 侵权人承担行政责任

侵害信息网络传播权的行为不只要承担民事责任，有的还要承担行政责任甚至刑事责任。

对于本条列举的网络信息传播权侵权行为，如果损害了公共利益，除承担民事责任外，可以由著作权行政管理部门责令停止侵权行为，没收违法所得，并可处以10万元以下的罚款；情节严重的，著作权行政管理部门还可以没收主要用于提供网络服务的计算机设备等。侵权人因侵犯信息网络传播权承担的上述责任可以称之为行政责任。行政责任是指因违反行政法或因行政法规定而应承担的法律责任。

行政责任的特点是：（1）承担行政责任的主体是行政主体和行政相对人。（2）产生行政责任的原因是行为人的行政违法行为和法律规定的特定情况。

著作权行政管理部门目前是指国家版权局和地方版权局。版权局对于侵权人采取的责令停止侵权行为，没收违法所得，罚款、没收主要用于提供网络服务的计算机设备等措施称之为行政处罚。

本条所列的信息网络传播权的违法行为，由侵权行为实施地、侵权结果发生地的著作权行政管理部门负责查处。一般由网络服务器所在地的著作权行政管理部门负责查处。国家版权局可以查处在全国有重大影响的违法行为，以及认为应当由其查处的其他违法行为。

著作权行政管理部门对违法行为予以行政处罚的时效为两年，从违法行为发生之日起计算。违法行为有连续或者继续状态的，从行为终了之日起计算。违法行为在两年内未被发现的，不再给予行政处罚。法律另有规定的除外。

除《中华人民共和国行政处罚法》（以下简称《行政处罚法》）规定适用简易程序的情况外，著作权行政处罚适用《行政处罚法》规定的一般程序。著作权行政管理部门适用一般程序查处违法行为，应当立案。对本条列举的违法行为，著作权行政管理部门可以自行决定立案查处，或者根据有关部门移送的材料决定立案查处，也可以根据被侵权人、利害关系人或者其他知情人的投诉或者举报决定立案查处。

著作权行政管理部门应当在收到所有投诉材料之日起15日内，决定是否受理并通知投诉人。不予受理的，应当书面告知理由。

著作权行政管理部门拟作出行政处罚决定的，应当由本部门负责人签发行政处罚事先告知书，告知当事人拟作出行政处罚决定的事实、理由和依据，并告知当事人依法享有的陈述权、申辩权和其他权利。

行政处罚事先告知书应当由著作权行政管理部门直接送达当事人，当事人应当在送达回执上签名、盖章。当事人拒绝签收的，由送达人员注明情况，并报告本部门负责人。著作权行政管理部门也可以采取邮寄送达方式告知当事人。无法找到当事人时，可以以公告形式告知。

当事人要求陈述、申辩的，应当在被告知后七日内，或者自发布公告之日起30日内，向著作权行政管理部门提出陈述、申辩意见以及相应的事实、理由和证据。当事人在此期间未行使陈述权、申辩权的，视为放弃权利。采取直接送达方式告知的，以当事人签收之日为被告知日期；采取邮寄送达方式告知的，以回执上注明的收件日期为被告知日期。

办案人员应当充分听取当事人的陈述、申辩意见，对当事人提出的事实、理由和证据进行复核，并提交复核报告。著作权行政管理部门不得因当事人的申辩加重处罚。

著作权行政管理部门负责人应当对案件调查报告及复核报告进行审查，并根据审查结果分别作出下列处理决定：（1）确属应当予以行政处罚的违法行为的，根据侵权人的过错程度、侵权时间长短、侵权范围大小及损害后果等情节，予以行政处罚；（2）违法行为轻微的，可以不予行政处罚；（3）违法事实不成立的，不予行政处罚；（4）违法行为涉嫌构成犯罪的，移送司法部门处理。

需要注意的是，对于信息网络传播权的侵权，只有损害公共利益时，才有可能受到行政处罚。如何理解损害公共利益呢？根据2006年《国家版权局关于查处著作权侵权案件如何理解适用损害公共利益有关问题的复函》的解释，《著作权法》第47条所列的侵权行为均有可能侵犯公共利益。就一般原则而言，向公众传播侵权作品，构成不正当竞争，损害经济秩序就是损害公共利益的具体表现。

3. 侵权人承担刑事责任

刑事责任是指侵权人的行为触犯了《刑法》的规定，构成犯罪，应承担的法律责任。侵犯著作权罪是指以营利为目的，未经著作权人许可，实施侵权行为，违法所得数额较大或者有其他严重情节的行为，根据《刑法》的有关规定构成犯罪。

《刑法》第217条规定，以营利为目的，未经著作权人许可，复制发行其文字作品、音乐、电影、电视、录像作品、计算机软件及其他作品的，违法所得数额较大或者有其他严重情节的，处三年以下有期徒刑或者拘役，并处或者单处罚金；违法所得数额巨大或者有其他特别严重情节的，处三年以上七年以下有期徒刑，并处罚金。

以营利为目的是指侵权人的侵权行为是为了获取收入和利润。以刊登收费广告等方式直接或者间接收取费用的情形，属于《刑法》第217条规定的"以营利为目的"。未经著作权人许可，是指没有得到著作权人授权或者伪造、涂改著作权人授权许可文件或者超出授权许可范围的情形。

通过信息网络向公众传播他人文字作品、音乐、电影、电视、录像作品、计算机软件及其他作品的行为，视为《刑法》第217条规定的"复制发行"。侵权产品的持有人通过广告、征订等方式推销侵权产品的，属于《刑法》第217条规定的"发行"。《刑法》第217条侵犯著作权罪中的"复制发行"，包括复制、发行或者既复制又发行的行为。

违法所得数额在三万元以上的，属于《刑法》第217条规定的违法所得数额较大；非法经营数额在五万元以上的属于《刑法》第217条规定的"有其他严重情节"；具备上述情形之一的，应当以侵犯著作权罪判处三年以下有期徒刑或者拘役，并处或者单处罚金。

违法所得数额在15万元以上的，属于《刑法》第217条规定"违法所得数额巨大"；非法经营数额在25万元以上的，属于《刑法》第217条规定的"有其他特别严重情节"。有上述情形之一的，应当以侵犯著作权罪判处三年以上七年以下有期徒刑，并处罚金。

"非法经营数额"，是指行为人在实施侵犯知识产权行为过程中，制造、储存、运输、销售侵权产品的价值。已销售的侵权产品的价值，按照实际销售的价格计算。制造、储存、运输和未销售的侵权产品的价值，按照标价或者已经查清的侵权产品的实际销售平均价格计算。侵权产品没有标价或者无法查清其实际销售价格的，按照被侵权产品的市场中间价格计算。多次实施侵犯知识产权行为，未经行政处理或者刑事处罚的，非法经营数额、违法所得数额或者销售金额累计计算。

对于侵犯软件著作权犯罪的，人民法院应当综合考虑犯罪的违法所得、非法经营数额、给权利人造成的损失、社会危害性等情节，依法判处罚金。罚金数额一般在违法所得的一倍以上五倍以下，或者按照非法经营数额的50%以上一倍以下确定。

4. 本条列举的侵权行为主要类型

（1）通过信息网络擅自向公众提供他人的作品、表演、录音录像制品的；但如果属于本条例第 6 条规定的合理使用和第 7 条规定的法定许可情形，则即使未经权利人许可，也不属于本项下的侵权行为。

（2）故意避开或者破坏技术措施的。本项下的行为包括两种，一种是故意避开技术措施；一种是故意破坏技术措施。对于非故意的避开或者破坏技术措施的行为，不应构成侵权。另外，本条例第 12 条规定的四种合理避开技术措施情形不属于本项下的侵权行为。

（3）故意删除或者改变通过信息网络向公众提供的作品、表演、录音录像制品的权利管理电子信息，或者通过信息网络向公众提供明知或者应知未经权利人许可而被删除或者改变权利管理电子信息的作品、表演、录音录像制品的。本项规定主要是保护权利人的权利管理电子信息，但是由于技术原因无法避免删除或者改变的除外。

（4）为扶助贫困通过信息网络向农村地区提供作品、表演、录音录像制品超过规定范围，或者未按照公告的标准支付报酬；或者在权利人不同意提供其作品、表演、录音录像制品后未立即删除的。本项规定主要是针对本条例第 9 条为扶助贫困设定的附条件的法定许可作出的规定。如果提供者没有按照第 9 条的规定的程序和条件提供作品，则应承担侵权责任。

（5）通过信息网络提供他人的作品、表演、录音录像制品，未指明作品、表演、录音录像制品的名称或者作者、表演者、录音录像制作者的姓名（名称），或者未支付报酬；或者未依照本条例规定采取技术措施防止服务对象以外的其他人获得他人的作品、表演、录音录像制品；或者未防止服务对象的复制行为对权利人利益造成实质性损害的。

本项规定主要是针对本条例第 10 条规定的提供者在不经著作权人许可，通过信息网络向公众提供其作品时还应遵守的其他几种规定，违反这些规定，同样构成侵权，应当承担侵权责任。具体表现为：未指明作品、表演、录音录像制品的名称或者作者、表演者、录音录像制作者的姓名（名称）；未支付报酬；未依照本条例规定采取技术措施防止服务对象以外的其他人获得他人的作品、表演、录音录像制品和未防止服务对象的复制行为对权利人利益造成实质性损害的。

◆ 经典案例 22

互联网传播《亵渎》等作品构成侵权

【案情简介】

上海玄霆娱乐信息科技有限公司向国家版权局投诉，称"云霄阁"网站未经许可非法转载投诉人所属的"起点中文网"拥有独家发布权的《亵渎》等作品，侵犯了投诉人的合法权益。国家版权局责成济南市版权局进行调查处理。

经济南市版权局、公安局调查查明，"云霄阁"网站是由济南市居民刘某某于 2004 年 1 月建立的个人网站，以发布玄幻类网络文学作品为主，除小部分固定作者在该网站首次发布作品外，其他大部分内容都来自普通会员。刘某某供认，投诉人所投诉的《亵渎》等 45 部作品，不是由他本人转载、发布的，他也不知道该作品的来源。

济南市版权局认为，"云霄阁"网站未经许可转载了《亵渎》等 45 部作品，侵犯了上海玄霆娱乐信息科技有限公司享有的作品网络传播权，该网站会员众多，侵权作品的点击率高，社会影响大，因此对"云霄阁"网站处以责令停止侵权行为、移除侵权网页、罚款 1.5 万元的行政处罚。

【引以为鉴】

侵犯信息网络传播权的行为会受到行政处罚。本条例第18条第1项规定，通过信息网络擅自向公众提供他人的作品、表演、录音录像制品的应当根据情况，承担停止侵害、消除影响、赔礼道歉、赔偿损失等民事责任；同时损害公共利益的，可以由著作权行政管理部门责令停止侵权行为，没收违法所得，没收、销毁侵权复制品，并可处以罚款；情节严重的，著作权行政管理部门还可以没收主要用于制作侵权复制品的材料、工具、设备等；构成犯罪的，依法追究刑事责任。

本案中，"云霄阁"网站通过信息网络擅自向公众提供他人的多部作品，社会影响大，损害了公共利益，济南市版权局对"云霄阁"网站处以责令停止侵权行为、移除侵权网页、罚款1.5万元的行政处罚，最终使侵权人承担了应该承担的行政责任。

◆ 经典案例23

北京中文在线文化发展有限公司诉
北京商达利科技有限公司著作权侵权纠纷案

【案情简介】

北京中文在线文化发展有限公司（以下简称中文在线公司）诉称，2002年5月，鲁某以笔名"古古"出版了《你为什么是穷人》一书。2005年3月9日，鲁某与我公司签订授权书，授权由我公司独家以信息网络传播和制作销售电子出版物等数字化制品的方式使用其作品《你为什么是穷人》，并可独立对上述授权范围内数字图书的侵权行为进行法律追究。2008年8月，我公司发现北京商达利科技有限公司（以下简称商达利公司）所属的中华零售网在为公众开放免费下载《你为什么是穷人》作品服务，其行为没有经过鲁某或者我公司的授权，侵犯了我公司享有的信息网络传播权，故起诉请求法院判令商达利公司立即停止侵权行为、赔偿我公司著作权经济损失4万元和公证费1000元。

商达利公司辩称，中文在线公司不应是本案原告，而只是作者鲁某的代理人，仅有代理诉讼的权利。鲁某与漓江出版社签订的出版合同中规定漓江出版社享有以数字化、电子音像出版物等载体使用《你为什么是穷人》的专有使用权，这与中文在线公司提出的独家使用有矛盾，故中文在线公司无权独家使用《你为什么是穷人》一书。另外，我公司所属中华零售网上的文章都是注册会员自己上传的，是会员的个人行为，与我公司无关。中文在线公司没有证据证明自己的经济损失，而且其也没有在其网站上上传该书，不存在其网站访问量和该书下载量减少的问题，故中文在线公司请求的赔偿数额没有依据。总之，请求法院驳回中文在线公司的诉讼请求。

经审理查明，2002年3月18日，鲁某与漓江出版社就作品《你为什么是穷人》签订了图书出版合同，授予出版社在合同期限内在中国大陆地区以图书形式出版作品《你为什么是穷人》文本的专有使用权，并授予出版社以数字化、电子音像出版物等载体的全载、改编、翻译、注释、编辑等方式使用该作品的专有使用权。合同有效期为10年。2002年5月，漓江出版社出版了《你为什么是穷人》一书，署名为古古，该书共130千字，定价15元，印数12万册。古古为鲁某的笔名，对此商达利公司也予以认可。

2005年3月9日，鲁某授权中文在线公司以信息网络传播和制作销售电子出版物等数字化制品的方式独家使用《你为什么是穷人》一书，并授权中文在线公司独家代理对在此授权范围内数字图书的侵权行为进行法律追究，授权期限自2005年3月9日至2006年3月9日。在诉讼中，鲁某向法庭提供了"相关授权书说明"，称"本人授权中文在线对本人署名古古作品《你为什么是穷人》的信息网络传播权在授权期内是排他性的独家使用权、专有权，中文在线享有相关权利的全部内容，此权利自然包括中文在线可以自己名义对信息网络传播权的侵权行为提起诉讼，提出权利主张"。

中华零售网为商达利公司所属。2005年8月26日，登录互联网，依次进入中华零售网首页、"下载"页面、"著述文献"页面、"你为什么是穷人"下载页面，在该下载页面上显示资料名称为"你为什么是穷人"，资料类型为经典著作，授权方式为免费资料，收费类型为所有用户免费下载，下载次数总计722次。没有标明作者姓名和资料来源。在著述文献页面下载排行榜中显示该书下载排行位居第一。上述登录过程由北京市海淀区第二公证处进行了公证,并从中华零售网上将"你为什么是穷人"全文下载,保存在光盘中,由公证处将该光盘封存于公证书中。

在庭审中,将上述光盘中的内容与鲁智的《你为什么是穷人》一书进行比对,商达利公司认可两者内容一致。

商达利公司提出其网上的资料都是注册会员自己上传的,与该公司无关,但商达利公司就此并未举证。

【争议焦点】

中文在线公司要求商达利公司停止侵权、赔偿经济损失及公证费是否有法律依据?

【案件分析】

作者鲁某对其作品《你为什么是穷人》享有著作权,其有权将该作品许可他人使用。根据鲁某给中文在线公司的授权书及其在诉讼中向法庭提交的"相关授权书说明",中文在线公司获得了《你为什么是穷人》一书在授权期限内的专有信息网络传播权,即中文在线公司获得了专有的以有线或者无线方式向公众提供作品,使公众可以在其个人选定的时间和地点获得该作品的权利。中文在线公司对在授权期内的任何侵犯其专有信息网络传播权的行为有权作为原告主张权利。

对于商达利公司提出中文在线公司的独家使用权与漓江出版社享有的以数字化、电子音像出版物等载体使用《你为什么是穷人》的专有使用权有矛盾,故中文在线公司无权独家使用《你为什么是穷人》一书的辩解,考虑到中文在线公司请求保护的是信息网络传播权,而漓江出版社获得的权利中并不包括该项权利,故商达利公司的辩解与本案无关,不予采信。

商达利公司未经许可在其所属的中华零售网上全文上传《你为什么是穷人》,并向公众提供免费下载服务,使公众能够在其个人选定的时间和地点获得该作品,其行为冲击了中文在线公司的市场,构成了对中文在线公司就该作品享有的专有信息网络传播权的侵犯。

未经授权,通过信息网络擅自向公众提供他人享有著作权的作品,应根据情况承担停止侵害、消除影响、赔礼道歉、赔偿损失等民事责任；由于原告只主张停止侵害、赔偿损失，而未要求消除影响、赔礼道歉，所以法院只判令被告停止侵害、赔偿损失。本案宣判时，本条例尚未实施，法院只能以其他法律法规来判案，但和本条例的法理是相通的。

中文在线公司为制止侵权行为而支付的公证费属于合理、必要支出，法院予以全额保护。关于经济损失，法院认为无论中文在线公司是否在其网站上上传了涉案作品，商达利公司在其网站上上传涉案作品并向公众提供免费下载服务，必将抢占属于中文在线公司独家占有的市场。对于赔偿经济损失的数额，法院参照国家稿酬规定，并综合考虑涉案作品的内容、涉案作品的市场影响力、侵权行为的方式、侵权行为的持续时间及商达利公司的主观过错程度等因素，酌情判定。

最后，依据《著作权法》第10条第1款第12项、第47条第1项、第48条第1款规定，判决：（1）商达利公司未经许可，不得以涉案方式使用中文在线公司享有专有信息网络传播权的《你为什么是穷人》一书；（2）商达利公司于判决生效之日起十日内赔偿中文在线公司经济损失两万元；（3）驳回中文在线公司其他诉讼请求。

【引以为鉴】

著作权法侵权损害赔偿的计算是司法中的一个难题。《著作权法》第48条规定，侵犯著作权或者与著作权有关的权利的，侵权人应当按照权利人的实际损失给予赔偿；实际损失难以计算的，可以按照侵权人的违法所得给予赔偿。赔偿数额还应当包括权利人为制止侵权行为所支付的合理开支。权利人的实际损失或者侵权人的违法所得不能确定的，由人民法院根据侵权行为的情节，判决给予50万元以下的赔偿。

在本案中，法院依据"点击量"为基础来计算侵权赔偿，虽然最终结果不一定很准确，但基本思路是符合上述法律规定的，因为点击量与实际损失成正比例。

> **第十九条　【特定侵权行为的行政责任和刑事责任】**
>
> 违反本条例规定，有下列行为之一的，由著作权行政管理部门予以警告，没收违法所得，没收主要用于避开、破坏技术措施的装置或者部件；情节严重的，可以没收主要用于提供网络服务的计算机等设备；非法经营额5万元以上的，可处非法经营额1倍以上5倍以下的罚款；没有非法经营额或者非法经营额5万元以下的，根据情节轻重，可处25万元以下的罚款；构成犯罪的，依法追究刑事责任：
>
> （一）故意制造、进口或者向他人提供主要用于避开、破坏技术措施的装置或者部件，或者故意为他人避开或者破坏技术措施提供技术服务的；
>
> （二）通过信息网络提供他人的作品、表演、录音录像制品，获得经济利益的；
>
> （三）为扶助贫困通过信息网络向农村地区提供作品、表演、录音录像制品，未在提供前公告作品、表演、录音录像制品的名称和作者、表演者、录音录像制作者的姓名（名称）以及报酬标准的。

◆ **知识精要**

本条列举的三种侵权行为由于损害了公共利益，因此，著作权行政管理部门可以直接查处；情节严重，符合犯罪构成要件的，须承担刑事责任。

对于本条规定的侵权行为，著作权行政管理机构可以根据具体案件情况采取的行政处罚措施包括：(1) 警告；(2) 没收违法所得；(3) 没收主要用于避开、破坏技术措施的装置或者部件；(4) 情节严重的，可以没收主要用于提供网络服务的计算机等设备；(5) 可处以10万元以下的罚款。

警告是《行政处罚法》第8条规定的行政处罚的种类之一。主要适用于行政违法行为较轻，通过批评警告能够达到纠正违法行为目的者，可以处以警告处罚。

没收违法所得是指行政机关将行政违法者的非法收入予以没收，强制上缴国库的处罚措施。在界定非法所得时应该将违法者的合法收入与非法所得严格区分，不得擅自扩大非法所得的范围，侵犯行政违法者的合法权益。

没收侵权工具是打击侵权的一种有效手段，本条规定了在一般情况下可以没收用于避开、破坏技术措施的装置或者部件，情节严重时，还可以没收主要用于提供网络服务的计算机等设备。本条之所以没有直接规定可以没收计算机设备是因为考虑到计算机等设备的价值比较高，侵权者的行为较轻时，对侵权者的处罚过重，容易侵害侵权者的合法利益。因此，只有在情节严重时，才可以没收主要用于提供网络服务的计算机等设备。

罚款是行政处罚的主要措施之一，通过罚款可以让违法者因其违法行为付出更高的代价，以达到惩戒违法者的目的。因为如果仅是没收非法所得而不处以罚款，一般达不到惩戒目的，因为违法没有成本但有投机的可能（如果不被抓到，违法者可获得非法利润），违法者可能会肆无忌惮。

著作权属于私权范畴，一般情况下的侵权行为，权利人可以通过民事途径获得救济。但是当侵犯著作权人的行为同时损害公共利益的，著作权行政管理部门可以介入，对侵权者予以行政处罚。何谓损害公共利益？根据《国家版权局关于查处著作权侵权案件如何理解适用损害公共利益有关问题的复函》的解释，《著作权法》第47条所列侵权行为均有可能侵犯公共利益。就一般原则而言，向公众传播侵权作品，构成不正当竞争，损害经济秩序就是损害公共利益的具体表现。根据国家版权局的上述解释，凡是存在本条所列的侵权行为，如破坏他人技术措施、以营利为目的向公众传播侵权作品，未按规定公告作品和支付报酬的行为则构成不正当竞争，非法经营，损害了经济秩序和市场秩序，属于损害公共利益。因此，著作权行政管理部门可以直接对本条规定的侵权行为进行行政处罚。

对于本条所列的行为是否构成刑事犯罪，需要看侵权者的行为是否符合《刑法》第217条和第218条的规定。《刑法》第217条规定，以营利为目的，未经著作权人许可，复制发行其文字作品、音乐、电影、电视、录像作品、计算机软件及其他作品的，违法所得数额较大或者有其他严重情节的，处三年以下有期徒刑或者拘役，并处或者单处罚金；违法所得数额巨大或者有其他特别严重情节的，处三年以上七年以下有期徒刑，并处罚金。《刑法》第218条规定，以营利为目的，销售明知是本法第217条规定的侵权复制品，违法所得数额巨大的,处三年以下有期徒刑或者拘役,并处或者单处罚金。

就本条所列的三种侵权行为详述如下。

1. 故意制造、进口或者向他人提供主要用于避开、破坏技术措施的装置或者部件,或者故意为他人避开或者破坏技术措施提供技术服务的

本款行为的主观要件是行为人必须具有主观的故意,如果是非故意的则不应受到本条规定的处罚和刑罚。另外,客观行为的表现方式包括以下四种:

(1)故意制造主要用于避开、破坏技术措施的装置或者部件;

(2)故意进口主要用于避开、破坏技术措施的装置或者部件;

(3)故意向他人提供主要用于避开、破坏技术措施的装置或者部件;

(4)故意为他人避开或者破坏技术措施提供技术服务的。

2. 通过信息网络提供他人的作品、表演、录音录像制品,获得经济利益的

对本款的侵权行为主要强调的是获得经济利益。本条例第18条也规定了有通过信息网络擅自向公众提供他人的作品、表演、录音录像制品的侵权行为,根据情况承担相应的民事责任、行政责任和刑事责任。类似内容再次在本条中出现,充分表明了本条例是坚决打击以营利为目的的侵犯他人信息网络传播权的行为。

3. 为扶助贫困通过信息网络向农村地区提供作品、表演、录音录像制品,未在提供前公告作品、表演、录音录像制品的名称和作者、表演者、录音录像制作者的姓名(名称)以及报酬标准的

虽然本条例为扶助贫困设定法定许可,但是为了保护权利人的利益,设定了严格的许可程序。本条例第9条规定,为扶助贫困,通过信息网络向农村地区提供作品、表演、录音录像制品,网络服务提供者应当在提供前公告拟提供的作品及其作者、拟支付报酬的标准。如果网络服务提供者没有按照该规定公告作品、作者、拟支付报酬的标准,将受到著作权行政管理部门的行政处罚,这样可以有效地防止扶助贫困的法定许可被滥用。通常情况下这种侵权行为的社会危害性较小,一般不构成犯罪,不承担刑事责任。

◆ 经典案例 24

破坏权利人采取的技术措施承担刑事责任
——国内首例因为网游外挂被追究刑事责任的案例

【案情简介】

《传奇3G》是热门的互联网游戏，由广州光通通讯有限公司独家代理中国大陆的运营。谈某，曾是国内某著名杀毒软件公司副总裁，辞职后与其妻子刘某、大学同学沈某自办公司。谈某等三人在2004年6月至2005年9月，通过对《传奇3G》网络游戏客户端进行修改和替换，制作开发出部分复制《传奇3G》专有著作权的《007传奇三外挂》《008传奇三外挂》《超人传奇三外挂》等计算机软件，并通过网络等方式复制发行。外挂软件的作用机制是通过调用《传奇3G》软件客户端程序中的部分内容，并结合其软件当中从《传奇3G》软件客户端程序中复制的部分程序，使得《传奇3G》软件客户端程序改变程序规则，向服务器端发送错误指令，借以达到外挂功能。游戏玩家购买外挂软件后，可辅助进行游戏，并达到迅速提升游戏等级和装备的作用，造成游戏世界的"不公平"。同时，给原《传奇3G》网络游戏开发商造成了较大损失。谈某等人的非法经营收入达到2 817 187.5元。

侦查机关发现谈某等人的非法活动后予以刑事立案，进行侦查并由检察机关提起公诉。北京市海淀区人民法院于2006年7月12日公开审理此案。

公诉机关指出，谈某的"外挂"不是免费提供给玩家的，他们租用某网络服务公司两台服务器，私自设立"007智能传奇3G外挂"等网站，非法制作、销售游戏外挂点卡，牟取暴利。收费标准为10元一个月、50元半年、80元一年、100元终生。同时，公诉机关在举证时表示，新闻出版总署首次对外挂违法性作出认定，并明确了法规依据。认定书指出：根据《著作权法》第3条的规定，网络游戏出版物《传奇3G》的软件部分和动画形象部分分别属于《著作权法》保护的计算机软件作品和美术作品。007网站未经著作权人授权，通过破坏《传奇3G》中软件作品的技术保护措施，进入其服务器系统，擅自修改其相关数据，使用《传奇3G》的动画形象，并大量制作、销售《传奇3G》外挂卡。这些行为违反《著作权法》第47条，是一种严重侵犯著作权的违法行为。

最后，北京市海淀区人民法院以非法运营罪，判处谈某等三人有期徒刑一年半至两年半不等，并处罚金 11 万元，其中刘某获缓刑。

【案件分析】

我国当时《著作权法》第 47 条第 6 项规定，未经著作权人或者与著作权有关的权利人许可，故意避开或者破坏权利人为其作品、录音录像制品等采取的保护著作权或者与著作权有关的权利的技术措施的，构成犯罪的，依法追究刑事责任。3 名犯罪嫌疑人以营利为目的，故意破坏软件作品的技术保护措施，非法获利巨大，情节严重，已构成犯罪。

根据《刑法》第 225 条，违反国家规定，有下列非法经营行为之一，扰乱市场秩序，情节严重的，处五年以下有期徒刑或者拘役，并处或者单处违法所得一倍以上五倍以下罚金；情节特别严重的，处五年以上有期徒刑，并处违法所得一倍以上五倍以下罚金或者没收财产：

（一）未经许可经营法律、行政法规规定的专营、专卖物品或者其他限制买卖的物品的；

（二）买卖进出口许可证、进出口原产地证明以及其他法律、行政法规规定的经营许可证或者批准文件的；

（三）未经国家有关主管部门批准非法经营证券、期货、保险业务的，或者非法从事资金支付结算业务的；

（四）其他严重扰乱市场秩序的非法经营行为。

谈某等人通过网络传播销售破坏他人的网络游戏技术措施的外挂软件，干扰《传奇 3G》游戏运营商的正常经营，获取非法利润，属于其他严重扰乱市场秩序的非法经营行为，依法应受到刑事处罚。

由于当时《信息网络传播权保护条例》还没有实施，所以法院依据当时《著作权法》的规定进行了处理。如果在本条例实施之后再发生类似的案件，人民法院可以依据本条的规定进行处理。

【引以为鉴】

目前有不少计算机"天才"在网络上发现了他们的用武之地，攻击网站，穿越防火墙，盗取密码等。这些人在网络上随心所欲却没有意识到他们已一步一步走向违法，甚至犯罪的边缘。平日潇洒，可稍有不慎就会引火烧身。技术保护措施同样是雷区，不可随意乱闯。

◆ 经典案例 25

全国首例网上侵犯音乐著作权刑事案件

【案情简介】

2004年9月，黄某某在网上建了一个音乐网站www.987t.com，请来陈某某负责网站的维护。他们未经著作权人同意，从"百度"等网站上下载大量音乐作品，向自己的会员提供搜索网址、音乐在线收听、下载等服务。

他们的收费并不高，每月5元，半年30元，一年50元，永久会员才200元。2005年10月25日被查获时，两人经营网站共收入57 095元。但是，黄某某、陈某某称，账户里的这些钱多数不是会员费，而是网站的正常经营资金等。

移送检察机关公诉时，主办检察官先收集了大量的网络资料，还请教了电脑专家，甚至还到北京找国际唱片业协会亚洲办事处取证。

被告辩护律师认为，根据司法解释，对网上侵犯著作权定罪的"标准"是：违法所得三万元以上，非法经营额五万元以上，非法复制光盘1000张以上。但是本案两被告人的违法所得、非法经营额都难以认定，网上也不存在光盘数量问题。律师认为，根据罪刑法定原则，两被告人的行为不能认定为犯罪。

检察官举出了大量证据：这个音乐网站以营利为目的，非法下载大量歌曲，已经拥有注册会员12 708人，其中收费会员1544人，下载歌曲10 847首，符合司法解释"情节严重"的规定。

被告人认为，一个会员可以注册多个会员资格，因此检察机关指控的网站注册会员12 708人与实际不符。检察院认为，注册会员别的资料都可能造假，但是会员的IP地址是固定的，是不可能造假的，而根据调查的证据，这12 708人没有一个重复的IP地址，也就是说，注册会员确实是12 708人。

厦门市湖里区人民法院认定，黄某某和陈某某符合法律规定的"情节严重"，构成侵犯著作权罪。两人均被判处有期徒刑一年，并处罚金1万元。

【案件分析】

本条例第19条规定，违反本条例规定，通过信息网络提供他人的作品、表演、录音录像制品，获得经济利益的，由著作权行政管理部门予以警告，没收违法所得，没收主要用于避开、破坏技术措施的装置或者部件；情节严重的，可以没收主要用于提供网络服务的计算机等设备，并可处以10万元以下的罚款；构成犯罪的，依法追究刑事责任。本案中，两被告人通过信息网络提供他人音乐作品，获得经济利益，情节严重，因此要承担刑事责任。

> **第二十条** 【网络自动接入或者自动传输服务的免责规定】
>
> 网络服务提供者根据服务对象的指令提供网络自动接入服务，或者对服务对象提供的作品、表演、录音录像制品提供自动传输服务，并具备下列条件的，不承担赔偿责任：
>
> （一）未选择并且未改变所传输的作品、表演、录音录像制品；
>
> （二）向指定的服务对象提供该作品、表演、录音录像制品，并防止指定的服务对象以外的其他人获得。

◆ 知识精要

本条是提供接入服务、传输服务的网络服务提供者的免责事由，可以说这一条是网络服务提供者的避风港。

网络服务提供者是作品在信息网络传播中的一个重要主体。大部分"网络服务提供者"起到信息存储和传播媒介的作用，在一定程度上，其地位类似于为作品传播提供技术支持的出版商、报刊社或者电台电视台等。作品的发表、传播多数情况下是由作者自己完成的，多数网络服务提供者可能只提供了作品网络传播的线路、数据存储空间等。在这种情况下，网络服务提供者参与作品发表和传播的机会已经比较少。对于多数网络服务提供者，地位不如传统的作品传播媒介，连"邻接权"都不会形成，他们只承担一种"技术"上的服务。他们享有的权利并不多，因此，"网络服务提供者"的责任就必须要明确出来，这样对他们才公平一些。只有这种明确才能促进技术创新，进而保障社会经济的发展。

本条规定的免责仅指免除网络服务提供者的赔偿责任，是否应当承担其他责任按具体情况而定。如果权利人没有按本条例规定的"删除通知"程序通知网络服务提供者，而是直接以侵权人及网络服务提供者为被告提起诉讼的，网络服务提供者也应当停止提供相关侵权作品、制品的自动接入服务或传输服务。因为以侵权人及网络服务提供者为被告提起诉讼已经相当于通知，如果网络服务提供者还不断开链接则应该承担侵权责任了。

网络服务提供者须是提供自动传输服务或是根据指令，是被动的，对所传输的，不能做选择或改变，不能在没有指令的情况下，把别人的东西上传到网上。下面三种服务就不符合本条规定，属于侵权行为。

（1）深度链接。网络链接服务提供者在网络链接服务提供者的页面上提供了下载服务；被链接的网站由网络链接服务提供者选定；操作步骤由网络链接服务提供者引导；网络链接服务提供者对下载内容进行了编辑和整理。因此，深度链接服务提供者构成侵权。

（2）虚假链接。某些网络服务内容提供者在其站点内的内容明示该部分内容源于某网站，但是该内容显示页面的域名仍为网络服务内容提供者的域名，我们称之为虚假链接。实际上这也是做了改变和选择。该网络服务内容提供者应当自行承担法律责任。

（3）编辑修改被链接内容。网络服务内容提供者站点的内容确实源于其他网站，但是其将被链接网站的相关页面作了编辑修改，大多表现为，隐去被链接网站的广告宣传部分仅留其所需要的被链接的内容。我们认为，应当视被链接内容是该网络服务内容提供者站点的一个部分，该网络服务内容提供者应当自行承担被链接内容侵权的法律责任。

◆ 经典案例 26

中国音乐著作权协会诉广州网易计算机系统有限公司、
北京移动通信有限责任公司侵犯音乐作品著作权纠纷案

【案情简介】

原告中国音乐著作权协会（以下简称音著协）诉称：苏越是歌曲《血染的风采》的曲作者，在其与原告于 1994 年 1 月 18 日所签订的合同中，苏越将其对涉案作品的公开表演权、广播权、录制发行权三项权利以信托的方式委托原告管理；2001 年 10 月 9 日，苏越又将其作品的信息网络传播权通过补充协议委托给原告管理。现原告发现第一被告广州网易计算机系统有限公司（以下简称网易公司）在其开办的网站（www.163.com）铃声传情项目服务中，未经作者许可，将歌曲《血染的风采》提供给移动电话用户供音乐振铃下载使用。第二被告北京移动通信有限责任公司（以下简称北京移动公司）向移动电话用户提供增值服务项目，使任何一个移动电话用户均可以利用其收费项目下载涉案歌曲。两被告的上述行为系商业性使用，构成了对作者著作权的侵害。现音著协根据与作者签订的委托协议，以音著协的名义提起诉讼，要求：（1）判令被告立即停止使用音乐作品《血染的风采》；（2）判令被告公开向原告和原告会员苏越赔礼道歉；（3）判令被告支付侵权赔偿金人民币 113 182.50 元及为制止侵权所花费的合理费用支出 6300 元；（4）判令被告负担本案的诉讼费用。

网易公司辩称：原告提供的苏越在音著协登记的权利依据证据无法证明其是《血染的风采》歌曲的著作权人。由于北京移动公司收取一定数额的服务费和不均衡通信费，因此不能以在我公司网站的网页上显示的歌曲点击数量作为我公司的收益。此外，原告以我公司营利的 5 倍作为赔偿额，没有法律依据。因此，请求驳回原告的诉讼请求。

北京移动公司辩称：我公司是电信运营商，在移动服务中仅起传输管道的作用，在从事服务过程中没有过错，原告要求我公司承担民事责任没有法律依据，不同意原告对北京移动公司提出的诉讼请求。

第二十条 【网络自动接入或者自动传输服务的免责规定】 | 177

法院经审理认为：苏越是歌曲《血染的风采》的曲作者，其与音著协签订的著作权委托管理合同合法有效，音著协作为原告的主体地位是合法的。网易公司未经作者许可将歌曲收录进其在网上开办的栏目中，供不特定的移动电话用户下载使用，这一商业行为构成了对著作权人信息网络传播权的侵犯，应承担停止侵害、赔偿损失的民事责任。鉴于原告未能证明网易的行为给本人或作品带来了不良影响，因此，对原告要求赔礼道歉的诉讼请求，法院不予支持。而原告主张的赔偿数额于法无据，法院也不完全支持。

【争议焦点】

北京移动公司是否应当承担侵权责任？

【案件分析】

根据《信息网络传播权保护条例》第20条的规定，网络服务提供者根据服务对象的指令提供网络自动接入服务，或者对服务对象提供的作品、表演、录音录像制品提供自动传输服务，并具备下列条件的，不承担赔偿责任：（1）未选择并且未改变所传输的作品、表演、录音录像制品；（2）向指定的服务对象提供该作品、表演、录音录像制品，并防止指定的服务对象以外的其他人获得。

在本案中，北京移动公司设置的短信网关为接收网易公司发送的信息及向移动电话用户发送该信息提供了短信平台。该平台根据网易公司的指令提供自动网络接入服务，它成为移动终端用户与网易网站之间连接的纽带。北京移动公司接收的信息是由网易公司选择后发布的，北京移动公司并不对信息内容进行遴选且未改变所传输的作品、表演、录音录像制品。在实施信息的接收和发送行为过程中，北京移动公司在主观接受程度上始终是被动的，仅是利用自身的行业特点和经营优势提供设备，对信息的接收和传送提供了连接平台。北京移动公司因其向公众和网络公司提供接入服务的行为不能成为其承担侵权责任的依据。

本案审理法院认为，北京移动公司接收的信息是由网易公司选择后发布的，北京移动公司并不对信息负责。北京移动的短信网在实际运行中并不能对网易传输的信息内容进行任何遴选处理，亦无技术能力将已知的侵权信息予以剔除。在实施信息的接收和发送行为过程中，北京移动公司始终是被动的。因此，北京移动公司的行为不构成对苏越著作权的侵害。本案审理时，当时《信息网络传播权保护条例》还没有公布，但是法院适用法律的基本原理与本条的规定非常吻合。

法院最后判决：（1）网易公司未经许可不得向公众传播歌曲《血染的风采》；（2）网易公司于判决生效后十日内向音著协支付赔偿费 1 万元，公证费 1300 元；（3）驳回音著协的其他诉讼请求。

【引以为鉴】

在此类案件中，如果确定网络接入服务提供者侵权，必然要其承担停止侵权的责任。在目前互联网技术条件下，网络接入服务提供者无法对传输的信息进行选择和识别（信息在传输过程中均体现为二进制代码或其他格式的数码信息），停止侵权的后果必将是停止所有的信息发送服务，包括大部分的非侵权内容。这将不利于社会进步和技术的发展，且对社会公众利益和互联网的应用与发展都是有害的。

另外，由内容提供者停止发布提供侵权的作品的做法足以保护权利人的信息网络传播权，因此，在网络接入服务提供者和网络内容提供者两者之间进行合理的责任划分，将会既有利于保护权利人的信息网络传播权，又有利于保护互联网的发展。这是本条规定的立法宗旨。

第二十一条　【提供加速服务的网络提供者的免责规定】

网络服务提供者为提高网络传输效率，自动存储从其他网络服务提供者获得的作品、表演、录音录像制品，根据技术安排自动向服务对象提供，并具备下列条件的，不承担赔偿责任：

（一）未改变自动存储的作品、表演、录音录像制品；

第二十一条 【提供加速服务的网络提供者的免责规定】 | 179

（二）不影响提供作品、表演、录音录像制品的原网络服务提供者掌握服务对象获取该作品、表演、录音录像制品的情况；

（三）在原网络服务提供者修改、删除或者屏蔽该作品、表演、录音录像制品时，根据技术安排自动予以修改、删除或者屏蔽。

◆ 知识精要

本条规定了为提高网络传输效率提供自动存储服务的网络加速服务提供者的免责事由。

目前，为提高网络传输效率，常见的网站加速技术解决方案有网站镜像站点解决方案和内容分发网络解决方案。

人们都希望自己的网站能够被全世界的浏览者快速访问，但由于世界各地互联网的发展是不均衡的，特别是网络基础设施的建设与国际出口连接的带宽等存在很大的差别，这些差别将造成网站可能对世界各地互联网的使用者具有不同的性能。在不同的地区建立镜像站点，无疑是最好的解决方案。网站镜像站点解决方案是通过在异地建立网站的镜像服务器，使当地的用户可以就近访问镜像服务器以提供网络传输速度。所谓的镜像就是指镜像服务器的网页内容与原始服务器的网页内容一模一样，像镜子反射一样，毫无差池。另外，不仅静态页面一致，而且网页的更新和动态页面也保持一致。通常情况下，网站镜像站点解决方案必须解决四个问题：（1）各地的访问者均使用同一域名访问网站；（2）自动将用户放置到能够提供最快请求响应的服务器；（3）所有的内容能够实现同步更新；（4）集中收集并统一处理用户资料。

网站加速技术的另一种常见的解决方案是 CDN 方案。CDN 的全称是 Content Delivery Network，即内容分发网络。其原理是通过在现有的互联网中增加一层新的网络架构，将网站的内容发布到最接近用户的网络"边缘"，使用户可以就近取得所需的内容，提高用户访问网站的响应速度。CDN 有别于镜像，因为它比镜像更智能，或者可以做这样一个比喻：CDN = 更智能的镜像 + 缓存 + 流量导流。因此，CDN 可以明显提高互联网网络中信息流动的效率，从技术上全面解决网络带宽小、用户访问量大、网点分布不均等问题，提高用户访问网站的响应速度。

CDN 的工作流程是当用户访问已经加入 CDN 服务的网站时，首先通过域名系统（Domain Name System，以下简称 DNS）重定向技术确定最接近用户的最佳 CDN 节点，同时将用户的请求指向该节点。当用户的请求到达指定节点时，CDN 的服务器（节点上的高速缓存）负责将用户请求的内容提供给用户。具体流程为：用户在自己的浏览器中输入要访问的网站的域名，浏览器向本地 DNS 请求对该域名的解析，本地 DNS 将请求发到网站的主 DNS，主 DNS 根据一系列的策略确定当时最适当的 CDN 节点，并将解析的结果（IP 地址）发给用户，用户向给定的 CDN 节点请求相应网站的内容。

CDN 网络架构主要由中心和边缘两部分组成。中心指 CDN 网管中心和 DNS 重定向解析中心，负责全局负载均衡，设备系统安装在管理中心机房；边缘主要指异地节点，CDN 分发的载体，主要由 Cache 和负载均衡器等组成。

当用户访问加入 CDN 服务的网站时，域名解析请求将最终交给全局负载均衡 DNS 进行处理。全局负载均衡 DNS 通过一组预先定义好的策略，将当时最接近用户的节点地址提供给用户，使用户能够得到快速的服务。同时，它还与分布在世界各地的所有 CDN 节点保持通信，搜集各节点的通信状态，确保不将用户的请求分配到不可用的 CDN 节点上，实际上是通过 DNS 做全局负载均衡。

对于普通的互联网用户来讲，每个 CDN 节点就相当于一个放置在它周围的网络。通过全局负载均衡 DNS 的控制，用户的请求被透明地指向离他最近的节点，节点中 CDN 服务器会像网站的原始服务器一样，响应用户的请求。由于它离用户更近，因而响应时间必然更快。

每个 CDN 节点由两部分组成：负载均衡设备和高速缓存服务器。负载均衡设备负责每个节点中各个 Cache 的负载均衡，保证节点的工作效率；同时，负载均衡设备还负责收集节点与周围环境的信息，保持与全局负载 DNS 的通信，实现整个系统的负载均衡。高速缓存服务将客户网站上最频繁被访问的数据和信息存储起来，使其能更迅速地响应访问者的浏览需求。

目前浏览量比较大的商业网站和游戏网站均利用网络加速方案来方便用

户访问自己的网站,提高网络传输效率。随着网络加速服务需求的增加,出现了专业的网络加速服务供应商,这些供应商按照网站镜像原理和CDN原理在全国(甚至是全世界)范围内构架系统,同时为多家网站提供加速服务。在服务过程中,网络加速服务供应商仅提供服务器存储等设备和带宽接入服务,存储在镜像服务器和高速缓存服务器中的内容均来源于网站原始服务器。镜像服务器、高速缓存服务器与网站原始服务器中的内容传输和更新完全是根据技术安排自动实现的。在这种服务中,网络加速服务供应商除了提供加速服务外,对于内容的选择、发布、删除等没有任何的参与和干预,其地位与提供网络接入服务的网络服务提供商等同。因此,如果其服务对象网络内容提供商侵犯了他人的信息网络传播权,网络加速服务供应商应该予以免责。

网络加速服务提供者免责事由的构成要件包括:第一,目的性。提高网络传输效率,自动存储从其他网络服务提供者获得的作品、表演、录音录像制品。第二,传输被动性。首先,根据技术安排自动向服务对象提供;其次,未改变自动存储的作品、表演、录音录像制品的。第三,不影响提供作品、表演、录音录像制品的原网络服务提供者掌握服务对象获取该作品、表演、录音录像制品的情况。第四,在原网络服务提供者修改、删除或者屏蔽该作品、表演、录音录像制品时,根据技术安排自动予以修改、删除或者屏蔽的。

◆ 经典案例27

网络加速服务供应商不应承担法律责任

A公司最近推出了一个网络游戏。该游戏推出后,用户激增,网络速度明显跟不上。为了解决这一问题,该公司委托了专业提供网络加速服务的B公司提供加速服务。B公司签署合同后为A公司在全国各地设立了数十台镜像服务器,提高了A公司网络游戏的传输速度。

网络游戏推出后不久,作者C发现该游戏中使用了其拍摄的一张照片,认为该游戏侵犯了自己的著作权。作者C通过核查浏览游戏网站,查明该游戏为A公司开发,通过查询游戏运行服务器,查明该服务器的IP地址为B公司使用。于是作者C将A公司和B公司一同告上了法庭。法院经审理最后判决 A 公司承担侵权责任，B 公司不承担侵权责任。

【案件分析】

本案中，B 公司是根据 A 公司的委托，为 A 公司的网络游戏提供镜像网站服务器，以提高游戏网站的传输和访问速度。B 公司的服务器自动存储 A 公司的网络游戏数据，并根据网络游戏的设计自动向玩家传输数据。此种服务未改变自动存储的网络游戏数据；不影响 A 公司掌握玩家获取该数据的情况；在 A 公司修改、删除或者屏蔽该游戏时，根据技术安排，B 公司的镜像服务器自动予以修改、删除或者屏蔽。因此，依据本条的规定，B 公司不承担侵权责任。

◆ 经典案例 28

北京三面向版权代理有限公司等与
北京铁血科技有限责任公司侵害著作权纠纷上诉案

【案情简介】

上诉人北京三面向版权代理有限公司（以下简称三面向公司）原审起诉称：三面向公司对文字作品《龙首原望仙台》享有著作财产权，该作品共计字数为 19.8 千字。上诉人盘古文化传播有限公司（以下简称盘古公司）未经许可，擅自通过其经营的域名为 panguso.com 的网站提供涉案作品的在线阅读服务；被上诉人（原审被告）北京铁血科技有限责任公司（以下简称铁血公司）未经许可在其网站上登载涉案作品；铁血公司同时构成为盘古公司的行为提供帮助。盘古公司和铁血公司的上述行为侵犯了三面向公司对涉案作品享有的著作财产权，故诉至法院，请求判令盘古公司和铁血公司：(1) 连带赔偿三面向公司经济损失及合理费用共计 1 万元；(2) 停止侵权并在其网站以及《中国知识产权报》上刊登赔礼道歉声明。

上诉人盘古公司原审答辩称：盘古公司提供的是搜索和网页快照的网络服务，并不提供内容，也不提供在线阅读服务。盘古公司搜索快照的网页库通过爬虫爬取系统自动抓取更新，更新周期视网页而异，最长半年全部清理一次。盘古公司不知道被抓取的网页中是否有侵权内容，并且在三面向公司起诉后已屏蔽了涉案网页快照。综上，盘古公司不同意三面向公司的诉讼请求，请求法院驳回其诉讼请求。

被上诉人铁血公司原审答辩称：铁血公司不存在帮助盘古公司侵犯三面向公司著作权的行为；涉案作品系网友上传，铁血公司对该作品没有编辑和修改；铁血公司具有完善的著作权人侵权举报措施，并在收到著作权人通知后第一时间删除了涉案作品。综上，铁血公司不同意三面向公司的诉讼请求，请求法院驳回其诉讼请求。

原审法院经审理查明：2007年1月16日，刘帮华与三面向公司签订版权转让合同，约定刘帮华将《仙凡劫》（又名《佛道禁果》）在内的9本书除署名权、影视改编权外的著作权自作品完成之日至本合同期十年届满之日止的著作权归三面向公司所有。2007年3月，北京银冠电子出版有限公司出版了名为《三面向作品集》的电子出版物，该出版物封面显示三面向公司版权所有；浏览该出版物，显示刘帮华（笔名墨阳子）著包括《仙凡劫》（又名《佛道禁果》）在内的9部作品，自作品完成之日起至2017年1月15日止的著作权除署名权、影视改编权外归原告三面向公司所有；《佛道禁果》（《仙凡劫》）第28章为《龙首原望仙台》，共计约19.8千字。2007年11月19日，四川省宜宾市作家协会出具一份书面证明，证明刘帮华的笔名是"墨阳子"，《佛道禁果》（《仙凡劫》）在内的十部图书系刘帮华著。

域名为panguso.com的网站由盘古公司经营。域名为tiexue.net的网站由铁血公司经营。

2013年1月14日，铁血公司在收到三面向公司通知后，在其网站上删除了《佛道禁果》（即《仙凡劫》）第28章《龙首原望仙台》等内容，对此，三面向公司予以认可。

2013年1月31日，三面向公司的代理人付某某在北京市方圆公证处的电脑上通过panguso.com网站搜索"第28章龙首原望仙台"，获得的第一个搜索结果为"仙凡劫正文第28章龙首原·望仙台—铁血网"，网址为"bbs.tiexue.net/post2_4256358_1.html"，搜索结果右下方有"网页快照"按钮；点击第一个搜索结果"仙凡劫正文第28章龙首原·望仙台—铁血网"，弹出页面显示"出错了，您刚才请求的页面没有找到……"点击该搜索结果的"网页快照"按钮,弹出的页面显示了《佛道禁果》(《仙凡劫》)第 28 章《龙首原望仙台》的具体文字内容。该页面显示其为"铁血社区 bbs.tiexue.net"网站的页面内容;在"网页快照"弹出的页面中,文章标题下方记载有"welcl 发帖于:书库更新,发布时间:2010-5-1717:14:43"等信息。北京市方圆公证处对上述搜索和浏览过程进行了公证。

本案审理过程中,盘古公司派员演示了其"爬虫"系统的自动抓取更新过程;铁血公司代理人王某某浏览并展示其网站主页(www.tiexue.net)下方的"免责声明"栏目。该栏目中称,其网站中贴文图片内容由网友自行发布,其网站仅提供贴文图片存储空间服务;铁血公司为证明其网站上的涉案作品系网友上传,提交了从其网络后台提取的网友上传的相关信息、注册信息以及铁血网军事小说板块(网址为 www.junshishu.com)的作品截图和网友注册和上传作品流程。

另查,盘古公司于 2013 年 5 月停止提供"网页快照"服务并删除涉案作品。

原审法院认为:依据《三面向作品集》、四川省宜宾市作家协会出具的证明和版权转让合同,可以认定三面向公司对《佛道禁果》(《仙凡劫》)第 28 章《龙首原望仙台》在许可期内享有信息网络传播权,三面向公司有权对侵犯其信息网络传播权的侵权人主张权利。

根据《信息网络传播权保护条例》规定,网络服务提供者为提高网络传输效率,自动存储从其他网络服务提供者获得的作品,根据技术安排自动向服务对象提供的,应当在原网络服务提供者删除该作品时,根据技术安排自动予以删除。本案中,盘古公司在提供搜索服务时以"网页快照"的形式在其服务器上自动存储包含涉案作品的网页并通过信息网络公众提供,但在铁血公司于 2013 年 1 月 14 日删除涉案作品后,盘古公司未能及时在其服务器中删除涉案作品,其网页快照仍可完整地呈现涉案作品,直到 2013 年 5 月停止"网页快照"服务时才删除涉案网页快照,且盘古公司未举证证明其在技术上安排了原网页被删除时进行自动删除,而仅是声称以六个月为最长周期予以全部更新,据此,原审法院认定盘古公司的行为不符合《信息网络传播权保护条例》规定的免责要求,其应当承担相应的侵权责任。

鉴于盘古公司已经停止"网页快照"服务,网络用户无法从盘古公司网站上获取涉案快照页面，故对于三面向公司要求盘古公司停止侵权的主张，原审法院不再予以处理。因三面向公司依据著作财产权向盘古公司主张赔礼道歉没有法律依据，原审法院不予支持。对于赔偿损失及合理开支的具体数额，因三面向公司未提交相应损失、开支或盘古公司获益的证据，原审法院将综合考虑涉案作品的性质、盘古公司的过错程度、侵权情节等因素予以酌定。

关于铁血公司行为的性质，铁血公司在其网站上声明了其仅提供存储空间服务，根据网页快照的页面显示，铁血公司网站登载涉案作品系由网名为"welcl"的网络用户上传发布，且铁血公司庭审中提交了网名为"welcl"的网络用户的注册信息，据此，可以认定铁血公司在本案中系网络服务提供者。铁血公司在接到三面向公司通知后立即删除了相应页面，而三面向公司未提交证据证明铁血公司存在过错或存在其他不应免责的事由，故三面向公司称铁血公司的登载行为构成侵权无事实和法律依据，原审法院不予认可。至于三面向公司称铁血公司的行为构成帮助侵权，因涉案的快照页面系由盘古公司的"爬虫系统"自动抓取，铁血公司与盘古公司之间并无侵权的意思联络，故三面向公司的该项主张无事实和法律依据，原审法院不予认可。

综上所述，原审法院依照《著作权法》第48条第1项、第49条，《最高人民法院关于审理侵害信息网络传播权民事纠纷案件适用法律若干问题的规定》第6条之规定，判决：（1）盘古公司于判决生效之日起十日内赔偿三面向公司经济损失及合理开支共计1000元；（2）驳回三面向公司的其他诉讼请求。

上诉人三面向公司、上诉人盘古公司均不服原审判决，提起上诉。

上诉人三面向公司的上诉请求为：撤销原审判决第二项，改判盘古公司和铁血公司分别向其支付赔偿金及维权费用5000元。其主要上诉理由为：（1）铁血公司未经许可擅自通过其经营的网站提供涉案作品，其与盘古公司的侵权行为存在一定的关联性，同时亦具有一定的独立性，原审法院仅认定盘古公司的行为构成侵权，但铁血公司的行为已严重侵犯三面向公司对于作品享有的信息网络传播权，故应承担相应的法律责任；（2）原审法院依据查明的相关事实与理由判决盘古公司赔偿三面向公司经济损失及合理开支1000

元,数额过低,属于认定事实有误,适用法律错误。

上诉人盘古公司的上诉请求为:撤销原审判决第一项,改判驳回三面向公司的全部诉讼请求,并判令三面向公司承担本案一审、二审诉讼费用。其主要上诉理由为:(1)盘古公司提供的是搜索引擎网页快照服务,有相应的自动更新技术安排,可在原网页有更新时实现相应的更新,但在技术上无法达到在原网页删除后立即自动删除快照页面;(2)盘古公司对铁血公司刊载的涉案作品是否侵权并不知晓,且于网站首页设有"快照投诉"栏,因此不存在主观过错;(3)三面向公司未向盘古公司发出准确的权利通知,即使涉案网页快照删除不及时,也并非盘古公司自身的原因。

被上诉人铁血公司服从原审判决,认为原审判决认定事实清楚,适用法律正确,同意盘古公司的上诉请求,不同意三面向公司的上诉请求。

二审法院经审理查明:三面向公司曾于2013年3月25日向盘古公司发送律师函,律师函中记载"……北京三面向版权代理有限公司对涉案作品依法享有文字作品的信息网络传播权专有使用权……贵公司在未取得北京三面向版权代理有限公司任何授权的情况下,擅自通过panguso.com网站提供涉案作品的在线阅读服务……已严重侵犯了北京三面向版权代理有限公司享有的信息网络传播权专有使用权……我方就相关事宜函告你方如下:(1)立即停止侵权;(2)支付赔偿金240万元"。对于该律师函,盘古公司称其未提供涉案作品所在的网络地址,亦未提供涉案作品的权利证明,不符合相关法律对于通知书形式的要求。

二审法院查明的其他事实与原审法院一致。

【争议焦点】

1. 盘古公司提供的涉案网页快照是否侵害三面向公司就涉案作品享有的信息网络传播权以及是否应当承担相应的法律责任?

2. 铁血公司的行为是否符合《信息网络传播权保护条例》关于网络服务提供者的免责条件以及是否应承担相应的法律责任?

【案件分析】

1. 盘古公司提供的涉案网页快照是否侵害三面向公司就涉案作品享有的

信息网络传播权以及是否应当承担相应的法律责任问题

根据相关法律规定,信息网络传播权是指以有线或者无线方式向公众提供作品、表演或者录音录像制品,使公众可以在其个人选定的时间和地点获得作品、表演或者录音录像制品的权利。网络用户、网络服务提供者未经许可,通过信息网络提供权利人享有信息网络传播权的作品,除法律、行政法规另有规定外,应当认定其构成侵害信息网络传播权行为。

网页快照是搜索服务提供者为了方便用户提供的一种技术服务。为有效地向用户提供基于关键词的搜索结果及网页"快照"服务,搜索引擎需要使用"网络蜘蛛"等程序事先对互联网网页信息进行扫描和记录,并自动抓取原网页内容,制作网页复制件存储于自己的服务器缓存中。当用户使用搜索引擎时,会在搜索结果中包含网页快照链接。点击网页快照时,可以直接根据搜索引擎事先确立的策略调取自己服务器缓存中的原网页内容,并提供给用户。尽管制作网页快照并最终提供给用户的过程,是搜索引擎系统自动存储从其他网络服务提供者获得的作品,并根据技术安排向服务对象提供的过程,但其工作原理与《信息网络传播权保护条例》第21条所规定的"自动存储"有本质差别。《信息网络传播权保护条例》第21条所规定的"自动存储"是为提高传输速度而设置的,系统根据用户的指令,将信息从目标网站通过中转服务器向用户传输的过程,是将信息数据临时存储于中转服务器系统缓存中的临时性复制行为。自动存储中的内容为用户访问目标网站时即时形成的,用户在浏览器中浏览的仍然是目标网站的内容。与此相反,网页快照中的数据为搜索引擎服务提供者在扫描到目标网页时,即根据事先确立的策略,以相对稳定和长期的方式将目标网页中的内容抓取并存储于自己的服务器中,并在用户进行搜索操作时,从自己服务器中调取并提供给用户的。用户在浏览器中浏览的是搜索引擎提供的事先存储于自己服务器中的网页"快照"内容,故网页快照不属于《信息网络传播权保护条例》第21条所规定的"自动存储",不能适用该条款作为网络服务提供者是否应当承担相应法律责任的判断条件,即不能依据该条款的免责条件,免除网页快照服务提供者的侵权责任。

与此同时,尽管形成网页快照的过程是系统自动完成的,且抓取过程是无差别、无筛选的，不存在人为干预的因素。但网页快照的形成并非被动响应用户搜索指令的结果，而是根据搜索服务提供者事先确立的策略，在用户进行搜索之前就主动通过技术手段对目标网页进行了复制。其复制行为是在搜索服务提供者的主观控制下实现的，故其本质上仍属于《著作权法》意义上的复制，而非对原网页的搜索或者链接服务。搜索服务提供者通过搜索结果中的网页快照链接向用户提供网页快照的行为，使用户可以脱离原网页，在个人选定的时间和地点浏览网页快照中的作品内容，属于一个新的提供作品行为。原相关网页对作品的提供行为是否侵害他人信息网络传播权，不影响对网页快照服务提供者的侵权责任的认定。

根据相关法律规定，人民法院审理侵害信息网络传播权民事纠纷案件，在依法行使裁量权时，应当兼顾权利人、网络服务提供者和社会公众的利益。对于提供行为不影响相关作品的正常使用，且未不合理损害权利人对该作品的合法权益，网络服务提供者主张其未侵害信息网络传播权的，人民法院应予支持。本案中，尽管制作网页快照的行为属于《著作权法》意义上的一种复制行为，向用户提供网页快照的行为亦属于信息网络传播权意义上的提供行为，但在考虑其是否侵权以及是否应当承担相应法律责任时，仍应当在兼顾权利人、网络服务提供者和社会公众利益的原则下，综合考虑该行为是否影响相关作品的正常使用，以及是否不合理地损害权利人对该作品的合法权益等因素予以确定。

根据本案查明的事实，三面向公司对作品《仙凡劫》享有信息网络传播权，盘古公司提供的网页快照服务，是事先将铁血公司网站上《仙凡劫》第28章《龙首原望仙台》中的全部文字内容保存于服务器中，并在用户搜索到相关文字关键词时提供给用户。该提供行为是为了用户在访问原网站出现障碍时，能够了解到原网页曾经存在的内容而设置。从搜索服务提供者的角度，搜索引擎与被搜索的原始网站之间是相互依存的关系。搜索引擎为原始网站提供路径指引和用户流量，原始网站为搜索引擎提供网页和信息资源。搜索服务提供者提供网页快照服务仅为辅助用户实现检索需求，提高用户体验，无意通过网页"快照"服务代替用户对于原网站的访问；从网络用户的角度而言，按照普通用户的使用习惯，在搜索关键词获得搜索结果时，通常会首选访问原网页内容而非网页快照中的内容,在一般情况下,网页快照亦不会取代用户对于原网页的访问。故尽管涉案网页快照中的文字包含了三面向公司享有信息网络传播权的《仙凡劫》的部分文字,但该提供行为并不会影响相关作品的正常使用。

同时,尽管通过网页快照提供作品内容在一定层面上可能会影响到权利人的部分权益,但网页快照服务本身是为方便网络用户搜索互联网信息提供便利而设置,具有实质性非侵权用途,且权利人可以采取通知网页快照服务提供者删除相关网页快照等方式最大限度地降低或消除网页"快照"给其造成的影响,故在判断网页"快照"的提供行为是否会对权利人所享有的相关作品的合法权益造成不合理损害时,需要综合考虑以上因素。根据相关规定,通知书应当包含下列内容:权利人的名称、联系方式和地址;要求删除或者断开连接的授权作品、表演、录音录像制品的名称和网络地址;构成侵权的初步证明材料等内容。本案中,三面向公司虽在发现盘古公司提供的网页快照中包含涉案作品的部分内容时向其发送了律师函,但其中并未列出涉案作品的网络地址,不符合通知书的要求。此外,盘古公司在其网站设有"快照投诉"栏,提示了发送通知的具体操作方法,并明确表示如果收到通知将删除涉案网页快照中的文字内容,且在2013年5月全面停止了网页快照服务。故盘古公司提供涉案网页"快照"的行为本身,并未不合理损害权利人对该作品的合法权益。

综上,盘古公司提供涉案网页快照的行为不会实质上替代网络用户访问相关网页,涉案网页快照服务不会影响相关作品的正常使用,且未不合理地损害权利人的利益,三面向公司主张盘古公司提供的涉案网页快照侵害其对《仙凡劫》作品享有的信息网络传播权并据此要求盘古公司赔偿经济损失的诉讼请求缺乏依据,二审法院不予支持。

2. 铁血公司的行为是否符合《信息网络传播权保护条例》关于网络服务提供者的免责条件以及是否应承担相应的法律责任问题

根据相关规定,网络服务提供者为服务对象提供信息存储空间,供服务对象通过信息网络向公众提供作品、表演、录音录像制品,并具备下列条件的,不承担赔偿责任:(1)明确标示该信息存储空间是为服务对象所提供,并公开网络服务提供者的名称、联系人、网络地址；(2) 未改变服务对象所提供的作品、表演、录音录像制品；(3) 不知道也没有合理的理由应当知道服务对象提供的作品、表演、录音录像制品侵权；(4) 未从服务对象提供作品、表演、录音录像制品中直接获得经济利益；(5) 在接到权利人的通知书后，根据本条例规定删除权利人认为侵权的作品、表演、录音录像制品。

本案中，根据涉案网页快照页面显示，涉案作品在铁血公司网站的刊载是由名为"welcl"的网络用户上传的，在无相反证据的情况下，可以认定涉案文字内容系网友"welcl"上传。三面向公司主张未授权任何公司和个人上传涉案文字内容，铁血公司亦未提交证据证明"welcl"上传涉案文字内容系经过权利人的合法授权，在无相反证据的情况下，可以认定慕容某某上传的内容为侵权内容。

铁血公司作为信息存储空间服务提供者，在其网站中标明了其仅提供信息存储空间服务，并提供了该网络用户的注册信息，被上诉人三面向公司未提交证据证明铁血公司改变上传涉案文字内容或从中直接获得经济利益，亦未提交证据证明铁血公司知道或应当知道"welcl"上传涉案文字内容系侵权内容，且铁血公司在收到三面向公司发出的删除通知后，已在合理的时间内删除了涉案网页内容，综上，铁血公司对网友上传涉案侵权文字内容不具有过错，符合法律规定的免责条件。对于三面向公司关于铁血公司侵害其对《仙凡劫》作品享有的信息网络传播权并据此要求铁血公司赔偿经济损失的诉讼请求，二审法院不予支持。

综上所述，盘古公司的上诉理由部分成立，二审法院予以采纳；三面向公司的上诉理由不成立，对其上诉请求，二审法院不予支持。原审法院认定事实部分不清，适用法律及处理结果部分有误，二审法院予以纠正。

二审法院依照《著作权法》第 10 条第 1 款第 12 项，《信息网络传播权保护条例》第 22 条，《最高人民法院关于审理侵害信息网络传播权民事纠纷案件适用法律若干问题的规定》第 1 条、第 3 条、第 5 条，《民事诉讼法》第 170 条第 1 款第 2 项之规定，判决：(1) 撤销北京市大兴区人民法院 (2013) 大民初字第 5749 号民事判决；(2) 驳回三面向公司的诉讼请求。

第二十二条 【提供信息存储空间服务的网络服务提供者的免责规定】 | 191

> **第二十二条　【提供信息存储空间服务的网络服务提供者的免责规定】**
>
> 　　网络服务提供者为服务对象提供信息存储空间,供服务对象通过信息网络向公众提供作品、表演、录音录像制品,并具备下列条件的,不承担赔偿责任:
> 　　(一)明确标示该信息存储空间是为服务对象所提供,并公开网络服务提供者的名称、联系人、网络地址;
> 　　(二)未改变服务对象所提供的作品、表演、录音录像制品;
> 　　(三)不知道也没有合理的理由应当知道服务对象提供的作品、表演、录音录像制品侵权;
> 　　(四)未从服务对象提供作品、表演、录音录像制品中直接获得经济利益;
> 　　(五)在接到权利人的通知书后,根据本条例规定删除权利人认为侵权的作品、表演、录音录像制品。

◆ 知识精要

本条是提供信息存储空间的网络服务提供者的免责事由。

目前,很多网站的服务可以归结为提供信息存储空间网络服务。例如,新浪网站的微博、搜狐网站的论坛、淘宝网站的商城店铺,均属于提供信息存储空间的网络服务。

网站向服务对象提供信息存储空间后,服务对象可以随时随地地将大量的信息上传至网站,存储在网站中,供公众浏览下载。由于互联网的信息海量,网站不可能对服务对象提供的作品进行审查,也没有能力去辨别其上传的作品是否侵权。因此,在这种情况下,本条例确定了提供信息存储空间的网络服务提供者有条件的免责原则。这些条件包括:

(1)明确标示该信息存储空间是为服务对象所提供,并公开网络服务提供者的名称、联系人、网络地址。本项规定要求网络服务提供者必须向公众明示该信息存储空间是向服务对象所提供的并由服务对象所使用,同时应明示网络服务提供者自己的名称、联系人和网络地址，以便公众发现问题后能够找到网络服务提供者。否则，可能承担连带侵权责任。

（2）未改变服务对象所提供的作品、表演、录音录像制品。网络服务提供者没有对服务对象所提供的作品、表演、录音录像制品进行任何形式的改变，否则将承担侵权责任。

（3）不知道也没有合理的理由应当知道服务对象提供的作品、表演、录音录像制品侵权。网络服务提供者主观上不知道也没有合理的理由应当知道服务对象提供的作品、表演、录音录像制品侵权，否则，应该承担侵权责任。

（4）未从服务对象提供作品、表演、录音录像制品中直接获得经济利益。网络服务提供者没有从服务对象提供作品、表演、录音录像制品中直接获得经济利益，例如，如果一个网站举办图片展览，该图片展览由服务对象提供照片，网站提供信息存储空间，参观者需要付费登录才能看到照片，此种情况下，网站由于从服务对象提供的作品中直接获得经济利益，因此，该网站应该承担侵权责任。需要说明的是，网站收取信息存储空间使用费不能认定为该网站从服务对象提供作品中直接获得经济利益；同样，网站在页面上做广告也不能认定从服务对象提供的作品中直接获得经济利益。

（5）在接到权利人的通知书后，根据本条例规定删除权利人认为侵权的作品、表演、录音录像制品。网络服务提供者在接到权利人的通知后应立即删除权利人认为侵权的作品、表演、录音录像制品并将通知转递给服务对象。如果网络服务提供者在接到权利人通知后没有立即删除，将有可能构成侵权。

最后，需要指出的是，上述五个条件有任何一项不符合的，网络服务提供者都会承担侵权责任。

◆ 经典案例 29

杨某诉北京千龙新闻网络传播有限责任公司侵犯著作权案

【案情简介】

原告杨某诉称：2000 年 12 月 1 日，其以"海杨"为笔名在网易网站发

第二十二条 【提供信息存储空间服务的网络服务提供者的免责规定】 | 193

表了文章A，并声明不得转载。但被告北京千龙新闻网络传播有限责任公司（以下简称千龙网公司）未经原告许可，擅自转载使用该文，并且不署作者姓名，擅自改变文章标题为B（此标题含文章A标题的关键词）。被告的行为侵犯了原告的署名权、保护作品完整权、使用权和获得报酬权，请求被告赔偿不少于人民币500元的经济损失；在其网站上刊登更正声明；承担本案的诉讼费。

被告千龙网公司答辩称：(1) 被告从未转载过文章A，也未修改过该文标题。该文是一署名"知情人"的网民进入"网友评说"栏目发送的，系网络用户个人行为。(2) 被告并不知网民的行为侵害了原告的权利，也没有能力进行审查。在收到原告的起诉书后，被告已将涉案文章删除。被告作为网络服务商不仅未实施侵权行为，还及时移除了侵权内容，不应承担侵权责任。

在法院审理中，原告提出如下证据。

证据一：杨某在2001年1月9日晚发给网易网站的电子邮件（打印件）。其内容主要是：(1) 网易新闻频道已采用包括文章A一文在内的五篇杨某的文章，但杨某尚未收到稿费不知何故；(2) 文章A一文在许多网站转载，还出现另一个名字B，不知是否经网易网站许可。

证据二：网易网站在2001年1月10日回复杨某的电子邮件（打印件）。内容主要是：(1) 稿费即将寄出；(2) 文章A一文被其他网站转载，未经网易网站许可。

证据三：网易网站给付杨某稿费的汇款单（复印件）。

证据四：北京市朝阳区公证处（2001）朝证字第0110号公证书。证明进入千龙网站，点击网友评说—更多评论—网友评说后，屏幕显示的内容是：千龙网首页—新闻专题—网友评说—文章B一文（其内容与文章A相同）。文章署名——知情人。

证据五：杨某个人统计的因诉讼产生的经济损失清单和票据的复印件，包括诉讼费50元、公证费250元、差旅费172.10元、其他费用30.40元。

被告千龙网公司除以原告的证据四作为依据，证明自己答辩内容的真实性外，未提供其他证据。

法院在审理中，依法收集了如下证据。

证据一：网易公司网站部经理孙某某 2001 年 4 月 23 日证明该网站于 2001 年 1 月 23 日将包括文章 A 一文在内的稿费邮寄给杨某的书面证言。

证据二：网易公司新闻频道编辑部 2000 年 12 月 1 日在录用文章 A 中给杨某的稿件录用通知（电子邮件）。

证据三：网易公司网站部 2001 年 6 月 4 日出具的 2000 年 12 月 1 日，"第三只眼"栏目的投稿信箱 news3@bj.netease.com 收到了署名"海杨"的一篇投稿文章 A 的文件。

证据四：网易网站新闻频道稿费统计表（2000 年 11 月 20 日～12 月 21 日）。该表载明：文章 A 作者杨某，字数 2038，稿酬 61 元。

对上述证据在形式和内容上，双方当事人均无异议。鉴于上述证据在形式和内容上的合法、客观真实，法院确认上述证据具有证明力。

被告在质证中对原告证据四的内容予以认可，并引为自己的证据。在发表的质证意见中称："网友评说"栏目系电子公告服务类别的"留言板"，以交互式为上网用户提供信息发布条件。每篇新闻信息页面都有这样的界面。上网用户发表言论均不通过编辑模板，任何人都可进入。文章 B 系上网用户自行发布的。网上传输的内容和信息纷杂，被告无能力查证这些文章的内容是否侵权，法律不要求提供电子公告服务的服务商应承担网民的侵权责任。被告在 2001 年 3 月 9 日下午接到原告的起诉书后，于当日即将该文移除。

根据上述证据和双方当事人的陈述，结合原告、被告发表的质证意见，法院对以下事实予以确认：（1）原告享有文章 A 的著作权。证明该事实的证据有原告证据一、二、三和法院收集的证据一、二、三、四。（2）在千龙网"网友评说"界面上登载有与文章 A 内容相同的文章 B，但不能确认是被告所为，亦不能确认被告有鼓励、引诱网民侵权并利用侵权从中牟利，且被告已将文章 B 移除。

法院认为：

（1）关于原告杨某是否是"海杨"，是否享有文章 A 的著作权的问题。

第二十二条　【提供信息存储空间服务的网络服务提供者的免责规定】　| 195

根据原告证据一、二、三和法院收集的四份证据，已充分证明原告以"海杨"的名义向网易网站投稿并首先在网易网站发表了文章A；网易网站在采纳该文后，即通知了杨某；网易在2000年11月20日～12月21日稿费统计表中载明：随后网易网站将包括文章A在内的稿酬邮寄给杨某。上述事实均发生在原告指控被告侵权以前，可充分证明"海杨"即是杨某。文章A在发表时署名为"海杨"，在被告没有相反证据证明的情况下，杨某即为文章A的作者。

（2）被告是否应对其网站电子公告栏上登载的文章B承担法律责任，这涉及被告是不是信息提供者的问题，或者说被告是否将原告的作品进行了复制或传播的问题。

在网络上设置电子公告栏服务，是网络服务商向网络用户提供的一种最常见的技术性服务。网民在这一技术的支撑下，可以自由地在电子公告栏中发表意见、提供各种信息。这一行为在一般正常情况下，并不受提供这一技术服务的网络服务商约束。就如同我们利用电信部门提供的通信设备进行通话，在一般正常情况下，电信部门无法得知和控制通话的内容。因此，网络服务商仅是提供网络设备或技术服务，在无证据证明电子公告栏中的信息提供与网络服务商有关的情况下，网络服务商对信息内容存在的权利瑕疵不承担责任。

原告的作品在被告的电子公告栏中被复制，应由复制行为人承担侵权的法律责任。

应当指出，根据《最高人民法院关于审理涉及计算机网络著作权纠纷案件适用法律若干问题的解释》第4条"经著作权人提出确有证据的警告，但仍不采取移除侵权内容等措施以消除侵权后果的，人民法院应当根据民法通则第一百三十条的规定，追究其与网络用户的共同侵权责任"的规定，网络服务商是在得到警告后，采取消极、不作为的态度才承担法律责任。本案原告是在未提出确有证据的警告的情况下，直接向人民法院提起对千龙网公司的侵权诉讼，而被告千龙网公司在得知原告对登载在其网站电子公告栏中的文章A提出侵权诉讼后，立即采取了移除的技术措施，有力地防止了侵权的扩大和延续，这是对原告权利的尊重和维护，因此不应承担任何法律责任。最后，法院驳回原告杨某的诉讼请求。

【争议焦点】

千龙网公司提供信息存储空间服务是否应该承担侵权责任？

【案件分析】

在网络上设置电子公告栏服务，是网络服务商向网络用户提供信息存储空间的一种服务。本案被告未改变服务对象所提供的作品；不知道也没有合理的理由应当知道服务对象提供的作品侵权；也未从服务对象提供作品、表演、录音录像制品中直接获得经济利益；在接到权利人的通知书后，及时删除了权利人认为侵权的作品，因此符合本条例第21条规定的网络服务提供者的免责条件，不应承担赔偿责任。本案审判之时，本条例尚未制定，但本案审判的精神和条例是一致的。

【引以为鉴】

现在许多网站为用户提供存储空间，如开办论坛、博客。由于个人在论坛、博客上发表的作品无法收到事先审查，容易出现侵犯权利人信息网络传播权的现象。对网站来说，如果此时在接到权利人的通知书后，根据本条例规定删除权利人认为侵权的作品、表演、录音录像制品，则还不晚，不承担赔偿责任，但如果此时仍不删除，那就是明知故犯，不能据此免责了。

第二十三条 【提供搜索或者链接服务的网络服务提供者的免责规定】

网络服务提供者为服务对象提供搜索或者链接服务，在接到权利人的通知书后，根据本条例规定断开与侵权的作品、表演、录音录像制品的链接的，不承担赔偿责任；但是，明知或者应知所链接的作品、表演、录音录像制品侵权的，应当承担共同侵权责任。

第二十三条 【提供搜索或者链接服务的网络服务提供者的免责规定】

◆ 知识精要

本条规定了提供搜索与链接服务的网络服务提供者免责事由，实际上明确了搜索引擎的法律地位，是搜索引擎的避风港。

互联网上各类信息内容繁杂如浩瀚大海，用户在互联网上查找信息就如同大海捞针一样。为了能明确方向，缩小范围，用户一般都会想到搜索引擎。搜索引擎为大海捞针提供了快捷、有效的途径。与此同时，各网站之间既具有沟通性、开放性，也具有独立性，通过搜索引擎搜索到的信息必然会参差不齐。网站经营者无法先行审查搜索引擎搜索到的每个信息是否存在侵权，并且网络服务提供者提供的服务有利于网络的健康快速发展，也不宜为其设定严格义务。因此，有必要明确搜索引擎与链接服务的网络提供者的法律地位，鼓励他们促进信息传播的作用。

但是，如果网站经营者明知其他网站网页上含有侵权内容的信息，还继续提供该种服务，则该搜索或链接行为应被视为是辅助侵权行为，与服务对象构成共同侵权，承担共同侵权责任。

◆ 经典案例 30

浙江泛亚电子商务有限公司诉百度在线网络技术（北京）有限公司、北京百度网讯科技有限公司侵犯著作权纠纷案

【案情简介】

上诉人浙江泛亚电子商务有限公司（以下简称浙江泛亚公司）因侵犯著作权纠纷一案，不服北京市第一中级人民法院（2006）一中民初字第6273号民事判决，向北京市高级人民法院提出上诉。

北京市第一中级人民法院认定，浙江泛亚公司系《我的爱有罪》《别再说你爱着我》《下辈子不做男人》三首歌曲的著作权人，其在国际互联网上设立了娱乐基地——中国网网站（网址为http://www.5fad.com），并在该网站上提供《我的爱有罪》《别再说你爱着我》《下辈子不做男人》三首歌曲的 MP3 文件付费下载服务。浙江泛亚公司的委托代理人于 2006 年 3 月 27 日

在浙江省杭州市西湖公证处，在公证员的监督下，通过百度网站的搜索引擎下载了涉案歌曲。浙江泛亚公司提供了共计 4.17 万元的公证费、律师费票据。

北京市第一中级人民法院认为，浙江泛亚公司系涉案歌曲的著作权人，其权利应当受到《著作权法》的保护。百度在线网络技术（北京）有限公司（以下简称百度在线公司）、北京百度网讯科技有限公司（以下简称百度网讯公司）提供的搜索引擎服务是以音频数据格式文件为搜索对象的，其搜索范围遍及整个互联网空间中未被禁链的每个网络站点。从搜索的内容看，其来源于上传音频数据格式文件的网站，并受控于上传作品的网站。搜索引擎对搜索内容的合法性不具有预见性、识别性、控制性。如果被链接网站没有建立禁链的协议，对搜索引擎服务系统而言，意味着对该网站可以互联互通、信息共享。因此，百度在线公司、百度网讯公司提供搜索引擎服务并没有侵犯浙江泛亚公司著作权的主观故意和过失。百度在线公司、百度网讯公司提供的搜索引擎服务中显示歌曲存放的地址及"下载"涉案歌曲的作品来自未被禁链的即开放的网络服务器，并非直接来自百度网讯公司的网站，客观地再现了上传的作品并显示作品存放的地址。"下载"涉案歌曲的行为发生在用户与上传作品网站两者之间，搜索引擎起到了查询并定位的作用。在浙江泛亚公司不能证明百度在线公司、百度网讯公司的行为系明知或应知的情况下，将上传作品和下载作品的行为可能产生的侵权责任，由没有识别和判断能力的搜索引擎服务商承担，缺乏法律依据。由于互联网具有互联互通、信息共享的基本特征，权利人为了保护其著作权，可以采取相应的技术措施。在搜索引擎对其搜索结果无法预见和控制的情况下，法律在鼓励和保护技术发展的同时，亦要求权利人采取技术措施，以保护其著作权。浙江泛亚公司指控百度在线公司、百度网讯公司侵犯其著作权的主张，缺乏法律依据，法院不予支持。

北京市第一中级人民法院依据《著作权法》第 46 条、第 47 条之规定，判决：驳回浙江泛亚公司的诉讼请求。

浙江泛亚公司不服原审判决，向法院提出上诉，请求撤销原审判决，依法改判百度网讯公司、百度在线公司停止对 MP3 的深层链接搜索服务，并赔

第二十三条 【提供搜索或者链接服务的网络服务提供者的免责规定】 | 199

偿上诉人经济损失 500 万元。其理由是：百度网讯公司的搜索服务采用百度在线公司开发的深层链接的技术，直接抓取被链网站主页以下的深层网页或信息数据库中的音乐作品内容，实际使用了被链网站的内容。假如此时被链网站使用的是盗版内容，设链者则起到了公开帮助非法传播被链对象的作用，构成共同侵权。如果是合法上传内容，则被链网站在未获得任何利益的情况下，却要承担因被链而增加的成本开支。这种链接方式完全是人为设计的，设链者也是完全可以控制的。百度网讯公司、百度在线公司为牟取巨大的商业利益，无视浙江泛亚公司的合法权利，对浙江泛亚公司享有著作权的 MP3 音乐作品进行深层链接搜索，主观上具有恶意，理应承担相应法律责任。百度网讯公司、百度在线公司提供的搜索引擎服务中显示歌曲存放地址、链接第三方网站的侵权歌曲及提供涉案歌曲"下载服务"是对涉案歌曲的复制和传播，侵犯了浙江泛亚公司的著作权。浙江泛亚公司既是涉案音乐作品的著作权人，也是娱乐基地——中国网网站的经营者，百度网讯公司、百度在线公司的搜索引擎服务占用了其网络资源，造成其网站点击率下降，也是不正当竞争行为。百度在线公司、百度网讯公司服从原审判决。

经审理查明，浙江泛亚公司是《我的爱有罪》《别再说你爱着我》《下辈子不做男人》三首歌曲的著作权人。

浙江泛亚公司在国际互联网上设立了娱乐基地——中国网网站（网址为 http://www.5fad.com），并在该网站上提供《我的爱有罪》《别再说你爱着我》《下辈子不做男人》三首歌曲的 MP3 文件付费下载服务。

百度网讯公司是 www.baidu.com 网站的经营者，百度在线公司是百度搜索引擎技术的研发者。

2006 年 3 月 27 日，浙江泛亚公司在浙江省杭州市西湖公证处，在公证员的监督下，通过百度网站的搜索引擎下载了涉案歌曲。主要操作步骤如下：（1）在 Internet Explorer 浏览器地址栏中输入网址 http://mp3.baidu.com/，进入百度 MP3 页面；（2）在页面搜索栏中输入"下辈子不做男人"，点击"百度搜索"按键；（3）在显示页面中选中"编号：2，歌曲名：下辈子不做男人 HIP HOP DJ Mu 易欣"；（4）在该页面上显示点击"请点击此链接：http://www.prpsdc.com/zszjbbs/UploadFile/2006 - 2/2006215173625332.mp3"，将该文件下载至计算机桌面,文件名为2006215173625332.mp3。在计算机桌面点击该文件,使用"windows media player"进行播放,听到了连接本机的"漫步者"多通道有源音箱中发出的歌曲声,播放界面上的"正在播放"列表显示"下辈子不做男人"。另外,在"搜索结果"显示页面中分别选中编号12和23的,歌曲名"下辈子不做男人";在下载页面中分别显示"请点击此链接:http://data2.5fad.com/yc/ycsong/ycsong/127192/127192-20050307144513.mp3""请点击此链接:http://data2.5fad.com/yc/ycsong/ycsong/127192/127192-20051022002143.mp3",将上述文件下载至计算机桌面,文件名分别为"127192-20050307144513""127192-20051022002143"。在计算机桌面点击下载的歌曲,使用"windows media player"进行播放,听到了连接本机的"漫步者"多通道有源音箱中发出的歌曲声,播放《下辈子不做男人》。浙江省杭州市西湖区公证处于2006年3月30日出具了(2006)浙杭西证字第462号公证书。该公证书亦记载了对《我的爱有罪》和《别再说你爱着我》两首歌曲下载和播放的过程,其方法和步骤同《下辈子不做男人》歌曲相同。

在接到浙江泛亚公司的书面通知后,百度网讯公司已按其要求断开了与相关网址、网站的搜索链接。

浙江泛亚公司为本案诉讼支出了共计41 700元的公证费、律师费。

法院认为,浙江泛亚公司是《下辈子不做男人》《我的爱有罪》《别再说你爱着我》三首歌曲的著作权人,其享有的著作权受到《著作权法》的保护。但浙江泛亚公司的上诉理由缺乏事实和法律依据,不能成立,其上诉请求法院不予支持。原审判决认定事实清楚,适用法律正确,驳回上诉,维持原判。

【争议焦点】

百度网讯公司提供的搜索引擎服务链接的文件侵权时,百度在线公司、百度网讯公司是否承担侵权责任?

【案件分析】

百度网讯公司所提供的搜索引擎服务,包含了以音频数据格式文件为对象的搜索方式。这种搜索方式的特点在于，它可以根据用户的请求，搜索遍及整个互联网空间中未被禁链的每个网络站点。当用户点击搜索到的相关文件名时，便显示出歌曲存放的地址。如果用户要从该地址处下载歌曲，需进一步点击该地址的链接进行复制和播放的操作。因此，百度网讯公司提供的搜索引擎服务仅起到了查询并定位的作用，并没有上传或存储涉案歌曲的音频数据格式文件。涉案作品来自未被禁链的即开放的网络服务器，包括浙江泛亚公司的网站及第三方网站。下载涉案歌曲的行为发生在用户与上传作品的网站之间，百度网讯公司没有从事复制和传播涉案歌曲的行为。

百度网讯公司提供搜索引擎服务，为用户便利地查找到与涉案歌曲有关的相关网络地址、向用户提供对第三方网站的链接，虽然客观上起到了指引用户从浙江泛亚公司存放涉案歌曲的地址或第三方网站上进行下载的作用，但是被下载的歌曲来源上传音频数据格式文件的网站，并受控于上传作品的网站。搜索引擎服务提供者对搜索内容的合法性不具有预见性、识别性、控制性，而且，如果被链接网站没有采取相应的技术保护措施，那就意味着对该网站可以互联互通、信息共享。因此，百度网讯公司在接到浙江泛亚公司的书面通知后，及时断开了与相关网址的链接。在现有证据不能证明百度网讯公司的行为系明知或应知的情况下，其提供搜索引擎服务不构成对浙江泛亚公司享有的著作权的侵犯。

根据本条规定，百度网讯公司为服务对象提供搜索或者链接服务，在接到权利人浙江泛亚公司的通知书后，根据本条例规定断开与侵权的作品、表演、录音录像制品的链接的，不承担赔偿责任。因此，法院最终驳回了原告的起诉。

◆ 经典案例 31

明知侵权仍链接要承担法律责任
——刘某某诉搜狐爱特信信息技术（北京）有限公司侵犯著作权案

【案情简介】

2000 年 10 月，原告刘某某在上网访问被告搜狐公司的搜狐网站时，发现通过点击该网站"文学"栏目下的"小说"，即进入搜索引擎页面。根据页面提示顺序点击"外国小说@（5064）""经典作品（86）""唐吉诃德——[西班牙]塞万提斯""译本序言"后，可在页面上看到其翻译的作品《唐吉诃德》。于是，原告刘某某申请北京市公证处对以上上网的操作过程、路径和终端监视器上显示的页面内容进行公证，后据此于24日向北京市第二中级人民法院提起诉讼。11月6日，被告向北京市公证处申请按照原告上网的过程、路径进行公证。11月15日，被告向北京市公证处申请对上www.cj888.com、www.chenqinmyrice.tom、www.yifan.net网站访问《唐吉诃德》中文版的过程和路径进行公证。被告两次公证的目的在于证明：（1）该作品不是其搜狐网站上传，亦不在搜狐网站的网页上，而是通过搜狐网站的搜索引擎进入他人的网页后才看到该作品；（2）直接访问www.yifan.net、www.cj888.com、www.chenqinmyrice.com网站，即可看见载有原告翻译作品的网页；（3）由于搜狐网站与上述三个网站有链接关系，所以能通过搜狐网站访问这三个网站载有原告翻译作品的网页。

11月23日，本案开庭审理时，原告当庭明确要求被告断开与上传其翻译作品的网站的链接。被告以法律未规定链接是侵权为由拒绝。11月30日，被告才断开链接。

北京市第二中级人民法院认为：根据《著作权法》第12条的规定，原告对《唐吉诃德》享有翻译作品著作权，应当受到法律保护。未经著作权人许可使用其作品，是对著作权的侵害。当得知侵权行为发生或可能发生时，任何与该侵权行为或结果有一定关系的人，都应当采取积极的措施，防止侵权结果扩大。

被告向公众提供搜索引擎服务，通过该搜索引擎与侵权网站发生了临时链接，其虽然难以控制搜索引擎的特定搜索结果及其附带的临时链接，但完全有能力控制对特定网站或网页的链接。原告提起侵权诉讼时，虽因了解两种技术的不同而将搜狐公司链接行为指控为上传，但毕竟自己是涉案作品的著作权人，其权利被侵害以及希望尽快制止侵权的意思表示清楚。被告收到起诉书后，没有及时断开链接，使侵权结果得以扩大，起到了帮助侵权人实施侵权的作用。依照《著作权法》第46条第8项的规定，被告应当对自己的这种行为承担侵权的法律责任。

综上，北京市第二中级人民法院判决被告搜狐公司书面向原告刘某某赔礼道歉，并赔偿原告刘某某3000元。

宣判后，双方当事人均未提起上诉，一审判决发生法律效力。

【争议焦点】

链接服务提供者明知是侵权信息仍然链接的是否承担侵权责任？

【案件分析】

网站经营者直接提供信息服务时，有义务注意自己的行为是否侵权。网站经营者通过链接服务向上网者提供信息时，该信息并非存储于其网站所在的服务器上，而是通过链接技术从其他服务器获得。因此，通过链接获取的网上信息为侵权信息时，一般应当追究上传该侵权信息网站的法律责任，提供链接服务的网络服务者不承担责任。但是，如果网站经营者明知其他网站网页上含有侵权内容的信息，还继续提供该种服务，则其行为应被认为构成侵权。

本案原告通过被告网站搜索引擎的链接，在互联网上查到自己的翻译作品，表面上看，原告是通过该网站页面的提示，一步步进入到登载有自己作品的网页，该网站好像是该网页的提供者。实际上，被告网站仅是将搜索引擎搜索的结果提示给原告，并通过链接功能使原告到达了提供信息的网站。原告看到的登载自己翻译作品的页面，是通过网站之间的链接从被告网站到达的其他网站的页面，不是被告网站的页面。在原告的终端显示出来的作品信息存储在其他网站的服务器上，没有存储在被告网站的服务器上。被告网站既没有将这个页面显示的内容直接上传到互联网，也没有对这个页面所显示的内容进行复制并存储。所以，被告在搜索引擎中设置链接功能的行为，不侵害原告的著作权。但是在开庭时，原告明确要求被告断开链接，被告予以拒绝，此时，被告已经是明知链接的作品侵权仍不断开，起到了帮助侵权人实施侵权的作用。因此，被告应承担责任。本案审理的时候，《信息网络传播权保护条例》还没有实施。现在看来，本案的情况符合《信息网络传播权保护条例》第23条的规定，即网络服务提供者为服务对象提供搜索或者链接服务，在接到权利人的通知书后，根据本条例规定断开与侵权的作品、表演、录音录像制品的链接的，不承担赔偿责任；但是，明知或者应知所链接的作品、表演、录音录像制品侵权的，应当承担共同侵权责任。

> **第二十四条 【权利人错误通知的赔偿责任】**
> 因权利人的通知导致网络服务提供者错误删除作品、表演、录音录像制品，或者错误断开与作品、表演、录音录像制品的链接，给服务对象造成损失的，权利人应当承担赔偿责任。

◆ 知识精要

本条规定了权利人启动"通知与删除"程序错误导致服务对象损失的应当承担赔偿责任，是本条例第 14 条"通知与删除"程序的补充。

本条例第 14 条规定了权利人的权利，但没有规定权利人错误启动应当承担的责任问题，容易造成权利人滥用"通知与删除"程序，导致网络混乱。有了本条规定，权利人启动"通知与删除"程序就会比较慎重，网络秩序就比较容易维护。

本条规定，因权利人的通知导致网络服务提供者错误删除作品、表演、录音录像制品，或者错误断开与作品、表演、录音录像制品的链接，给服务对象造成损失的，权利人应当承担赔偿责任。根据本条例的规定，网络服务提供者在接到权利人的通知后是应当无条件立即删除的，因此，网络服务提供者依法删除后对删除的后果不承担责任，因为该删除行为是法律赋予的。但是如果最终删除错误给服务对象造成损失的，责任由谁承担？根据"冤有头、债有主"的最朴素的道理，造成这一后果的直接原因是权利人的通知，因此，权利人应该对此承担责任。

◆ 经典案例 32

某出版社误发通知书赔偿网上书店 2 万元损失

【案情简介】

某出版社出版了一本年鉴，该年鉴出版后通过书店等进行销售。一天，出版社刘社长在蛋蛋网络书城网站上发现有人在销售该年鉴并有年鉴的介绍和照片等，刘社长立即责成该社法律部与蛋蛋网站进行交涉。蛋蛋网站告知其销售年鉴的是李某，蛋蛋网站仅提供信息存储空间服务。

该社法律部于是向蛋蛋网站发出要求删除侵权作品网页通知书，蛋蛋网站接到该社的通知书后立即删除了年鉴销售网页并将通知书转递给李某。由于通过挂号信邮寄，10天后李某才接到通知，其间，李某已经发现网上订单减少，每天减少的数额在2000元左右。

李某接到通知后立即向蛋蛋网站发出书面说明并要求恢复删除的页面。书面说明附有该出版社授予李某在网络上推广、销售该年鉴的合同和授权委托书。合同和授权委托书由出版社发行部签署，并盖有出版社的公章。蛋蛋网站接到李某的书面说明后恢复了页面。

页面恢复后，李某开始向蛋蛋网站进行索赔，要求其赔偿删除期间的利润损失。蛋蛋网站不同意赔偿，后李某将蛋蛋网站和出版社诉至法院，要求两被告赔偿损失5万元。

法院经审理查明，出版社由于内部管理混乱，社长在未核实真实情况下误发通知书，造成李某销售推广的网页被删除，给李某造成经济损失。最后，法院判决出版社赔偿2万元，蛋蛋网站不承担责任。

【争议焦点】

出版社是否应该向李某进行赔偿？

【案件分析】

根据本条例第24条的规定，因权利人的通知导致网络服务提供者错误删除作品、表演、录音录像制品，或者错误断开与作品、表演、录音录像制品的链接，给服务对象造成损失的，权利人应当承担赔偿责任。本案中，因出版社内部管理混乱，在发行部已经授权的情况下，出版社领导擅自发出通知书，造成李某经济损失，根据本条规定，出版社对李某的损失应该予以赔偿。

【引以为鉴】

在互联网环境下，我们在注重保护权利人利益的时候，也应该提醒权利人在发出通知书之前应该认真核实是否存在授权情况。特别是一些比较大的单位，更应该加强部门之间的沟通，否则很有可能一个部门已经授权，另一个部门却不知道，最终会导致错误发出通知书，造成不必要的损失。

> **第二十五条　【网络服务提供者配合著作权行政管理部门调查的义务】**
>
> 　　网络服务提供者无正当理由拒绝提供或者拖延提供涉嫌侵权的服务对象的姓名（名称）、联系方式、网络地址等资料的，由著作权行政管理部门予以警告；情节严重的，没收主要用于提供网络服务的计算机等设备。

◆ **相关法律规定**

《最高人民法院关于审理利用信息网络侵害人身权益民事纠纷案件适用法律若干问题的规定》

　　第四条　原告起诉网络服务提供者，网络服务提供者以涉嫌侵权的信息系网络用户发布为由抗辩的，人民法院可以根据原告的请求及案件的具体情况，责令网络服务提供者向人民法院提供能够确定涉嫌侵权的网络用户的姓名（名称）、联系方式、网络地址等信息。

　　网络服务提供者无正当理由拒不提供的，人民法院可以依据民事诉讼法第一百一十四条的规定对网络服务提供者采取处罚等措施。

　　原告根据网络服务提供者提供的信息请求追加网络用户为被告的，人民法院应予准许。

◆ **知识精要**

　　本条规定了网络服务提供者配合著作权行政管理部门调查的义务。

　　本条例第 13 条规定了著作权行政管理部门的调查权力，相应的本条规定了网络服务者的配合义务和责任。本条中的责任不是网络服务者侵犯权利人信息网络传播权的责任，而是不协助著作权行政管理部门查处他人（服务对象）行为的行政责任。在责任承担的方式上，此处只规定了两种：警告和没收，没有规定罚款，也就是说，著作权行政管理部门在此种情况下不得作出罚款的决定。

除了本条规定的行政责任外，网络服务提供者不配合的后果还可能导致承担民事责任。根据《最高人民法院关于审理利用信息网络侵害人身权益民事纠纷案件适用法律若干问题的规定》，网络服务提供者无正当理由拒不提供的，人民法院可以依据《民事诉讼法》第114条的规定对网络服务提供者采取处罚等措施。

◆ 经典案例33

湖北省荆州市版权局查处陆某某、陈某网络侵权盗版团伙案

【案情简介】

上海盛大网络技术发展有限公司向国家版权局投诉称，龙腾传世www.66woool.com架设《传奇世界》网络游戏私服，侵犯了投诉人的合法权益。国家版权局通过网站IP地址查询该网站服务器位于湖北省荆州市境内，于是依法将此案交湖北省版权局查处。湖北省荆州市版权局联合市公安、电信等部门成立了专项行动领导小组，依法调查案件。执法人员通过初步调查发现，龙腾传世网站系由陆某某、陈某网络侵权盗版活动团伙开办经营。

经执法人员查明，陆某某自2003年年底开始架设《传奇》游戏私服，虽然初期规模较小获利不多，但陆某某从中窥视架设私服有利可图。2005年初，陈某加入，两人共同租用荆州蓝特电子商务有限公司的场地、网络资源，以该公司为幌子开始架设《传奇世界》《热血传奇》《梦幻西游》等网络游戏私服，通过买卖游戏装备从中牟利。2005年夏，开始产生巨大利润，该团伙便进一步扩大规模，投巨资相继在荆州南湖路砖瓦厂宿舍一楼、中国电信荆州分公司机房架设了多台服务器。目前，该团伙共有80台服务器，在扩大规模的同时，又有亲戚、朋友等十余人加入，从而形成了以陆某某、陈某为首的网络侵权盗版团伙。

该团伙由陆某某、陈某通过使用盗版的网络游戏服务器端程序和模拟器版本，在互联网上架设服务器，再将架设的服务器分配给每个分支小组使用。该团伙在其网页上公布了多个银行账号，通过卖游戏装备获利。经初步调查，该团伙目前的经营额近百万元。该团伙分工明确,下设 5 个分支小组,每个小组有专门的负责人、维护人员和客服人员。每个小组所获取的经营额全部上缴给陆某某、陈某,然后按 14%~15% 的比例返还给分支小组,由该分支小组负责人安排返还款。该团伙建立了专门的私服宣传网站 www.66woool.com,通过在网上发布私服广告,利用搜索引擎宣传自己的私服。此网站也提供其他私服网站的链接和客户端下载,并通过发布其他私服的广告来营利,该团伙相继申请了十多个域名并拥有近 50 个网络 IP 地址。

龙腾传世网站系由该团伙的分支小组实施。该小组由王甲、袁某某、王乙、玲某组成,王甲为该小组的负责人。陆、陈二人负责管理设在蓝特公司机房的 10 台服务器。2005 年 8 月,该分支小组盗用《传奇世界》服务器端程序 M5 版本和模拟器版,开办了龙腾传世私服网站,并在网站上对外公布了陈某的两个银行账户。该私服共设了 9 个区,有数千名玩家。通过卖游戏装备,该团伙在架设该私服的前三个月共获暴利 14 万元。按该团伙的分成比例,分支负责人王甲获利 6000 元。该分支的具体分工是王乙负责美工及网站制作和维护,袁某某和玲某负责客户服务、接听电话、卖游戏装备和查询资金到账情况,工资由王甲从分成中每月固定发放。

2005 年 1 月 29 日凌晨,荆州市版权局会同公安部门依法扣押了位于蓝特公司机房的 42 台服务器,其中包括该分支机构的 10 台。根据目前执法机关掌握的证据,由于该团伙规模较大,组织严密,涉案金额巨大,2005 年 12 月 1 日,荆州市版权局依法将此案移送公安机关追究刑事责任。

【案件分析】

在本案调查过程中,作为网络服务提供者的中国电信荆州分公司积极配合荆州市版权局的调查工作,向版权局提供了服务对象的姓名(名称)、联系方式、网络地址等资料,对于版权局侦破此案起到了积极的作用。中国电信荆州分公司按照本条的规定履行了相应的义务。

第二十六条　【相关用语定义】

本条例下列用语的含义：

信息网络传播权，是指以有线或者无线方式向公众提供作品、表演或者录音录像制品，使公众可以在其个人选定的时间和地点获得作品、表演或者录音录像制品的权利。

技术措施，是指用于防止、限制未经权利人许可浏览、欣赏作品、表演、录音录像制品的或者通过信息网络向公众提供作品、表演、录音录像制品的有效技术、装置或者部件。

权利管理电子信息，是指说明作品及其作者、表演及其表演者、录音录像制品及其制作者的信息，作品、表演、录音录像制品权利人的信息和使用条件的信息，以及表示上述信息的数字或者代码。

◆ 知识精要

本条对于《信息网络传播权保护条例》中的关键用语进行了定义，便于人们准确了解和掌握本条例的内容和规定。

在本条例中，将信息网络传播权中的"信息"界定为作品、表演、录音录像制品等，该"信息"主要涉及著作权、表演者权、录音录像制作者权，例如小说、音乐作品、演出、磁带等都属于"信息"。而个人隐私信息、社会公共信息、网上交易信息和网站新闻采集并没有包括其中。这是因为本条例是根据《著作权法》制定的，因此其界定范围必须在《著作权法》的范畴之内。

信息网络传播权有三个要件："公众""自己选定的时间""自己选定的地点"，三要件缺一不可。有的专家认为，信息网络传播权只适用于广域网，不适用于局域网，因为局域网传播限定了作品接受者的地域范围，使其并不能在其个人选定的地点获得作品。笔者认为这种观点是错误的。这里的"公众"不应狭隘地理解为广大公众。局域网内的使用者也属于公众范畴之内，公众应该理解为不特定的人。局域网内由于用户众多也应视为不特定人，属于公众范畴。至于时间的选择问题，局域网和广域网一样，公众可以随意选择时间。至于地点是相对的,虽然局域网必须在相对固定的场所使用,但是这并不妨碍公众在相对固定的场所内自由选择地点。另外,现有的技术允许用户远程登录局域网,因此,局域网并不构成对公众地点选择的限制。科研院所、大专院校、企事业单位等在单位内部的局域网内共享的资料也涉及侵犯信息网络传播权的问题。否则,将不利于保护权利人的利益。另外,如果通过局域网提供作品不侵权,那么本条例就没有必要在第 7 条中特别规定图书馆等向馆舍内通过局域网的读者提供数字化制品的行为不侵权。

本条例规定的技术措施,是指用于防止、限制未经权利人许可浏览、欣赏作品、表演、录音录像制品的或者通过信息网络向公众提供作品、表演、录音录像制品的有效技术、装置或者部件。

权利管理电子信息,是指说明作品及其作者、表演及其表演者、录音录像制品及其制作者的信息,作品、表演、录音录像制品权利人的信息和使用条件的信息,以及表示上述信息的数字或者代码。

◆ 经典案例 34

北京央视公众资讯有限公司诉武汉多普达通讯有限公司手机电视侵权纠纷案

【案情简介】

原告北京央视公众资讯有限公司(以下简称央视公众公司)诉称,2003 年 3 月 7 日,我公司与中央电视台总编室签订了中央电视台电视节目在电信领域中的专有使用权合同,中央电视台将其所属各频道、各栏目的电视节目在电信领域的排他性专有使用权独家授予我公司,并承诺不再将该专有使用权授予任何第三方。2004 年,武汉多普达通讯有限公司(以下简称多普达公司)在其生产的"多普达 535"型手机中设置链接,将中央电视台 CCTV - 新闻、CCTV - 4、CCTV - 9 三个频道的节目在手机中播放,同时该公司在其网站(www.dopod.com)上使用中央电视台"新闻联播"栏目的画面、声音等进行产品功能演示,并利用报纸、网络等多种媒体擅自使用"新闻联播"的品牌和标识对该款手机进行宣传。北京协亨电讯技术有限公司(以下简称协亨公司)是"多普达 535"型手机的销售商,其行为扩大了侵权后果,亦应承担连带责任。故诉至法院，请求判令两被告：（1）立即停止侵权，公开赔礼道歉；（2）支付侵权损害赔偿金及我公司因诉讼支出的合理费用共计50万元。

被告多普达公司辩称，我公司自行研制了"多普达535"型手机，其中内置浏览器，可由用户输入网址接入网络。为方便用户，我公司在网站上链接了中央电视台的网页，用户的手机可以通过该链接收看中央电视台的节目，我公司只是提供了链接服务，未从中收取费用。节目内容均来自中视网站而不是原告网站，不能认为是对原告权利的侵害。我公司对原告与中央电视台之间合同的真实性有异议，且原告仅是排他性专有使用权人，在中央电视台未表示不起诉的情况下，原告不能独立提起诉讼，不具有诉讼主体资格，故请求法院驳回原告的诉讼请求。

被告协亨公司辩称，同意多普达公司代理人的答辩意见，另外其是从正规进货渠道购进该款手机，且是按照说明向顾客进行介绍，请求法院驳回原告的诉讼请求。

经审理，法院查明如下事实。

（1）2003年3月7日，中央电视台总编室（甲方）与央视公众公司（乙方）签订中央电视台电视节目在电信领域中的专有使用权合同（以下简称专有使用权合同），主要内容为：中央电视台已授权央视公众公司以"央视公众资讯中心"的名义，代表中央电视台开展包括人工座席、自动声讯、移动短信、多媒体短信和热线服务等在内的增值电信业务。甲方将中央电视台所属各频道、各栏目的电视节目在电信领域的排他性专有使用权（包括但不限于固定电话通信领域、移动通信领域、互联网及宽带通信等领域的专有使用权，以下简称电信领域的专有使用权），独家授予乙方享有。乙方对中央电视台节目在电信领域的专有使用权包括但不限于如下权利：将中央电视台节目进行复制、整理、汇编后，以文字、图片、语音等形式通过通信手段进行发布、传播（如WAP、中文短信、彩信、GPRS、CDMA、3G）。合同有效期为五年，在合同有效期内，甲方不得将中央电视台的节目在电信领域的专有使用权再授权给任何第三方。央视公众公司的网站为http://www.mycctv.com.cn，其经营范围包括移动网增值电信业务专项，互联网信息服务，设计、制作网络广告，利用该网站发布网络广告等。

（2）"多普达535"型手机由多普达公司研制生产，具有实时收看中央电视台节目的功能。该款手机的桌面提供了网络电视功能的入口，桌面名称为多普达默认方案，在多普达方案首页选择网络电视功能后，进行相应设置，就可以观看网络电视。2004年6月1日，案外人汪某某使用"多普达535"型手机，在页面上显示"网络电视""CCTV－新闻""CCTV－4""CCTV－9"的链接选项，分别进入，可以看到相关选项下与中央电视台相关节目对应的实时节目动态画面及声音，在画面的左上角均分别显示有"CCTV－新闻""CCTV－4""CCTV－9"的台标。

同日，案外人汪某某登录多普达公司网站（http：//www.dopod.com），首页显示"多普达535"型手机的介绍图片，图片中手机显示"新闻联播"标志，广告语为"随时随地看电视"。在首页上点击"多普达535"，再点击"多普达535功能演示"，在显示的页面上依次点击"电视、娱乐中心""随身网络电视"，可看到实时播出的中央电视台"新闻联播"节目。

2004年10月19日，案外人刘某使用"多普达535"型手机，可收看"CCTV－新闻"节目，画面左上角显示"CCVT－新闻"的台标，显示地址为"http：//www.dopod.com/tv/tv_list.htm"。登录互联网，键入网址http：//www.dopod.com/tv/tv_list.htm"，进入的网页上显示"CCTV－新闻""CCTV－4""CCTV－9"等链接。点击"CCTV－新闻"，可以收看"CCTV－新闻"节目。删除地址栏"http：//www.dopod.com/tv/tv_list.htm"中的"/tv/tv_list.htm"，可进入多普达公司网站（http：//www.dopod.com）。

（3）中央电视台所属央视国际网站（CCTV.com）在其版权声明中称，由中央电视台制作并享有完全版权的一切电视（视听）节目和中央电视台独家享有信息网络传播权的一切电视（视听）节目，仅得通过央视国际网络在国际互联网上传播。央视国际网络是中央电视台下属的、唯一有权利用网络传播中央电视台视听节目的机构。除央视国际网络外，任何未经中央电视台许可而将中央电视台视听节目置于互联网上的行为，均属于对中央电视台和其他相关权利人版权的侵犯，中央电视台保留依法追究上述侵权责任人法律责任的权利。2004年9月16日，中央电视台出具情况说明称，中央电视台对央视公众公司起诉多普达公司和协亨公司的行为没有异议，多普达公司通过手机播放中央电视台的电视节目并未取得其合法授权，而央视公众公司与其签订的在电信领域中的专有使用权合同尚在有效期内，故对央视公众公司基于合同产生的专有使用权不持异议。2004年10月29日，中央电视台再次出具情况说明，再次对上述专有使用权合同的真实性予以确认，认为中央电视台总编室有权代表中央电视台签订此合同，并明确表示，央视公众公司有权提起本案诉讼，中央电视台不起诉多普达公司的上述侵权行为。

（4）2004年4月至6月，千龙网、天极网、新浪网、搜狐网、《北京青年报》网络版、新华网、《北京晨报》《京华时报》《新京报》等网站和报纸上均对"多普达535"型手机进行了报道，称该款手机在2004年4月底上市，因能看电视而成为全国首款TV手机，受到市场的广泛关注和消费者的青睐。"多普达535上市的一个多月以来，全国零售终端市场日销量最多曾为近千台""预计多普达535手机在'五一'黄金周的销量能够达到1万部""多普达公司与包括中央电视台一、二、四、九频道在内的数个电视频道以及电台展开合作"等。

（5）2004年6月15日、2004年8月10日，经央视公众公司申请，公证人员分别来到协亨公司公主坟商城、上海浦东第一八佰伴商厦七楼家电商场"多普达"手机专柜，对央视公众公司委托人向营业厅营业员询问有关"多普达535"型手机功能问题的过程进行了公证和录音，并取得相关宣传彩页。录音显示，相关营业员均介绍该款手机可以在线收看新闻联播等电视节目，在上述两次公证取得的宣传彩页上使用的手机图片中，均显示"新闻联播"注册商标。协亨公司员工是根据多普达公司的网络电视使用说明书向顾客介绍"多普达535"型手机。协亨公司销售的"多普达535"型手机，供应商是北京全网达通讯设备有限公司，该公司为"多普达535"型手机在华北地区的代理商。2004年5月28日，原告央视公众公司在北京太阳金环通信技术发展有限公司购买"多普达535"型手机一部，价格为4980元。原告央视公众公司为本案支付公证费11 000元，律师费22 500元。中央电视台是上述"新闻联播"注册商标的所有人。

【争议焦点】

1. 原告央视公众公司是否为适格原告？
2. 被告多普达公司是否构成侵权？
3. 被告协亨公司是否应该承担赔偿责任？

【案件分析】

1. 原告央视公众公司是否为适格原告

法院认为，根据原告央视公众公司与中央电视台总编室专有使用权合同的约定，中央电视台总编室将中央电视台所属各频道、各栏目的电视节目在电信领域的排他性专有使用权独家授予央视公众公司享有。在合同有效期内，中央电视台不得将中央电视台节目在电信领域的专有使用权再授权给任何第三方。根据有关排他性使用权的法律原理，本案一般应由中央电视台与央视公众公司共同起诉侵权人，但在本案诉讼过程中，中央电视台向法院出具情况说明，确认其总编室有权与央视公众公司签订该专有使用权合同，并明确表示就本案不起诉被告多普达公司，在此情况下，作为排他性专有使用权人的央视公众公司有权就侵犯排他性专有使用权一事单独起诉，原告作为权利人起诉主体适格。

2. 被告多普达公司是否构成侵权

多普达公司未经央视公众公司许可，以营利为目的，在其生产的"多普达535"型手机中和其网站上为销售此款手机转播中央电视台节目，侵犯了央视公众公司在电信领域对中央电视台节目的专有使用权，多普达公司应承担停止侵权、赔偿损失、赔礼道歉等责任。该公司以善意链接为由辩称否认侵权，证据不足，法院不予采信。

3. 被告协亨公司是否应该承担赔偿责任

协亨公司作为"多普达535"型手机的销售商，根据该款手机的说明书等进行介绍和销售，其提供了正规合法的进货渠道，已尽合理的审查义务，仅应承担停止销售的责任，不应承担赔偿损失、赔礼道歉的责任。

法院依据《著作权法》第10条第1款第11项、第24条、第47条第5项、第48条第2款的规定，判决：（1）自判决生效之日起，被告多普达公司停止在其网站（http：//www.dopod.com）及"多普达535"型手机中使用中央电视台的CCTV-新闻、CCTV-4、CCTV-9节目；（2）自判决生效之日起30日内，被告多普达公司在《中国广播电视报》上刊登声明，向原告央视公众公司赔礼道歉（声明内容须经法院审核，如被告多普达公司拒绝履行此义务，法院将在该报上刊登判决书有关内容，费用由其负担）；（3）自判决生效之日起十日内，被告多普达公司赔偿原告央视公众公司经济损失35万元及为本案支出的合理费用21 000元；（4）自判决生效之日起，被告协亨公司停止销售可接收中央电视台的CCTV-新闻、CCTV-4、CCTV-9节目的"多普达535"型手机；（5）驳回原告央视公众公司的其他诉讼请求。

【引以为鉴】

该案件判决发生在本条例生效之前，法院并没有引用信息网络传播权进行审判，而是用专有使用权来判案。本案在理论上有两个关键之处：一是原告是否有信息网络传播权。根据本条例第26条对信息网络传播权的定义，能以网络方式向公众提供作品、表演或者录音录像制品，使公众可以在其个人选定的时间和地点获得作品、表演或者录音录像制品即可享有信息网络传播权。因此，原告应有信息网络传播权。但是，《著作权法》只规定了三种信息网络传播权的主体：著作权人、表演者、录音录像制作者，并没有规定广播组织。随着网络技术、多媒体技术的发展，原有的广播模式发生了很大变化，公众可以通过网络收看节目，广播组织在网络上的传播行为符合信息网络传播权的条件，因而应享有信息网络传播权。二是信息网络的含义。信息网络是不是就是互联网？大多数人都把两者等同起来。在本条例第26条对信息网络传播权的定义中，规定的传播方式是"以有线或者无线方式"，这就不仅包括互联网，还包括其他以电子信息技术为基础的具有交互性、开放性和多媒体型的网络空间。网络电视、手机电视、手机文学、视频点播等都应算是"网络"。

《著作权法》没有规定广播组织的信息网络传播权，本条例也没有明确广播组织是否享有信息网络传播权。这种状况不利于发挥广播组织在信息传播中的积极性，因此，应扩大或明确信息网络传播权的主体，将广播组织纳入其中。

> **第二十七条　【施行时间】**
>
> 本条例自 2006 年 7 月 1 日起施行。

◆ 知识精要

这是本条例施行的时间。

此前的网络纠纷案件的审理主要适用《最高人民法院关于审理涉及计算机网络著作权纠纷案件适用法律若干问题的解释》[①] 和《著作权法》。条例施行后，网络纠纷案件的审理将主要适用本条例，如本条例未作规定的可适用《最高人民法院关于审理侵害信息网络传播权民事纠纷案件适用法律若干问题的规定》和《著作权法》。

本条例发布后，最高人民法院根据信息网络传播权案件的审理情况及时总结和修改有关司法解释，出台了最新的司法解释，以指导侵害信息网络传播权案件的审理。2012 年 11 月 26 日，最高人民法院审判委员会第 1561 次会议通过《最高人民法院关于审理侵害信息网络传播权民事纠纷案件适用法律若干问题的规定》，自 2013 年 1 月 1 日起施行。该规定废止了《最高人民法院关于审理涉及计算机网络著作权纠纷案件适用法律若干问题的解释》。

为加大对侵犯信息网络传播权的行政处罚力度，国务院第 231 次常务会议于 2013 年 1 月 16 日通过《国务院关于修改〈信息网络传播权保护条例〉的决定》，将第 18 条、第 19 条中的"并可处以 10 万元以下的罚款"修改为："非法经营额 5 万元以上的，可处非法经营额 1 倍以上 5 倍以下的罚款；没有非法经营额或者非法经营额 5 万元以下的，根据情节轻重，可处 25 万元以下的罚款"。自 2013 年 3 月 1 日起施行。

[①] 该规定已于 2013 年 1 月 1 日被《最高人民法院关于审理侵害信息网络传播权民事纠纷案件适用法律若干问题的规定》所废止。

图书在版编目（CIP）数据

案说信息网络传播权保护条例 / 邹忭，孙彦主编 . —北京：知识产权出版社，2020.8
（案说知识产权法丛书）

ISBN 978-7-5130-7025-6

Ⅰ.①案… Ⅱ.①邹… ②孙… Ⅲ.①信息网络—知识产权保护—案例—中国 Ⅳ.①D923.405

中国版本图书馆 CIP 数据核字（2020）第 117932 号

责任编辑：齐梓伊　　　　　　　　责任校对：王　岩
封面设计：乾达文化　　　　　　　责任印制：孙婷婷
执行编辑：雷春丽

案说知识产权法丛书

案说信息网络传播权保护条例

邹　忭　孙　彦　主编

出版发行： 知识产权出版社 有限责任公司		网　　址：http://www.ipph.cn	
社　　址：北京市海淀区气象路 50 号院		邮　　编：100081	
责编电话：010-82000860 转 8176		责编邮箱：qiziyi2004@qq.com	
发行电话：010-82000860 转 8101/8102		发行传真：010-82000893/82005070/82000270	
印　　刷：北京九州迅驰传媒文化有限公司		经　　销：各大网上书店、新华书店及相关专业书店	
开　　本：720mm×1000mm　1/16		印　　张：14.25	
版　　次：2020 年 8 月第 1 版		印　　次：2020 年 8 月第 1 次印刷	
字　　数：220 千字		定　　价：68.00 元	

ISBN 978-7-5130-7025-6

出版权专有　侵权必究
如有印装质量问题，本社负责调换。